吉林省社会科学院出版补贴成果

吉林省社会科学基金项目"秦汉辽东郡防务研究"（2013JD13）成果

于 凌◎著

秦汉辽东郡防务研究

RESEARCH ON THE DEFENSE
OF LIAODONG COUNTY DURING
QIN AND HAN DYNASTIES

社会科学文献出版社
SOCIAL SCIENCES ACADEMIC PRESS (CHINA)

内容简介

　　辽东郡是秦汉时期的防务重镇。秦代在辽东郡构建的以郡县制为核心的防务建制，在秦始皇开拓边地时期得到巩固和加强，至秦二世统治时期迅速崩溃。西汉初年，中央王朝逐步收回王国割据势力对辽东郡的控制权，匈奴势力向辽东地区拓展，卫氏朝鲜与东北民族成为辽东郡防务的隐患，迫使中央王朝在郡县加强对屯戍和边民的管理。汉武帝时期通过北击匈奴、东征朝鲜稳固了辽东郡北边、东北两条防线。西汉中后期，昭帝时乌桓兴起一度造成辽东郡的防务危机；宣帝以来实现了乌桓"保塞"与匈奴内附，辽东郡的防务形势相对缓和；王莽时的民族政策激起东北民族的反叛，辽东郡的防务形势再度激化。东汉初年，辽东郡经过短暂的割据后，在辽东太守祭肜的军事攻伐与东北民族招抚之下重新统一，但是东汉王朝对边郡建制的调整又带来诸多防务隐患。东汉中后期，高句丽、乌桓、鲜卑对辽东郡的防务构成威胁，辽东郡的历任太守为辽东郡的防务做出积极贡献，至公孙氏割据辽东时期通过建制调整取得一定的防务效果。辽东郡的防务建制在北边与东北防线发挥了重要的作用。

目　录

引　言

一　选题意义

防务是有关国家安全防御的重要事务。①国家安全是国家的根本利益所在，防御有"防守，抵御""关禁""防备，戒备"等诸多含义。② 防务问题的核心在于维护国家安全，由此推行的各种防御举措统称为"防务"。

秦汉时期，辽东郡地处东北边地，防务问题主要体现在以下几个方面。

首先，防务建制。清代顾炎武在《日知录·郡县》中提出："当春秋之世，灭人之国者，固已为县矣"；"当七国之世，而固已有郡矣"。③ 其集释注引姚鼎关于郡县由来之说，曰："郡远而县近。县成聚富庶而郡荒陋，故以美恶异等，而非郡与县相统属也。"④ 郡县制起源于春秋时期，形成于战国时期，全面推行于秦王朝统治时期。⑤ 战国时期，燕将秦开"袭破走东胡"，修筑长城"自造阳至襄平"，"置上谷、渔阳、右北平、辽西、辽东郡以拒胡"；⑥ 秦开又攻箕子朝鲜，"取地二千余里，至满番汗为界"，⑦ 拓展辽东边地。辽东郡是燕国在东北设置的最为偏远的边郡，而战国时期所设边郡往往是出于守卫边境的目的，因此辽东郡的行政建制具有鲜明的军事防御功能。秦汉王朝统治下，辽东郡的防务建制以郡

---

① 汉语大词典编辑委员会、汉语大词典编纂处编纂《汉语大词典》第十一卷，汉语大词典出版社，1993，第919页。

② 汉语大词典编辑委员会、汉语大词典编纂处编纂《汉语大词典》第十一卷，汉语大词典出版社，1993，第922页。

③ 顾炎武：《日知录集释》，黄汝成集释，栾保群、吕宗力校点，上海古籍出版社，2014，第488页。

④ 顾炎武：《日知录集释》，黄汝成集释，栾保群、吕宗力校点，上海古籍出版社，2014，第489页。

⑤ 周振鹤：《中国地方行政制度史》，上海人民出版社，2007，第14页。

⑥ 《史记》卷110《匈奴列传》，中华书局点校本（修订本），2014，第3490页。

⑦ 《三国志》卷30《东夷传》，中华书局点校本，2000，第850页。

县制为核心,郡守、郡尉在维护地方治安的同时指挥郡县兵力抵御边患,驻守于长城边塞的军民兼顾戍防和开发边地的使命,郡国兵还参与到边郡间的联防、中央王朝开展的边地战事中。这一时期,辽东郡的防务建制在改革中调整,又在调整中完善,在维护边地的社会秩序和防务安全方面都发挥了不可替代的作用。

其次,防务形势。在秦统一六国的进程中,燕王喜自二十九年(前226年)退守辽东,至三十三年(前222年)被秦将虏获为止,据守辽东长达五年之久。①秦统一后,秦始皇调兵遣将北击匈奴,由蒙恬修缮北边长城防线。长城修葺至辽东,朝鲜王否"畏秦袭之,略服属秦"。②嬴政二度经略东北,辽东郡的防务形势都相当紧张。第一次进军击燕,用武力夺取辽东郡,双方陈兵、兵戎相见,最终决定了辽东郡的归属;第二次修缮辽东郡边塞,引发箕子朝鲜的高度戒备,边郡的防务工事得到巩固,迫使朝鲜臣属。西汉初年,在北边,匈奴兴起,长期为患辽东;在东边,卫氏朝鲜建立,辽东边塞的局势相当严峻。至汉武帝时期,汉王朝北击匈奴,东征朝鲜,辽东郡的防务形势相对缓和。此后,东胡内迁,东北民族兴起,加之内郡叛乱波及辽东,辽东郡边地不断呈现新的防务危机。这一时期,辽东郡的防务形势不断变化,中央王朝对边地的控制与边郡的防务力量得到了充分的展示。

再次,防务对象。秦王朝统治辽东郡期间,主要的防务对象如下。一是辽东边民。秦用武力夺取辽东后,推行郡县制统治辽东边民。辽东边民的构成以燕遗民为主体,由秦王朝选任官吏进行统治。其间,秦王朝修筑辽东边塞,派驻的军民中,既有由蒙恬统领的军民,也有罪吏、赘婿等人员,他们接受军事化管理。二是逃亡者。秦法重视对逃亡犯罪的立法,边塞成为预防逃亡塞外的最后一道防线。秦末战乱,"诸秦所徙适戍边者皆复去",③在边塞废弃后,自辽东逃亡塞外者数以万计。这从一个侧面表明,辽东边塞在防御力量尚未崩溃前,曾在预防逃亡上发挥过相当大的作用。三是东北部族。秦统一六国后,于秦始皇三十二年(前215年)"使将军蒙恬发兵三十万人北击胡",④为了巩固边防而"因

---

① 《史记》卷34《燕召公世家》,中华书局点校本(修订本),2014,第1888~1889页。
② 《三国志》卷30《东夷传》注引《魏略》,中华书局点校本,2000,第850页。
③ 《史记》卷110《匈奴列传》,中华书局点校本(修订本),2014,第3492页。
④ 《史记》卷6《秦始皇本纪》,中华书局点校本(修订本),2014,第323页。

边山险堑溪谷可缮者治之，起临洮至辽东万余里"，① 辽东边塞得以修葺。
辽东塞外，北有东胡，东临朝鲜。辽东郡的北边边塞是防御匈奴的长城
防线的重要的组成部分。对于箕子朝鲜而言，"秦并天下，使蒙恬筑长
城，到辽东"，朝鲜王因"畏秦袭之，略服属秦，不肯朝会"。② 西汉初
年，辽东郡的防务对象出现新的变化。一是燕国复立，至楚汉决战前夕，
燕王臧荼归附，辽东边民由此臣属以后的汉王朝。二是卫氏朝鲜建立，
至汉惠帝、高后时期，"辽东太守即约满为外臣，保塞外蛮夷，无使盗
边；诸蛮夷君长欲入见天子，勿得禁止"，③ 但是实际上至汉武帝时期，
不仅"所诱汉亡人滋多"，而且"未尝入见"，④ 可见辽东郡的边塞既要
防范逃亡，又要参与军事守备。三是匈奴势力兴起，先是"大破灭东胡
王，虏其民人及畜产"，⑤ 并且"诸左方王将居东方，直上谷以往者，东
接秽貉、朝鲜"，⑥ 至"燕王卢绾反，率其党数千人降匈奴，往来苦上谷
以东"，⑦ 汉文帝十四年（前166年）"大发车骑击胡"未有所获后，"匈
奴日已骄，岁入边，杀略人民畜产甚多，云中、辽东罪甚，至代郡万余
人"，⑧ 辽东郡备受其患。汉武帝北伐匈奴，东征朝鲜，辽东郡的防务对
象再次转换。此后，防务对象主要包括：一是作乱的边民，二是东北新
兴部族。前者主要是针对边民的逃亡与叛乱，后者则是应对乌桓、鲜卑、
夫余、高句丽诸部族对边塞的军事威胁。这一时期，防务对象反映了辽
东郡的边民构成及辽东塞外东北部族的兴衰等问题。

最后，防务地位。秦王朝统治时期，辽东郡的设置体现了中央王朝
对边民控制的加强，边塞的修葺不仅连接了万里长城，而且对箕子朝鲜
构成相当大的军事威慑，迫使其臣属。两汉时期，辽东郡的疆域、建制、
防务对象都出现新的变化。与此同时，郡国体制、辽东太守的防务职能，
对辽东郡的防务都产生了特殊的影响。辽东郡边塞在北边抵御来自匈奴、
乌桓、鲜卑等部族的威胁，在东北则先后防御箕子朝鲜、卫氏朝鲜等地

---

① 《史记》卷110《匈奴列传》，中华书局点校本（修订本），2014，第3491页。
② 《三国志》卷30《东夷传》注引《魏略》，中华书局点校本，2000，第850页。
③ 《史记》卷115《朝鲜列传》，中华书局点校本（修订本），2014，第3618页。
④ 《史记》卷115《朝鲜列传》，中华书局点校本（修订本），2014，第3619页。
⑤ 《史记》卷110《匈奴列传》，中华书局点校本（修订本），2014，第3494页。
⑥ 《史记》卷110《匈奴列传》，中华书局点校本（修订本），2014，第3595页。
⑦ 《史记》卷110《匈奴列传》，中华书局点校本（修订本），2014，第3500页。
⑧ 《史记》卷110《匈奴列传》，中华书局点校本（修订本），2014，第3507页。

方政权以及秽貊部族。辽东郡是这两条防线上不可或缺的重要组成部分。在秦汉王朝经略东北的战事中,辽东郡的戍防工事为将卒作为先锋冲锋陷阵提供了坚强的后方保障。辽东郡边地在安置东北胡族后,在防御乌桓、鲜卑部族上的防务地位更加凸显。在秦汉王朝统治力较弱时,辽东郡边塞在预防逃亡、安置流民、稳定边地治安方面的作用突出,这也从一个侧面表明防务地位的不容小觑。

研究秦汉时期辽东郡的防务问题,其学术价值主要体现在以下几个方面。

其一,本课题从防务的视角对秦汉时期辽东郡的设置与制度建设进行较为系统的研究,有助于推动秦汉东北史研究更加深入。辽东郡是秦汉时期在东北设置的重要边郡,其军事防御体系,从燕秦时期至东汉末年均发挥了不可替代的作用。随着学术界对秦汉时期东北、西北及北方边塞防务的研究逐渐深入,与之相关的一些问题逐步得以阐明,如对东北郡县的研究,基本阐明了辽东郡的城邑分布与构造;对东北长城边塞的研究,基本阐明了辽东郡边塞的大致走向与烽燧情况;对西北边塞的研究,基本阐明了秦汉时期烽燧制度与吏民防务问题;对北方民族和东北民族的研究,基本阐明了秦汉时期辽东郡防务的对象及其防务形势。此外,学界对边郡行政机构、边郡统治理念与政策以及辽东郡太守与吏民的研究,则进一步拓展了辽东郡防务研究的视野和研究的深度。在此基础上,我们从防务入手,既可以纵向考察辽东郡的防务形势、防务建制的发展变化,也可以横向探讨不同时期辽东郡的防务对象、防务重点、太守的政绩,这可从一个侧面展示秦汉东北的历史发展状况,从而推动秦汉东北史的研究更加深入。

其二,本课题在前人研究的基础上,从秦汉时期辽东郡的个案研究入手,对于深化东北边疆历史的研究有所裨益。秦汉东北史的研究,既有通论研究,也有专题研究,但是在个案研究方面略显薄弱。尤其是对于辽东郡防务的研究,通论研究与专题研究都较为零散,不见系统研究成果问世。秦汉时期,在东北郡县中辽东郡有其特殊性和代表性。特殊性主要体现在:一是秦统一之前辽东郡一度成为燕国最后的军事据点;二是秦汉王朝都态度坚决地将辽东郡收归中央统辖;三是西汉初年辽东郡守曾经参与收服卫氏朝鲜;四是东汉初年辽东郡太守统领东北军政要务;五是公孙氏割据东北时辽东郡又再度成为军政中心,这些是东北其他郡县所不具备的。代表性主要体现在辽东郡的防务建制、防务作用与地位、防务形势、防务对策、防务对象可以体现东北边郡的一般状况。因此对辽东郡进行个案研究，既具备东北郡县防务研究的一般意义，也具有特殊价值。

其三，本课题运用传统史学研究的方法，结合考古学、民族学、军事学、经济学的研究方法，充分利用考古资料与文献资料推动研究更加深入。史书中对辽东郡的记载有限，关于防务问题的记述就更是寥寥无几。但是，随着研究视野的扩大，我们可以重新整合东北史研究中的相关史料，深入剖析辽东郡的政治史、军事史、民族史甚至经济史资料。这不仅丰富了我们对辽东郡防务问题的认识，更为重要的是让我们可以运用相关学科的研究方法，充分剖析史料中的信息，将零散的史料与这些信息综合起来进行研究，最大限度地拓展考古资料与文献资料的范围，从而深入探讨辽东郡的防务问题。

总而言之，本课题以防务为视角探讨秦汉王朝对东北的统治，并且关注到秦汉时期东北民族兴起、东北边郡社会的发展、东北割据的可能性以及东北区域政治的走向等问题，充分利用关于东北边塞、城邑、墓葬、碑刻、简牍等的考古资料，在研究视角和研究资料上都有所突破。此外，本选题的研究可以为秦汉史、东北民族史、制度史、社会史、军事史研究提供理论和资料依据，同时为当代边疆民族管理、区域政治问题、军事问题提供历史借鉴。

二 国内外研究述评

秦汉时期，辽东郡是东北边郡之一，承担了"拒胡"的防务重任。在四百余年的历史进程中，辽东郡的建制适应防务形势的需要而调整，其防务地位则根据统治者的防务观念、北方民族的关系、军事力量的对比、地理位置、交通条件等因素而变化。

19世纪末至20世纪三四十年代，东北地区面临的民族危机激起学术界研究东北边疆史地的热潮，有关辽东郡的防务问题也引起了人们的关注。金毓黻先生的《东北通史》① 将辽东郡列为秦汉时期东北的重镇，在阐明辽东郡建制的同时，考证了秦汉时期属县的沿革与边塞的废用。

---

① 金毓黻：《东北通史》，五十年代出版社，1942。

在边防专论中，汪宇平先生的《东北边防形势论》① 概括地分析了秦汉时期辽东郡防务形势的变化。

新中国成立后，一系列关于北方长城与城址遗迹的考古发现为史学研究提供了新的资料。在此基础上，佟冬先生主编的《中国东北史》第一卷②，分别对秦汉时期辽东郡的沿革、军事设施的修建、民族政策与民族关系的演变等问题进行了梳理；王绵厚先生的《秦汉东北史》③ 对辽东郡的建制及其沿革、水陆交通、城址障塞、对应的民族关系等问题分别加以论述；郑灿先生主编的《中国边防史》④ 与马大正先生主编的《中国边疆经略史》⑤，都论及辽东郡的设置，尤其是对其在秦汉时期巩固东北边防、海防与边疆的拓展、治理中的作用给予肯定的评价；李大龙先生的《两汉时期的边政与边吏》⑥，从制度层面考察了汉代的边防管理及其发展演变；严耕望先生在《两汉太守刺史表》⑦ 一书中分别考证西汉、东汉两朝辽东太守，其中西汉 3 人，东汉 16 人。王宗维先生的《秦汉的边疆政策》⑧、葛亮先生的《西汉前期北方边防对策举要》⑨、刘信君先生主编的《中国古代治理东北边疆思想研究》⑩，则从意识形态层面解读了秦汉时期包括辽东郡在内的北方与东北边疆防御体系的构建以及各项防御举措得以出台的理论依据。陈晓鸣先生的《两汉北部边防若干问题之比较》⑪，张博泉先生、苏金源先生、董玉瑛先生编著的《东北历代疆域史》⑫，张博泉先生的《东北地方史稿》⑬，王绵厚先生、李健才先生的《东北古代交通》⑭，冯季昌先生的《东北历史地理研究》⑮，黄今言先生

① 汪宇平：《东北边防形势论》，中外时事研究社，1946。
② 佟冬主编《中国东北史》第一卷，吉林文史出版社，2006。
③ 王绵厚：《秦汉东北史》，辽宁人民出版社，1994。
④ 郑灿：《中国边防史》，社会科学文献出版社，1995。
⑤ 马大正主编《中国边疆经略史》，中州古籍出版社，2000。
⑥ 李大龙：《两汉时期的边政与边吏》，黑龙江教育出版社，1996。
⑦ 严耕望撰《两汉太守刺史表》，上海古籍出版社，2007。
⑧ 王宗维：《秦汉的边疆政策》，载马大正主编《中国古代边疆政策研究》，中国社会科学出版社，1990。
⑨ 葛亮：《西汉前期北方边防对策举要》，《中国边疆史地研究》1996 年第 4 期。
⑩ 刘信君主编《中国古代治理东北边疆思想研究》，吉林人民出版社，2008。
⑪ 陈晓鸣：《两汉北部边防若干问题之比较》，《中国边疆史地研究》2002 年第 3 期。
⑫ 张博泉、苏金源、董玉瑛编著《东北历代疆域史》，吉林人民出版社，1981。
⑬ 张博泉：《东北地方史稿》，吉林大学出版社，1985。
⑭ 王绵厚、李健才：《东北古代交通》，沈阳出版社，1990。
⑮ 冯季昌：《东北历史地理研究》，香港同泽出版社，1996。

的《秦汉军制史论》①，王子今先生的《秦汉交通史稿》②《秦汉边疆与民族问题》③，王钟翰先生、陈连开先生的《战国秦汉辽东辽西郡县考略》④，傅朗云先生、杨旸先生的《东北民族史略》⑤，孙进己先生的《东北民族史研究》⑥ 等专题研究，分别涉及与辽东郡防务相关的诸多问题，颇具启发意义。

此外，白鸟库吉、箭内亘等日本学者在《满洲历史地理》⑦ 一书中对汉代辽东郡的沿革进行了初步研究，白鸟库吉先生的《东胡民族考》⑧ 对于探讨辽东郡的防务形势也具有参考价值。英国学者崔瑞德先生、鲁惟一先生编的《剑桥中国秦汉史》⑨ 也涉及辽东郡的设置、北方防御工事的修筑以及秦汉王朝与匈奴、东胡的关系等问题。

综上所述，辽东郡的防务涉及秦汉东北史领域的诸多问题，包括秦汉边郡制度、秦汉区域防务、秦汉政务与边政思想以及东北区域史、交通史与民族史等，而前人的研究成果尽管论述了辽东郡防务的诸多问题，但这些成果较为零散且缺乏系统性，有些问题仍值得进一步探讨，有必要进行专题研究。另一方面，前人已有的研究成果为本课题的顺利开展奠定了良好基础，使我们有可能从防务的角度探讨秦汉王朝对辽东郡的经略，通过系统研究辽东郡防务问题，推动秦汉东北史的研究更加深入。

三　研究思路与研究方法

本课题以防务作为研究的切入点，以辽东郡为个案，剖析秦汉时期中央王朝的政权更迭、统治理念转变以及东北民族兴起诸因素对辽东郡防务形势的影响，分析以郡县制为核心、攻防并举的防务体系在秦汉时期的建置与完善，论析辽东郡防务部署的内容，进而揭示辽东郡在秦汉

① 黄今言:《秦汉军制史论》，江西人民出版社，1993。
② 王子今:《秦汉交通史稿》，中共中央党校出版社，1994。
③ 王子今:《秦汉边疆与民族问题》，中国人民大学出版社，2011。
④ 王钟翰、陈连开:《战国秦汉辽东辽西郡县考略》，《社会科学辑刊》1979 年第 4 期。
⑤ 傅朗云、杨旸:《东北民族史略》，吉林人民出版社，1983。
⑥ 孙进己:《东北民族史研究》，中州古籍出版社，1996。
⑦ 〔日〕白鸟库吉、箭内亘等:《满洲历史地理》，东京，丸善株式会社，1940。
⑧ 〔日〕白鸟库吉:《东胡民族考》，方壮猷译，商务印书馆，1934。
⑨ 崔瑞德、鲁惟一编《剑桥中国秦汉史》，杨品泉等译，中国社会科学出版社，1992。

时期防务体系中的作用与地位，探讨秦汉王朝在辽东郡边疆防务问题上的方略及其对边疆政权建设产生的影响。

本课题的研究共计七章，分为四个部分。

第一部分，引言。其一，选题价值。阐明选题从防务的视角对秦汉时期的东北边郡之一的辽东郡进行系统研究，可以推动秦汉史研究、东北区域史研究以及中国古代防务制度研究更加深入。其二，国内外研究述评。梳理秦汉辽东郡防务研究中的主要观点和代表著述，分析研究中存在的不足，指出辽东郡防务建制及其在秦汉边疆防务中的作用与地位等问题值得深入探讨。其三，研究思路与研究方法。

第二部分，秦代辽东郡的形势与对策。其一，燕秦对峙下辽东郡的防务。论述辽东郡的早期设置及其防务建制的构成，剖析燕王据守辽东时期的防务重心，阐述秦国夺取辽东郡的进程以及以辽东郡为军事据点实现统一大业的过程。其二，秦王朝治下辽东郡的防务。分别论述秦始皇与秦二世父子统治时期辽东郡的防务状况。其三，秦代辽东郡的防务形势及其影响因素。分析燕秦对峙时期、秦始皇统治时期、秦二世统治时期辽东郡防务形势的变化，进而探讨影响防务形势的内因与外患。其四，防务建制及其作用。论述秦王朝对辽东郡防务建制的恢复与发展，探究辽东郡防务建制的防务功能，剖析秦王朝统治辽东郡的防务隐患。

第三部分，汉代辽东郡的防务形势与对策。其一，西汉初年辽东郡的防务问题。分别论述秦汉之际的燕王对辽东郡的割据，以及之后汉初分封燕王的同时逐步加强对辽东郡的控制，阐明王国对辽东郡防务的影响；阐述匈奴兴起对辽东郡的防务影响，以及汉王朝在高祖时期和惠帝以来对辽东郡的防务所进行的调整；论述辽东郡边民的构成与管理制度，阐明边民对辽东郡防务的影响；分别论述卫氏朝鲜与东北其他部族对辽东郡防务的影响。其二，汉武帝时期辽东郡的防务变化。一是阐明在应对匈奴的北边防线上辽东郡的防务形势与对策，分析乌桓内迁对辽东郡防务功能和作用的影响；二是论述汉武帝经略东北的进程中辽东郡的防务形势与对策，阐明"汉四郡"设置后辽东郡的防务功能与作用的变化。其三，西汉中后期辽东郡的防务问题。一是阐述昭帝时期出兵乌桓，辽东郡的防务对象转为乌桓；二是宣、元时期乌桓保塞、匈奴内附，辽东郡的防务形势相对缓和，同时统治者坚持屯驻边塞的决策，肯定了辽东郡的边塞防御功能；王莽时期，东夷民族的兴起与王莽边塞改制、民族政策引发的东北民族反叛，导致辽东郡的防务形势急转直下。其四，东汉初年辽东郡防务的重建。一是阐释两汉之际辽东郡的短暂割据与光武帝收复辽东郡的经过；二是论述了辽东太守祭肜统治时期乌桓、鲜卑、高句丽、夫余的归附；三是阐明这一时期辽东郡防务制度的改革及具体变化。其五，东汉中后期辽东郡的防务问题。一是论述和帝时期设置的辽东郡西部都尉官以及鲜卑、高句丽对辽东郡的军事威胁；二是论述安帝时期辽东郡郡县的减少以及永初年间的海贼、辽东貊人的反叛以及辽东鲜卑寇边等对辽东郡防务的影响；三是论述高句丽、乌桓、鲜卑等对辽东郡的防务威胁；四是考论辽东太守在辽东郡防御活动中的事迹；五是论述公孙氏对辽东郡的割据、对辽东郡的建制改革以及东北防务问题。

第四部分，秦汉辽东郡的防务作用与地位。其一，辽东郡的防务作用。阐明辽东郡在抵御侵扰、主动防御、交通保障、地区治安等方面的防务功能，揭示辽东郡的防务建制与防务部署在秦汉时期发挥的积极作用与不足。其二，辽东郡的防务地位。论述秦汉王朝在辽东郡防务问题上的得失，进而揭示这一时期辽东郡的防务地位。

第一章　秦代辽东郡的防务问题

公元前222年，秦灭燕，辽东郡的归属随之改变，由燕地转而成为秦地，并且推行秦制。秦王朝统治的十余年间，其对辽东郡的经略引发了一系列防务问题。

第一节　燕秦对峙下辽东郡的防务

一　辽东郡的早期设置

据《史记·匈奴列传》记载，"燕有贤将秦开，为质于胡，胡甚信之。归而袭破走东胡，东胡却千余里"，"燕亦筑长城，自造阳至襄平。置上谷、渔阳、右北平、辽西、辽东郡以拒胡"；[①]《魏略》又载，燕称王后，朝鲜侯也随之称王，"后子孙稍骄虐，燕乃遣将秦开攻其西方，取地二千余里，至满番汗为界，朝鲜遂弱"。[②] 辽东郡初设，当在燕昭王时期，燕将秦开先是北击东胡，其后西征朝鲜，拓展燕地，而辽东郡的辖区则东为辽西，南至大海，北临东胡，西界朝鲜。辽东郡的设置具有鲜明的军事防御色彩，其防务对象有二：一是北边的东胡；二是东边的朝鲜。二者在燕统治辽东郡的期间，并未造成严重的军事威胁，这与燕国正值强盛有直接关系。

《汉书·地理志》记载："辽东郡，（秦置。属幽州。）户五万五千九百七十二，口二十七万二千五百三十九。县十八：襄平，（有牧师官。莽曰昌平。）新昌，无虑，（西部都尉治。）望平，（大辽水出塞外，南至安市入海，行千二百五十里。莽曰长说。）房，候城，（中部都尉治。）辽队，（莽曰顺睦。）辽阳，（大梁水西南至辽阳入辽。莽曰辽阴。）险渎，

---

① 《史记》卷110《匈奴列传》，中华书局点校本（修订本），2014，第3490页。
② 《三国志》卷30《东夷传》注引《魏略》，中华书局点校本，2000，第850页。

居就，（室伪山，室伪水所出，北至襄平入梁也。）高显，安市，武次，（东部都尉治。莽曰桓次。）平郭，（有铁官、盐官。）西安平，（莽曰北安平。）文，（莽曰文亭。）番汗，（沛水出塞外，西南入海。）沓氏。"①史书中所载辽东郡的属县当是汉代的行政记录，辽东郡设置之初确切的辖区与属县情况都没能保留下来。学术界根据文献记述与出土资料，考论燕、秦、汉时期辽东郡的行政区划。

《史记·匈奴列传》中记载燕长城东至襄平，襄平即辽东郡的郡治所在。襄平当在今辽宁省辽阳市，已成为学界定论。关于襄平的所在地，谭其骧先生主编的《〈中国历史地图集〉释文汇编·东北卷》进行了论述，关于襄平城遗址有二说：一是据《辽东志》断定在"辽阳城西北隅"，《读史方舆纪要》与嘉庆《一统志》定在辽阳城北或西北70里；二是据辽阳城考古发掘情况，李文信、孙守道先生提出汉代襄平城为辽阳市老城址所在地，且出土有燕国铸造的"襄平"布币，燕秦时期的襄平与汉在一地。② 王绵厚先生在《秦汉东北史》一书中考证燕秦时期辽东郡下辖属县，分别为：襄平（今辽宁省辽阳旧城）、沓氏（今辽宁省新金县花儿山古城）、居就（今辽宁省辽阳东北亮甲山汉城）、武次（今辽宁省凤城县凤山乡大堡古城）、候城（今辽宁省辽阳市内旧城区内）。③ 两书考述的结论基本一致，其说可从。另外，满番汗在战国时期或已成为"燕国东部边陲的一个战略重镇"；④ 国内城在长城塞外，燕国时也已经成为辽东郡的据点，⑤ 甚至也可能成为汉代辽东郡的属县西盖马的所在地。⑥

燕国修筑的长城防线，是为抵御东北部族而设置的工事。边地置郡，是春秋战国时期各国武力拓张疆域时普遍采取的一种地方行政管理模式。辽东郡的设置兼具防御工事与地方行政建制的双重任务，随着燕国在新占领土统治的不断强化，辽东郡下辖的属县与疆域得到了充分的拓展。辽东郡最初以襄平为军政中心，设为郡治，并且修筑长城工事。军事征

① 《汉书》卷28《地理志下》，中华书局点校本，1996，第1625~1626页。
② 谭其骧主编《〈中国历史地图集〉释文汇编·东北卷》，中央民族学院出版社，1988，第8页。
③ 王绵厚：《秦汉东北史》，辽宁人民出版社，1994，第15、16页。
④ 陈慧：《战国之燕对辽东的经营开发》，《辽宁大学学报》2007年第5期。
⑤ 李殿福：《国内城始建于战国晚期燕国辽东郡塞外的一个据点之上》，《东北史地》2006年第3期。
⑥ 刘子敏：《关于高句丽第一次迁都问题的探讨》，《东北史地》2006年第4期。

服行动之后，随之而来的是燕人的迁入。辽阳等地战国时期的城址、墓葬，[①] 提供了燕人曾在辽东郡繁衍生息的历史佐证。《史记·朝鲜列传》又载"自始全燕时，尝略属真番、朝鲜，为置吏，筑障塞"，[②] 记述了燕昭王时期，在武力拓展辽东疆域的同时，在新的领土上推行郡县制，同时修筑用于军事戍防的边塞。据长城考古，昭乌达盟境内发现有赤北、赤南、老虎山三道长城遗址，修筑年代皆在汉代以前，其中赤南长城为战国时期燕国的遗址。[③] 河北发现的"三道边"，进一步佐证了战国燕长城介于北边的秦长城与南边的汉长城之间，[④] 与"赤南长城"相接。[⑤] 长城沿线，既有障塞，也有城邑，还有毗邻长城的东胡、秽貊的遗存。辽东郡的边塞之外还修筑了不止一处的燕人军事据点，将燕人的活动范围又向外拓展。值得一提的是，辽东郡远在边地，毗邻东北部族，因此设郡之初就具有鲜明的军事色彩，修筑边塞抵御东北部族的同时，健全行政建制，又在军政建制的保障下进行生产生活。而随着农耕经济的发展，燕人的活动区域扩大，需要在新开发的地区建立军政机构和设施作为保障，在新的边民聚居区设置属县，在战略要地和交通要道修筑据点。辽东郡的设置与建制的完善，与防务建制同步，在戍卫边地与维护社会秩序方面发挥了举足轻重的作用，这样的防务建制也为秦汉王朝对辽东郡的经略以及防务管理奠定了坚实的基础。

二 燕王徙居辽东时期的防务

关于燕王徙居辽东郡，《史记》中有以下记载。

> 二十年，燕太子丹患秦兵至国，恐，使荆轲刺秦王。秦王觉之，解体轲以徇，而使王翦、辛胜攻燕。燕、代发兵击秦军，秦军破燕易水之西。二十一年，王贲攻荆。乃益发卒诣王翦军，遂破燕太子

---

① 谭其骧主编《〈中国历史地图集〉释文汇编·东北卷》，中央民族学院出版社，1988，第8页。

② 《史记》卷115《朝鲜列传》，中华书局点校本（修订本），2014，第3617页。

③ 项春松：《昭乌达盟燕秦长城遗址调查报告》，载文物编辑委员会编《中国长城遗迹调查报告集》，文物出版社，1981，第6～20页。

④ 郑绍宗：《河北省战国、秦、汉时期古长城和城障遗址》，载文物编辑委员会编《中国长城遗迹调查报告集》，文物出版社，1981，第34～39页。

⑤ 布尼阿林：《河北省围场县燕秦长城调查报告》，载文物编辑委员会编《中国长城遗迹调查报告集》，文物出版社，1981，第40～44、51页。

军，取燕蓟城，得太子丹之首。燕王东收辽东而王之。①

燕见秦且灭六国，秦兵临易水，祸且至燕。太子丹阴养壮士二十人，使荆轲献督亢地图于秦，因袭刺秦王。秦王觉，杀轲，使将军王翦击燕。二十九年，秦攻拔我蓟，燕王亡，徙居辽东，斩丹以献秦。②

于是秦王大怒，益发兵诣赵，诏王翦军以伐燕。十月而拔蓟城。燕王喜、太子丹等尽率其精兵东保于辽东。秦将李信追击燕王急，代王嘉乃遗燕王喜曰："秦所以尤追燕急者，以太子丹故也。今王诚杀丹献之秦王，秦王必解，而社稷幸得血食。"其后李信追丹，丹匿衍水中，燕王乃使使斩太子丹，欲献之秦。秦复进兵攻之。后五年，秦卒灭燕，虏燕王喜。③

据《中国历史纪年表》，燕王喜二十九年与秦王政二十一年对应公元前226年。这一年，燕太子丹派遣荆轲刺杀秦王未遂，秦王盛怒之下派出王翦率军攻燕，击溃燕太子丹的军队，攻取燕都蓟城。燕王喜与太子丹率领精锐逃亡辽东，秦军则在李信的带领下继续追击燕王。辽东郡虽有医巫闾屏障与边塞军事防御体系，但是燕王一方在秦军的追击下情况相当危急。燕王为向秦国示好而斩杀太子丹。秦军将战略重心放在魏国、楚国，而未进击燕国、代国，加之王翦"谢病老归"，秦王错用李信率兵征楚，燕国才勉强在辽东维持了近六年的统治。

这一时期，对于燕国而言，辽东郡的防务地位发生了根本性的变化。辽东郡是燕国的边郡之一，防务对象有内外之分：对内而言，通过统治郡县内的燕民，维护边地内部的统治秩序；对外而言，与东胡、箕子朝鲜为邻，拓展边地与抵御东北部族成为防务的重要内容。燕秦二军在辽东郡对峙，生死存亡之际，辽东郡的防务形势骤然严峻，成为燕国抵御秦军的最后堡垒。司马迁曾指出，"燕外迫蛮貉，内措齐、晋，崎岖强国之间，最为弱小，几灭者数矣"。④ 燕人为求生存，击败东胡，在千余里

---

① 《史记》卷6《秦始皇本纪》，中华书局点校本（修订本），2014，第301页。
② 《史记》卷34《燕召公世家》，中华书局点校本（修订本），2014，第1888页。
③ 《史记》卷86《刺客列传》，中华书局点校本（修订本），2014，第3076~3077页。
④ 《史记》卷34《燕召公世家》，中华书局点校本（修订本），2014，第1889页。

之间修筑长城防线，置上谷、渔阳、右北平、辽西、辽东计五郡"以拒胡"，并与匈奴为邻。① 在此基础上，燕国趁全盛时机，"尝略属真番、朝鲜"，从而将辽东郡的东部边界又向东推进；通过"为置吏，筑障塞"，建立并健全了边郡防务制度。② 可见，作为燕国的边郡，辽东郡的防务建制是在开疆拓土的同时配套而建，包括长城、边塞等防务工事，以及边郡官吏制度、兵将戍守制度等。值得一提的是，燕将秦开在对东胡和朝鲜的战事中，不仅"却地"可观，而且戍防得力，奠定了燕人统治辽东郡的有利形势。这样，当秦军攻陷燕都之际，燕王喜选择率领精兵退守辽东。据《史记·秦楚之际月表》，项羽封臧荼为燕王，都蓟，徙韩广为辽东王，都无终。③ 又据《史记·燕召公世家》"秦攻拔我蓟，燕王亡，徙居辽东"④。这样看来，秦至汉初，史家记载的燕王退守之辽东，其位置在蓟城以东。尤其是燕王喜在秦转而攻楚、魏之后，尚有相当充裕的时间重整旗鼓，因此辽东的范围很可能达到燕都蓟城之东，成为燕王最后据守的燕地。

三 秦灭燕与辽东郡的防务

公元前 222 年，秦国再度发起对燕国的军事攻势。对秦国而言，辽东郡是灭燕的必争之地。据《史记·刺客列传》，在燕王喜与太子丹退守辽东后，秦将李信"追击燕王急"。在秦军的追击之下，太子丹藏匿到衍水一带。燕王喜听信代王之言，斩杀太子丹"欲献之秦"。此举不但未能起到缓兵的作用，反而在"秦复进兵攻之"的强大军事压力下，失去了太子丹及其精锐的军事支持，燕王虽然收复辽东，但是军事力量仍无法与秦国精锐抗衡。

秦国攻燕虽急，但是并未因此影响其对形势的判断。显然，秦国攻燕是统一六国战略的组成部分，步骤有三：其一，秦王政二十年（前 227 年）发兵击燕、代联军，"破燕易水之西"；其二，二十一年（前 226 年）攻蓟城，将燕王逐亡辽东；其三，二十五年（前 222 年），大举攻燕辽东，与退守辽东的燕王及其统领的燕国精锐士卒激战，俘获燕王喜，燕

---

① 《史记》卷 110《匈奴列传》，中华书局点校本（修订本），2014，第 3490 页。
② 《史记》卷 115《朝鲜列传》，中华书局点校本（修订本），2014，第 3617 页。
③ 《史记》卷 16《秦楚之际月表》，中华书局点校本（修订本），2014，第 941 页。
④ 《史记》卷 34《燕召公世家》，中华书局点校本（修订本），2014，第 1888 页。

国覆灭。其间，秦国平定新郑叛乱，攻伐魏、楚；其后，以将军王贲从燕地向南攻齐，灭齐国。① 由此可见，秦国并未急于攻陷燕国之辽东，这是符合秦国制定的使六国陷入孤立、逐个攻破的统一战略。

燕、秦在辽东决战之际，燕虽有辽东，但是孤立无援，最终被强大的秦军击败。次年，秦军在王贲的统率下，由燕地南下攻齐。秦军在辽东的屯驻无疑进一步巩固了秦国在辽东郡的统治。这样，秦国从燕国手中夺取辽东郡，将几代燕王对辽东郡的防务建设也一并收为己有。在燕秦易主之战结束后，随着军事征伐活动宣告结束，辽东郡的防务由军事对峙转向戍守，紧张的防务形势有所缓解。

第二节　秦王朝治下辽东郡的防务

一　秦始皇统治时期

秦灭燕后，防务重心转向巩固秦王朝的政治统治，这体现在以下几个方面。

其一，郡县制的推行。秦国统一进程中，在新地推行郡县制，强化对六国的统治。公元前221年，秦国最终完成了对六国的统一，开始对统一王朝的政治制度进行创设。郡县制的推行成为其核心内容之一。《史记·秦始皇本纪》记载：

> 丞相绾等言："诸侯初破，燕、齐、荆地远，不为置王，毋以填之。请立诸子，唯上幸许。"始皇下其议于群臣，群臣皆以为便。廷尉李斯议曰："周文武所封子弟同姓甚众，然后属疏远，相攻击如仇雠，诸侯更相诛伐，周天子弗能禁止。今海内赖陛下神灵一统，皆为郡县，诸子功臣以公赋税重赏赐之，甚足易制。天下无异意，则安宁之术也。置诸侯不便。"始皇曰："天下共苦战斗不休，以有侯王。赖宗庙，天下初定，又复立国，是树兵也，而求其宁息，岂不难哉！廷尉议是。"②

① 《史记》卷6《秦始皇本纪》，中华书局点校本（修订本），2014，第301~303页。
② 《史记》卷6《秦始皇本纪》，中华书局点校本（修订本），2014，第307页。

《史记·李斯列传》又载：

> 二十余年，竟并天下，尊主为皇帝，以斯为丞相。夷郡县城，销其兵刃，示不复用。使秦无尺土之封，不立子弟为王、功臣为诸侯者，使后无战攻之患。①

这两条史料记载了秦始皇二十六年（前221年）秦王朝统治核心关于封建诸侯与郡县制的庙堂之争。李斯推行郡县制、废除封建制的观念得到了秦始皇的支持，随即在全国范围内设置郡县。秦王朝统一时的国境，"地东至海暨朝鲜，西至临洮羌中，南至北向户，北据河为塞，并阴山至辽东"，史称分置三十六郡，"郡置守、尉、监"，根据《集解》注释，辽东郡也在其中。② 这一时期，辽东郡的行政建制得到新的发展。战国燕国曾出土"襄平右丞"古玺，③ 这是辽东郡下辖襄平县属吏的古玺印。根据考古研究，秦封泥有"潦东守印"，④ 表明秦王朝已经在辽东设置辽东郡守。辽东郡属县有险渎，西安曾出土"险渎丞印"封泥，⑤ 表明秦代已经在险渎设县，并且分置属吏。这一时期，辽东郡的属县可考者主要有襄平、险渎、候城。⑥ 秦始皇推行郡县制，恢复和重建了辽东郡的地方行政建制，加强了中央王朝对辽东郡的行政管辖和军政统治。这也为辽东郡防务建制的发展和完善提供了前提。

其二，加强对辽东郡边民的管理和控制。辽东郡的吏民皆为燕国遗民，又曾是燕王抵御秦军最后的群众基础，因而也成为秦王朝加强管控的重点对象。秦灭燕，已经通过武力击败燕国的军事力量。秦始皇二十六年（前221年），"更名民曰'黔首'"，⑦ 辽东郡下辖燕人由此与秦人称谓一致，这也就意味着对其管理一律按照秦律进行。同年，"收天下兵，聚之咸阳，销以为钟鐻，金人十二，重各千石，置廷宫中"，⑧ 辽东

---

① 《史记》卷87《李斯列传》，中华书局点校本（修订本），2014，第3090页。
② 《史记》卷6《秦始皇本纪》，中华书局点校本（修订本），2014，第307~308页。
③ 曹锦炎：《古代玺印》，文物出版社，2002，第43页。
④ 周晓陆、路东之编著《秦封泥集》，三秦出版社，2000，第258页；傅嘉仪编著《秦封泥汇考》，上海书店出版社，2007，第261页。
⑤ 后晓荣：《秦代政区地理》，社会科学文献出版社，2009，第381页。
⑥ 后晓荣：《秦代政区地理》，社会科学文献出版社，2009，第381页。
⑦ 《史记》卷6《秦始皇本纪》，中华书局点校本（修订本），2014，第307页。
⑧ 《史记》卷6《秦始皇本纪》，中华书局点校本（修订本），2014，第307页。

郡的兵器由此统一收归国有，销毁兵器之举意在消除兵戈战事，同时也是针对吏民占有武器装备，尤其是针对反秦斗争的严格控制。此外，根据出土秦律，秦王朝对于逃亡犯罪的管理相当严格。

其三，加强中央与郡县的联系。秦始皇二十七年（前220年）"治驰道"，① 集解注引《汉书·贾山传》曰："秦为驰道于天下，东穷燕齐，南极吴越，江湖之上，滨海之观毕至。道广五十步，三丈而树，厚筑其外，隐以金椎，树以青松。"② 驰道的修筑将秦王朝治下的郡县联系成为交通网络，便于中央对地方进行有效的管理。对于辽东郡的防务而言，驰道的修筑意味着与中央王朝的沟通更为便利，加之邮驿制度、屯戍制度在边地的推行，都有助于加强中央与地方的信息、人员交通。

其四，震慑边民。秦始皇三十二年（前215年）东巡至辽西郡，"堕坏城郭，决通堤防"。③ 秦始皇在辽西郡碣石的刻辞，明确表达了秦王朝对燕地的所有权，对燕遗民的威慑效果早已超出辽西郡的范围，秦始皇此次巡边，虽未到达辽东郡，但是其震慑辽东郡下辖吏民的政治目的已经实现。

其五，修筑长城防线。秦始皇三十二年（前215年），"燕人卢生使入海还，以鬼神事，因奏录图书，曰'亡秦者胡也'"，这一事件成为引发秦始皇派遣蒙恬"发兵三十万人北击胡"的导火索。④ 在北击匈奴夺取河南地之后，秦始皇又命蒙恬"筑长城，因地形，用制险塞，起临洮，至辽东，延袤万余里"。⑤ 根据目前的考古发现，在今内蒙古自治区赤峰市北部英金河北岸由东向西横亘着一条长城遗迹，史学界称其为"赤北长城"。⑥ "赤北长城"沿线分布有遗址4处、障址2处、台址2处、城址6处，赤峰曾出土一件"器体通身铸造阳文二十六年诏书"的铁权、一件"刻有秦始皇二十六年诏书"的陶量、秦剑、秦戟以及疑为"秦代修

---

① 《史记》卷6《秦始皇本纪》，中华书局点校本（修订本），2014，第310页。
② 《史记》卷6《秦始皇本纪》，中华书局点校本（修订本），2014，第311页。
③ 《史记》卷6《秦始皇本纪》，中华书局点校本（修订本），2014，第322页。
④ 《史记》卷6《秦始皇本纪》，中华书局点校本（修订本），2014，第323页。
⑤ 《史记》卷88《蒙恬列传》，中华书局点校本（修订本），2014，第3114页。
⑥ 项春松：《昭乌达盟燕秦长城遗址调查报告》，载文物编辑委员会编《中国长城遗迹调查报告集》，文物出版社，1981，第6～20页。

筑长城的劳工墓"的墓葬等。① 此外,"老虎山长城"修筑年代晚于"赤南长城",发现有重要的秦代遗址、遗物,表明这里为秦朝的要塞之一。②"赤北长城"将"赤南长城"向北推进,拓展了秦王朝在东北的疆域;"老虎山长城"出土的秦铁权、铁镞、铁制生产工具以及"明刀""秦半两小圆钱"等遗物,表明燕秦长城的修筑戍卫了边地,带动了经济文化的交流与发展。秦王朝为了抵御北方草原民族而大规模修葺的长城防线,辽东郡修筑的防御工事甚至引发了箕子朝鲜方面的强烈反响。据《魏略》记载,当长城防线修至辽东,箕子朝鲜立即做出回应,"畏秦袭之,略服属秦,不肯朝会"。③ 这一事件反映了辽东郡防务对象的情况较为复杂,防务形势也较为严峻。

其六,征发戍卒。《史记·秦始皇本纪》记载,"三十三年,发诸尝逋亡人、赘婿、贾人略取陆梁地,为桂林、象郡、南海,以适遣戍。西北斥逐匈奴。自榆中并河以东,属之阴山,以为三十四县,城河上为塞。又使蒙恬渡河取高阙、陶山、北假中,筑亭障以逐戎人。徙谪,实之初县。禁不得祠明星出西方。三十四年,适治狱吏不直者,筑长城,及南越地"。④ 史书中"谪戍"者皆为罪人,服役劳作并未规定期限。《秦律杂抄》中《屯表律》规定:"冗募归,辞曰日已备,致未来,不如辞,赀日四月居边。"⑤ 释文曰:"应募的军士回乡,声称服役期已满,但是证明其服役期满的文券未到,这种情况与本人所说不符,罚居边服役四个月。"⑥ 这条秦律中,处罚戍边服役是有期限的,即"四个月"。文中所言"居边"应指戍边服役。《秦律杂抄》中对戍边筑城有如下规定:"戍者城及补城,令婵堵一岁,所城有坏者,县司空署君子将者,赀各一甲;县司空佐主将者,赀一盾。令戍者勉补缮城,署勿令为它事;已补,乃令增塞埤塞。县尉时循视其功及所为,敢令为它事,使者赀二甲。"⑦ 译

① 项春松:《昭乌达盟燕秦长城遗址调查报告》,载文物编辑委员会编《中国长城遗迹调查报告集》,文物出版社,1981,第6~20页。
② 项春松:《昭乌达盟燕秦长城遗址调查报告》,载文物编辑委员会编《中国长城遗迹调查报告集》,文物出版社,1981,第6~20页。
③ 《三国志》卷30《东夷传》注引《魏略》,中华书局点校本,2000,第850页。
④ 《史记》卷6《秦始皇本纪》,中华书局点校本(修订本),2014,第323页。
⑤ 睡虎地秦墓竹简整理小组编《睡虎地秦墓竹简》,文物出版社,1978,第145页。
⑥ 睡虎地秦墓竹简整理小组编《睡虎地秦墓竹简》,文物出版社,1978,第145~146页。
⑦ 睡虎地秦墓竹简整理小组编《睡虎地秦墓竹简》,文物出版社,1978,第148页。

文曰："服边戍者筑城和修城，都要叫他们担保城垣一年，所筑如有毁坏，率领戍者的县司空署君子各罚一甲；主管率领的县司空佐罚一盾。要命服边戍者全力修城，所属地段不得叫他们做其他事务；城已修好，就命他们把要害处加高加厚。县尉应经常巡视工程和他们在做什么，有敢叫他们做其他事务的，役使他们的人应罚二甲。"① 这里的"戍者"应当是对戍卒而言，"居边"者也在其中。对于戍者的管理，"戍律曰：同居毋并行，县啬夫、县尉及士吏行戍不以律，赀二甲"。② 按照这条法律规定，每户征发的戍卒限定为一人，由县啬夫、县尉、士吏依法征发，否则官吏依律罚二甲。秦律中对戍卒所从事的三项日常事务进行了法律规范。其一，如上所述，对戍卒修筑、修葺城垣而言，规定了城垣的质保期限，主管官吏负责监督并承担法律责任。其二，《秦律杂抄》中规定："徒卒不上宿，署君子、屯长、仆射不告，赀各一盾。宿者已上守除，擅下，人赀二甲。"③ 这规定了戍卒负责戍守，并且需要在夜间驻守。戍卒在从事城垣修筑、修葺时，由县司空主管，县尉巡查；在从事戍守、驻守时，由上级、屯长、仆射主管。其三，《屯表律》又规定："军新论攻城，城陷，尚有栖未到战所，告曰战围以折亡，假者，耐；屯长、什伍知弗告，赀一甲；禀伍二甲。"④ 这规定了戍卒需要参加军事征伐活动。征用戍卒按照什伍编制，采取屯长、什伍负责制。根据以上分析，在推行秦律以来，在辽东郡内征发戍卒主要遵循以下制度管理：一是由各县啬夫、县尉及士吏负责按户征发戍卒；二是各县司空负责调配戍卒修筑、修葺郡县城垣，县啬夫负责巡查监督城垣的修建；三是在边塞戍守中由屯长负责驻守出勤，隶属于郡县军事管理系统。另据《史记·陈涉世家》，陈胜、吴广一行900人"适戍渔阳"，陈、吴二人为屯长，杀三尉起义。⑤ 显然，屯长在戍卫系统中仍属戍卒身份，应为戍卒中推举或主管官吏选任的戍卒之长。

这一时期，秦王朝构建了一套更加严密的军事防务制度，对于辽东郡的地方行政管辖、社会治理、边塞管理产生了积极的作用。大规模长

---

① 睡虎地秦墓竹简整理小组编《睡虎地秦墓竹简》，文物出版社，1978，第148页。
② 睡虎地秦墓竹简整理小组编《睡虎地秦墓竹简》，文物出版社，1978，第147页。
③ 睡虎地秦墓竹简整理小组编《睡虎地秦墓竹简》，文物出版社，1978，第144页。
④ 睡虎地秦墓竹简整理小组编《睡虎地秦墓竹简》，文物出版社，1978，第145页。
⑤ 《史记》卷48《陈涉世家》，中华书局点校本（修订本），2014，第2366页。

城防线的修筑，不仅有效地抵御了来自北方胡人的侵扰，同时还对"辽东外徼"产生了极大的震慑作用。

二 秦二世统治时期

秦二世统治之初，效法秦始皇"巡行郡县"，东巡"至辽东而还"。① 此次皇帝巡行之前，二世曾与赵高谋划："朕年少，初即位，黔首未集附。先帝巡行郡县，以示强，威服海内。今晏然不巡行，即见弱，毋以臣畜天下。"② 显然，此次东巡具有鲜明的政治目的。秦二世即位之初，力图确立权威，而秦始皇巡行郡县之举就具有鲜明的展示皇权的色彩，与此同时达到了震慑海内与臣服吏民的统治目的。对于辽东郡而言，此次东巡在防务方面有以下几个方面的作用：其一，皇帝的巡视，具有宣示主权的意味，可以说秦二世此次巡行重新宣示了秦王朝对辽东郡的主权；其二，皇帝车驾途经辽东郡，具有震慑郡县边民的作用；其三，巡行途经碣石，经由"并海道"南行至会稽，最后抵达辽东而返，表明辽东地区在沿海交通线上占有一席之地，并且与国都咸阳之间的交通顺畅。

《史记·陈涉世家》记载："二世元年七月，发闾左适戍渔阳九百人，屯大泽乡。陈胜、吴广皆次当行，为屯长。会天大雨，道不通，度已失期。失期，法皆斩。"③ 陈胜为阳城人，吴广为阳夏人，于秦二世元年（前209年）谪戍渔阳。这一行900人的谪戍队伍，由县尉、屯长、戍卒等组成。在酷法的逼迫下，这支谪戍队伍在陈、吴二人的带领下斩杀将尉揭竿而起，建立张楚政权，拉开了反抗秦暴政的序幕。各地纷纷斩杀郡县长吏响应张楚，吴广使陈人武臣等人复建六国，武臣自立赵王，谋划"使使北徇燕地以自广"，"上谷卒史韩广"被委以重任，又在燕国贵族、豪杰的支持下复建燕国，"自立为燕王"。④ 燕国的复立以迅雷不及掩耳之势结束了秦王朝对辽东郡的统治，辽东郡的防务问题随之出现了新的变化，主要表现在以下三个方面。

其一，边塞废弃。《史记·匈奴列传》记载，秦始皇时期蒙恬率军在边地营建长城边塞十余载，至秦二世时，"诸侯畔秦，中国扰乱，诸秦所

---

① 《史记》卷6《秦始皇本纪》，中华书局点校本（修订本），2014，第339页。
② 《史记》卷6《秦始皇本纪》，中华书局点校本（修订本），2014，第339页。
③ 《史记》卷48《陈涉世家》，中华书局点校本（修订本），2014，第2366页。
④ 《史记》卷48《陈涉世家》，中华书局点校本（修订本），2014，第2370、2372～2373页。

徙适戍边者皆复去"。① 这一时期，燕王韩广掌控辽东郡，而被秦王朝征发的戍卒，不论是按户征发，还是谪戍征发，大都可以趁着统治相对薄弱之际弃塞逃亡。从韩广自立为燕王的经过来看，包括辽东郡在内的燕地顺利脱离了秦王朝的统治，在燕国贵族和豪杰的支持下，得以复建燕国。这也从一个侧面反映出复建燕国成为这一时期燕地统治的焦点，而对于边塞的管理则处于停滞的状态。这一状况在项羽分封燕王臧荼、辽东王韩广时仍没有较为显著的改善。直到刘邦分封卢绾为燕王，才重新修葺边塞，划定辽东与卫氏朝鲜以"满番汗"为界。

其二，边民逃亡。秦王朝制定秦律严厉打击逃亡犯罪，并且建立了较为行之有效的郡县、乡里相结合的管理体制加以预防。② 边民逃亡主要是针对秦末战乱所致流民群体逃亡塞外而言。《魏略》记载："否死，其子准立。二十余年而陈、项起，天下乱，燕、齐、赵民愁苦，稍稍亡往准，准乃置之于西方。"③ 燕民、齐民、赵民逃亡辽东塞外，有陆路与水路两种途径。浮海逃亡虽然路程较短，但是规模不会太大。在边塞如同虚设的状态下，流民因战乱而选择经由辽东边塞逃亡箕子朝鲜就顺理成章了。在流民潮的影响下，辽东郡的边民也加入其中，逃避战乱。这一状况也反映出秦王朝对辽东边民的管理已经失控。

其三，周边状况。据《史记·匈奴列传》，匈奴趁秦末战乱收复河南地，冒顿单于自立后先后击败东胡、月氏、楼烦、白羊河南王，至西汉初年开始对燕地构成军事威胁。显然，秦末战乱之际，正值匈奴与东胡对峙，辽东边地终于获得喘息之机。与此同时，《魏略》记载箕子朝鲜积极安置逃亡辽东塞外的燕、齐、赵人，与辽东郡的边界也向东推进。这一时期辽东边地与周边虽然整体上相安无事，但是也存在不稳定因素。

第三节　秦代辽东郡的防务形势及其影响因素

辽东郡初设于战国时期的燕国，北拒东胡、匈奴，东邻朝鲜，后成为秦代防务重镇之一。秦王朝治下，辽东郡的防务形势几经转化，但导

---

① 《史记》卷110《匈奴列传》，中华书局点校本（修订本），2014，第3492页。
② 张功：《秦汉逃亡犯罪研究》，湖北人民出版社，2006，第253～254页。
③ 《三国志》卷30《东夷传》注引《魏略》，中华书局点校本，2000，第850页。

致其转化的因素不尽相同。

一 燕秦对峙下辽东郡的防务形势

在秦统一六国的进程中，辽东郡一度成为燕秦两军对决的战场。在两军对弈、生死存亡之际，辽东郡的防务形势骤然严峻。

对燕国一方而言，辽东郡是抵御秦军的最后堡垒。燕国在辽东郡开疆拓土，设置职官，修筑边塞，对辽东地区进行有效的控制，这些经略辽东的举措为燕王据守辽东奠定了坚实的基础。公元前226年，秦军击败燕太子丹率领的军队，攻取燕都蓟城。[1] 燕王喜与太子丹统率燕军精锐退守辽东，秦将李信率军乘胜追击，燕王迫于形势，听取代王嘉的建议，斩杀太子丹，秦军却并未止兵。[2] 随着秦军将战略重心转向楚、魏，燕王得到喘息之机，又维持社稷近6年。其间，与辽东毗邻的箕子朝鲜并未对退守的燕王发动军事打击。这从一个侧面反映出燕王虽然无力对抗强秦，但是军事实力仍有所保存。在秦军攻势平息之际，辽东郡的防务形势仍然相当严峻，面对强秦与近邻的潜在军事威胁，燕王的精锐也只能勉强维持对辽东的统治。

对秦国而言，辽东郡是必争之地。秦王政十九年（前228年），秦军"得赵王"后，"引兵欲攻燕，屯中山"，代王嘉自立，"东与燕合兵，军上谷"，燕秦一战在所难免。[3] 次年，荆轲刺秦王，秦王派王翦、辛胜统率军队进攻燕国，燕、代联军失利，秦军攻取易水之西。[4] 二十一年（前226年），发兵增援王翦，击败燕军，夺取燕都，并得太子丹首级。[5] 燕王退守辽东，秦将王翦"遂定燕蓟而还"。[6] 据《睡虎地秦墓竹简》中《编年纪》所载，秦王政十七年（前230年）"攻韩"，十八年（前229年）"攻赵"，二十二年（前225年）"攻魏梁"，二十三年（前224年）"攻荆"。[7] 在秦统一六国的进程中，夺取燕都是灭燕的阶段性胜利，"荆轲刺秦王"这一历史事件引发的战事也至此告一段落。在秦国既定的战

---

① 《史记》卷6《秦始皇本纪》，中华书局点校本（修订本），2014，第301页。
② 《史记》卷86《刺客列传》，中华书局点校本（修订本），2014，第3076~3077页。
③ 《史记》卷6《秦始皇本纪》，中华书局点校本（修订本），2014，第300页。
④ 《史记》卷6《秦始皇本纪》，中华书局点校本（修订本），2014，第301页。
⑤ 《史记》卷6《秦始皇本纪》，中华书局点校本（修订本），2014，第301页。
⑥ 《史记》卷73《王翦列传》，中华书局点校本（修订本），2014，第2839页。
⑦ 睡虎地秦墓竹简整理小组编《睡虎地秦墓竹简》，文物出版社，1978，第7页。

略中，击败燕、代联军的目的已经完成，转而派遣王贲进击楚、魏。在燕秦一战中，秦将李信"年少壮勇，尝以兵数千逐燕太子丹至于衍水中，卒破得丹"，① 深得秦王政赏识。于是秦王政改用李信与蒙恬统率二十万大军攻楚，王翦"言不用，因谢病，归老于频阳"。② 李信兵败，王翦再度被起用，"岁余，虏荆王负刍，竟平荆地为郡县"，"而王翦子王贲，与李信破定燕、齐地"。③ 由是观之，秦王政对燕王退守之辽东势在必得，但是根据统一战争的部署，将讨伐燕国的统帅调回，由于选用将领不当而攻楚受挫，这就为燕国带来了喘息之机。

燕、秦二国最终在辽东决战，已经先后灭掉韩、赵、魏、楚的强秦，势如破竹，在秦王政二十五年（前222年）由王贲统率的秦军攻取燕国的辽东，俘获燕王喜，燕国灭亡，这也意味着几代燕王对辽东郡的统治至此终结。《史记·秦始皇本纪》记载："二十六年，齐王建与其相后胜发兵守其西界，不通秦。秦使将军王贲从燕南攻齐，得齐王建。"④ 王贲统率的秦军在南下攻齐之前，曾屯驻在燕地。军事驻守为推行秦制提供了强有力的保障，辽东郡由燕地转而成为秦国属地，进而成为秦国伐齐的后方据点。尽管燕秦之战已经以燕国灭亡而告终，但是辽东郡的防务形势仍因军事屯驻而相对紧张。一方面，辽东郡的统治秩序需要秦军维护；另一方面，辽东郡的局势正处于攻防转换之际，燕秦对峙之后就要为秦齐决战积极备战。这一状况在秦灭齐后最终结束，统一的秦王朝随之建立，辽东郡的防务形势进入到新的阶段。

二　秦始皇统治下辽东郡的防务形势

秦统一后，辽东郡的防务形势，已经不再是燕、秦两国之间的军事对垒，其重心转向巩固秦王朝的政治统治。秦王朝废除分封制，推行郡县制，表明统治者取消诸侯割据的鲜明立场。秦王朝的东北疆域，"东至海暨朝鲜"，"北据河为塞，并阴山至辽东"。⑤ 秦人灭燕之后，设置辽东郡守、尉、监，推行秦律，将辽东郡纳入中央王朝的行政管理体制之中。

---

① 《史记》卷73《王翦列传》，中华书局点校本（修订本），2014，第2840页。
② 《史记》卷73《王翦列传》，中华书局点校本（修订本），2014，第2840页。
③ 《史记》卷73《王翦列传》，中华书局点校本（修订本），2014，第2842页。
④ 《史记》卷6《秦始皇本纪》，中华书局点校本（修订本），2014，第303页。
⑤ 《史记》卷6《秦始皇本纪》，中华书局点校本（修订本），2014，第308页。

在秦始皇的专制统治之下，秦王朝对辽东郡的防务高度关注，推行了一系列防务举措，旨在消除防务中存在的各种隐患。

对内而言，尽管秦以武力扫灭六国，但是六国的复国谋划以及境内吏民的反抗情绪依然对秦王朝的统治构成一定的威胁。据《史记·秦始皇本纪》记载，秦始皇二十九年（前218年）曾于阳武博狼沙"为盗所惊"，三十一年（前216年）"微行咸阳"又"逢盗兰池"。① 辽东郡的北部、东部皆为边地，更有必要严防燕人势力重新整合，也要采取措施防范吏民逃亡塞外，防患于未然。为此，嬴政在二十六年（前221年）"收天下兵"，"徙天下豪富于咸阳十二万户"，二十七年（前220年）"治驰道"，三十二年（前215年）东巡至碣石并且"坏城郭，决通堤防"，又多次巡视边地，刻石歌功颂德，旨在稳定政局。② 这些举措推行至辽东郡，一方面可以有效地震慑和管理燕遗民，消减辽东郡的割据隐患；另一方面也有利于沟通辽东郡与内郡的联系，保障戍防人员和物资的转运。秦王朝在辽东郡派驻重兵戍守，又不断加强对该地的统治，都是以维护秦王朝统一为根本出发点。这些举措，使辽东郡处在高度的戒备状态，其防务形势也有如箭在弦上，不容放松。

就周边局势而言，秦王朝在辽东郡的守备举措，在不同程度上加剧了地区防务形势的紧张程度。据《淮南子·人间训》，秦始皇"发卒五十万，使蒙公、杨翁子将，筑修城，西属流沙，北击辽水，东结朝鲜，中国内郡，挽车而饷之"。③ 其中，在北边，匈奴对秦王朝的统治构成了极大的威胁。秦始皇于三十二年（前215年）巡视北边，为征伐匈奴做准备。燕人卢生奏录图书，称"亡秦者胡也"。④ 卢生之说，显然不是空穴来风，而是秦王朝统治者忌惮匈奴的具体表现。秦王朝建立六年之后，于秦始皇三十二年（前215年）发动对匈奴的战争。秦王朝军力强盛，不仅夺取"河南地"，而且乘势修筑边塞，"筑长城，因地形，用制险塞，起临洮，至辽东，延袤万余里"，⑤ 由此构建了横亘北边的防务体系。其

---

① 《史记》卷6《秦始皇本纪》，中华书局点校本（修订本），2014，第319、321页。
② 《史记》卷6《秦始皇本纪》，中华书局点校本（修订本），2014，第307、308、310、322页。
③ 刘安：《淮南子》卷18《人间训》，许慎注，陈广忠点校，上海古籍出版社点校本，2016，第467页。
④ 《史记》卷6《秦始皇本纪》，中华书局点校本（修订本），2014，第323页。
⑤ 《史记》卷88《蒙恬列传》，中华书局点校本（修订本），2014，第3114页。

中辽东郡的北边长城正是这一防务体系东段的起点。在东边，秦灭燕之后，朝鲜"属辽东外徼"，[①] 臣属秦王朝。据《魏略》记载，秦始皇派蒙恬修筑长城至辽东之时，朝鲜方面立即对此做出回应，即"畏秦袭之，略服属秦，不肯朝会"。[②] 可见，秦王朝在辽东郡重兵戍守，并且大规模地修缮长城障塞，对朝鲜构成了相当大的军事压力，这也迫使朝鲜一方"略服属秦"，秦王朝借此稳定了辽东郡的防务局势。

即便如此，正如《淮南子·人间训》中所言，"事或为之，适足以败之；或备之，适足以致之"。[③] 秦王朝在辽东郡所采取的不当防备举措，也为其速亡埋下隐患。辽东郡是秦王朝的北边与东北两条防线的交会处，统治者对边防重地厉兵秣马无可厚非，然而秦以武力灭燕，又强势"备胡"，对辽东郡镇守有余却宽抚不足。从内地征发戍卒驻守，再转输物资补给，都需要耗费大量人力物力。司马迁曾指出，秦灭六国，"天下之心未定，痍伤者未瘳"，应当"振百姓之急，养老存孤，务修众庶之和"。[④] 秦王朝却不恤民生，导致"戍者死于边，输者偾于道"。[⑤] 不仅如此，修筑长城的徒隶也不堪秦法严酷，甚至出现"徒士犯罪，止依鲜卑山"。[⑥] 加之长城防线延绵，朝鲜又"不肯朝会"，这些都给辽东郡带来潜在的防务压力。正如《盐铁论·备胡篇》中贤良所言，"秦所以亡者，以外备胡、越而内亡其政也。夫用军于外，政败于内，备为所患，增主所忧"。[⑦] 在秦始皇统治之下，向外开拓疆域与对内过度役使，给辽东郡的防务增添了诸多隐忧，加剧了辽东郡防务形势的严峻程度。

三　秦二世统治下辽东郡的防务形势

秦二世即位后，效法秦始皇东巡郡县，"至辽东而还"。[⑧] 此次巡视辽东郡，再度表明辽东郡在秦王朝防务体系中的重要性。在秦二世统治时

---

① 《史记》卷 115《朝鲜列传》，中华书局点校本（修订本），2014，第 3617 页。
② 《三国志》卷 30《东夷传》注引《魏略》，中华书局点校本（修订本），2000，第 850 页。
③ 刘安：《淮南子》卷 18《人间训》，许慎注，陈广忠点校，上海古籍出版社点校本，2016，第 467 页。
④ 《史记》卷 88《蒙恬列传》，中华书局点校本（修订本），2014，第 3118、3119 页。
⑤ 《汉书》卷 49《晁错传》，中华书局点校本，1996，第 2284 页。
⑥ 严可均校辑《全上古三代秦汉三国六朝文》卷 38 应劭《风俗通义》，中华书局，1995，第 685 页下。
⑦ 《盐铁论校注》卷 7《备胡第 38》，王利器校注，中华书局，1992，第 445 页。
⑧ 《史记》卷 6《秦始皇本纪》，中华书局点校本（修订本），2014，第 339 页。

期，内部矛盾愈演愈烈，导致秦王朝的统治二世而亡，辽东郡的防务形势也随之急转直下。具体表现在以下几个方面。

其一，秦王朝统治集团内耗，"群臣"自危。秦二世为巩固帝位，诛杀太子扶苏，并且对手足及宗室也迫害致死，导致"宗室振恐"；① 又不听劝谏，斩杀大臣，秦将世家蒙氏、左丞相冯去疾、右丞相李斯、将军冯劫都未能幸免。于是"法令诛罚日益刻深，群臣人人自危，欲畔者众"。② 扶苏、蒙恬是北边长城障塞的监造者和统帅，冯去疾、李斯、冯劫也曾随秦二世巡视辽东郡，他们在辽东郡的官吏和戍卒中具有一定的影响力。而秦二世对他们的诛杀，使朝臣自危，也在一定程度上打击辽东郡戍防官兵的士气，尤其是致使吏民对秦政心存疑虑，给辽东郡防务形势带来消极的影响。

其二，秦二世继续兴建各项工程，征发人民戍边，激化民怨。据《史记·李斯列传》记载，秦二世时"作阿房之宫，治直道、驰道，赋敛愈重，戍徭无已"。③ 里耶出土的秦令中有规定："恒以朔日上所买徒隶数"；"传送委输必先悉行城旦舂隶臣妾居赀赎责急事不可留乃兴徭"。④ 辽东郡地处边地，戍边吏民与屯戍物资皆由内郡转输。就维系边郡防务而言，"传送委输"十分必要，秦王朝的徭戍征发直接维系着辽东郡的防务形势。而对疲于徭役的黔首徒隶，辽东郡的戍防、转运也是沉重负担之一。可以说，秦二世不恤民力地役使吏民，是导致秦速亡的重要原因。而辽东郡的防务形势，因为民怨累积，也受到一定的负面影响。

其三，反秦战争的兴起，导致辽东郡的防务体系迅速崩溃。据《史记·陈涉世家》记载，陈胜、吴广起兵建立张楚政权，"诸郡县苦秦吏者，皆刑其长吏，杀之以应陈涉"。⑤ 武臣自立为赵王，又遣上谷卒史韩广"将兵北徇燕地"，⑥ 韩广借此自立为燕王，燕地由此开始脱离秦王朝的控制。陷入反秦起义浪潮的秦统治者也无暇顾及辽东郡戍防。据《史记·匈奴列传》记载，"蒙恬死，诸侯畔秦，中国扰乱，诸秦所徙适戍边

---

① 《史记》卷6《秦始皇本纪》，中华书局点校本（修订本），2014，第340页。
② 《史记》卷87《李斯列传》，中华书局点校本（修订本），2014，第3098页。
③ 《史记》卷87《李斯列传》，中华书局点校本（修订本），2014，第3098页。
④ 湖南省文物考古研究所等：《湖南龙山里耶战国——秦代古城一号井发掘简报》，《文物》2003年第1期。
⑤ 《史记》卷48《陈涉世家》，中华书局点校本（修订本），2014，第2370页。
⑥ 《史记》卷48《陈涉世家》，中华书局点校本（修订本），2014，第2372页。

者皆复去"。① 北边长城沿线的戍卒纷纷逃离障塞，辽东郡的边防线因而难以维系。另据《三国志·魏书·东夷列传》记载："陈胜等起，天下叛秦，燕、齐、赵民避地朝鲜数万口。"② 朝鲜本是"辽东外徼"，燕、齐、赵民大规模逃亡至朝鲜，足见辽东障塞已形同虚设。

秦二世统治之下，导致辽东郡防务土崩瓦解的根本原因正如贾谊所言，秦"以六合为家，崤函为宫，一夫作难而七庙堕，身死人手，为天下笑者，何也？仁义不施而攻守之势异也"。③ 秦人统治集团内部以杀伐失信于吏民，又无休止地征发徭戍，加之反秦起义有如星火燎原，加剧了秦王朝的衰亡。在这样的形势之下，辽东郡的防务形势日益恶化，秦王朝对辽东郡的统治也最终走到尽头。

四　辽东郡防务形势的影响因素

辽东郡是秦代的边防重地，其防务地位备受秦始皇、秦二世父子关注。秦王朝短祚，然而从燕秦对峙到秦始皇父子的集权统治，辽东郡的防务形势始终处于紧张、严峻的状态。这既有秦王朝统治传统以及统治者主观因素的影响，也与防务举措失当招致内忧外患有一定的关系。

首先，自燕将秦开为燕国开地千里并设置辽东郡以来，经过几代燕王的统治，辽东郡已经成为燕地。秦国发动统一战争，就必然将辽东郡作为进攻的目标，争夺这一战略要地的控制权。由于燕王喜率精兵退守辽东，秦国只有发动大规模的军事行动，才能攻取辽东郡。燕秦两军对垒，使辽东郡的防务形势骤然激化。秦国大举进攻，夺取辽东郡，终于将燕地全部纳入秦国的版图。之后秦军驻留辽东郡，又据此出兵进击齐国，进一步说明在统一战争中辽东郡仍然具有重要的战略地位，其防务形势难以真正得到缓解。

其次，秦始皇父子统治时期，都曾巡边至东北边郡，凸显统治者对辽东郡防务的重视程度。春秋战国时代，群雄逐鹿，秦人能够披荆斩棘立国西隅，又在商鞅变法之后国富兵强，农战是秦的立国之本。秦始皇父子从维护边疆统治出发，戍边设防，既是秦人治国传统使

---

① 《史记》卷110《匈奴列传》，中华书局点校本（修订本），2014，第3492页。
② 《三国志》卷30《东夷传》，中华书局点校本，2000，第848页。
③ 《史记》卷6《秦始皇本纪》，中华书局点校本（修订本），2014，第355页。

然，也符合统一王朝的根本利益。可以说辽东郡防务体系的维系在很大程度上得益于统治者保持高度的防务意识，由此也必然使防务形势不容懈怠。

再次，秦王朝统治者在北边发动对匈奴的战事，又大规模修葺防御工事，使辽东郡的防务形势更加紧绷。秦王朝展示武力，打击匈奴、修缮长城障塞，立即引发朝鲜"畏秦袭之"。这样，辽东郡的北部边患得以有效解除，却也造成区域防务气氛异常紧张，尤其是朝鲜虽然"略服属秦"，却"不肯朝会"。

最后，辽东郡防线绵长，在北部、东部皆设有防务建制，需要中央王朝派驻戍卒，转运物资，提供巨大的人力物力支持。而秦代的小农经济极为脆弱，加之大兴土木、转输边郡，使黔首不堪重负。辽东郡地处边地，防务形势长期处于紧绷的状态，却在改善百姓生存状态上无所作为，显然为辽东郡的防务埋下了隐患。加之辽东郡本为燕地，反秦战事一起，燕地继赵地之后也响应起义，辽东郡的防务体系则随即崩溃。这充分反映出秦王朝重视边郡防务，却未能赢得民心，导致民怨累积，政治统治难以为继。秦王朝对辽东郡统治的瓦解反映出这一内部隐患的严重程度。出现这种情况，显然与防务形势长期得不到缓解，秦王朝在辽东郡的统治不得人心有相当大的关系。

综上所述，秦代适应防务形势的发展，在辽东郡严格推行边郡统治管理制度。统治者对辽东郡的防务高度关注，但是在处理内忧外患时，则穷兵黩武，尽失民心。秦代在辽东郡的防务建制为后世所继承和发展，防务形势的发展受到诸多因素的综合影响，值得总结和借鉴。

第四节　防务建制及其作用

一　辽东郡防务建制的恢复与重建

从历史上看，秦王朝短祚，在东北地区的统治基础，基本继承战国燕地和燕制。[1] 辽东郡初设于战国时代，是燕将秦开"袭破走东胡"、却

---

① 王绵厚：《秦汉东北史》，辽宁人民出版社，1994，第11页。

地千余里所置五郡之一。① 此后，秦开又为燕"略属真番、朝鲜"，设置官吏，② "取地二千余里"。③ 燕国统治辽东郡期间，一方面修筑长城障塞，另一方面又设置官吏，将边地管理与军事攻守相结合，建立了较为完备的防务建制。公元前226年，秦军攻陷燕都蓟，并一路追击，迫使燕王喜逃亡至辽东郡。这样，辽东郡成为燕秦对峙和决战的要地。公元前222年，秦以王贲为将，大举进攻辽东，俘获燕王喜，将辽东郡纳入秦国版图。在军事攻守转换之际，辽东郡的守备建制得到重建，防务功能初步得以恢复。这期间恢复和重建的防务建制包括三个方面。

其一，秦封泥有"潦东守印"，④ 表明秦置辽东郡，对辽东地区进行直接的军政管辖。据《史记·刺客列传》记载，秦军攻陷燕都蓟，"燕王喜、太子丹等尽率其精兵东保于辽东"，辽东郡就成为燕国最后的军事据点。燕秦对峙期间，对于燕国一方而言，辽东郡的防务重点从防御东北部族转向防备秦军；对于秦国一方而言，辽东郡是实现统一大业的必争之地。在矛与盾的激烈对抗之下，秦国以其强大的军事实力，攻破了燕国经营的辽东防线，取得战争胜利。据《史记·朝鲜列传》记载，秦灭燕，朝鲜"属辽东外徼"。显然，秦国不仅从燕国手中夺取了对辽东郡的控制权，而且在很大程度上恢复了中原政权对东北区域的管辖。正是稳固了对燕地的统治之后，秦国才能举兵"还攻代，虏代王嘉"，又在次年"使将军王贲从燕南攻齐"。⑤ 秦置辽东郡，恢复了中原王朝对辽东地区的统治，这是辽东郡守备建制重建的基本前提和重要基石。

其二，秦郡下设县，配备相应的城邑戍守建制。后晓荣在《秦代政区地理》一书中指出，秦代辽东郡治在襄平，属县可考者有襄平、险犊、候城。⑥ 另据王绵厚在《秦汉东北史》中的考证，铁岭新台子古城、沈阳旧区古城均为战国至汉代遗址，⑦ 陈慧在《战国之燕对辽东的经营开

① 《汉书》卷94上《匈奴传上》，中华书局点校本，1996，第3748页。
② 《史记》卷115《朝鲜列传》，中华书局点校本（修订本），2014，第3617页。
③ 《三国志》卷30《东夷传》注引《魏略》，中华书局点校本，2000年，第850页。
④ 周晓陆、路东之编著《秦封泥集》，三秦出版社，2000，第258页；傅嘉仪编著《秦封泥汇考》，上海书店出版社，2007，第261页。
⑤ 《史记》卷6《秦始皇本纪》，中华书局点校本（修订本），2014，第302、303页。
⑥ 后晓荣：《秦代政区地理》，社会科学文献出版社，2009，第77、380页。
⑦ 王绵厚：《秦汉东北史》，辽宁人民出版社，1994，第280~281页。

发》① 一文中考察了 6 处战国遗址，这些遗址反映出燕人在辽东郡设置郡县，建立城邑的情况。《汉书·地理志》中记载，辽东郡有属县 18，其中于无虑、候城、武次又分别设有西部都尉、中部都尉、东部都尉。可见，辽东郡城邑的设置始于燕秦，至汉代城邑防务制度尤其受到重视，成为守卫制度的重要组成部分。秦国进军辽东，只有从燕国手中夺取城邑的驻防权，才能解除辽东郡纵深地区的抗秦武装，实现对区域内燕民的控制。因此，秦军在攻破燕国辽东郡防线的同时，必然长驱直入到郡县纵深，设置郡治、属县，恢复对城邑的防务建制，从而巩固对燕地的军政统治。

其三，秦国重视辽东郡周边的防务管理，边塞的防御功能得以迅速恢复。早在战国时期，秦开为燕击破东胡，修筑长城，设置五郡以拒胡，辽东郡在最东边，是燕国长城防线的起点。在燕国全盛时期，又"尝略属真番、朝鲜"，设置官吏，修筑障塞，将疆域向东推进二千余里，"至满番汗为界"。② 秦灭燕，朝鲜臣属，为辽东外徼，则秦国的统治已经达到燕国辽东郡的东部障塞。秦灭燕之后，燕国的北部疆域也悉数归入秦国。至此，燕人在辽东郡北部和东部修筑的长城、障塞，就易主成为秦国戍守辽东郡的防务工事。不止如此，秦军攻代、齐之际，辽东郡西部和沿海地区的要塞，发挥了重要的防务作用，这也标志着辽东郡防务建制基本得以恢复和重建。其中，辽东郡与辽西郡毗邻，以医巫闾为界。王贲率秦军还攻代地，必经两地交界处的军事要塞。恢复辽东郡西部的防务建制并发挥其防御功能，对于巩固辽东郡的区域统治是非常有必要的。此后秦军从燕地转攻齐国，燕地沿渤海湾的防务建制成为守备齐人越海的重要防线，在维护区域稳定方面具有重要的战略意义，对统一战争起到了保障作用。

燕秦对决，秦国攻破了燕国设在辽东郡的最后防线。随后，秦军驻守辽东地区，肩负消灭燕国残余军事力量和重建区域统治秩序的双重任务，而辽东郡防务的重建和恢复则标志着这两项使命基本完成。

二 秦代辽东郡防务建制的发展

公元前 221 年，秦灭六国，建立了统一的中央集权制国家。在辽东郡

---

① 陈慧：《战国之燕对辽东的经营开发》，《辽宁大学学报》2007 年第 5 期。
② 《三国志》卷 30《东夷传》注引《魏略》，中华书局点校本，2000，第 850 页。

推行郡县制的同时，在战国时期的防务建制的基础上，进一步完善了区域防务制度。具体而言，包括以下四个方面。

第一，守尉防务制度。据《史记·秦始皇本纪》，在推行"郡县制"还是"分封制"的问题上，丞相王绾等曾指出"诸侯初破，燕、齐、荆地远，不为置王，毋以填之"。廷尉李斯尖锐地指出分封诸侯各怀异心，"更相诛伐"，"弗能禁止"，力主推行郡县制。秦始皇支持李斯的主张，"分天下以为三十六郡"。于是辽东郡依照秦制"郡置守、尉、监"，由中央王朝直接统治。严耕望在《中国地方行政制度史——秦汉地方行政制度》中指出："郡守于郡事无所不综，举凡军民刑财诸政，皆所统理。都尉则佐助太守典武职甲卒兵马之务。故太守称为郡将军，都尉则称副将。盖太守统治一郡，其事甚烦，秦汉之世，天下初归一统，尤重军事，地方军务鞅掌，非郡守一人所能周顾，故于民事则太守自行直接处理，于军事则别置都尉以佐之，太守责成都尉处理军务，而自处于统辖节制之地位。"① 辽东地处边郡，军事防务由郡守统领，郡尉佐理，形成了分工明确的守尉防务制度。而郡尉如何佐理郡守，新公布的里耶秦简 8-657 曰：

　　☑亥朔辛丑，琅邪叚守☐敢告内史、属邦、郡守主：琅邪尉徙治即☐☑

　　琅邪守四百卅四里，卒可令县官有辟、吏卒衣用及卒有物故当辟征还☑

　　告琅邪尉，毋告琅邪守。固留费，且辄却论吏当坐者。它如律令。敢☐☑。②

根据简文，秦郡尉设有治所，不必经由郡守而可独立处理治所辖县内各项军政事务。这种职责划分也应适用于辽东郡。值得注意的是，秦代辽东郡的守尉防务制度增加了中央王朝整齐划一的军事管理和防务部署等内容，这对于战国时期的诸侯国而言是无法企及的。这一点在秦王朝对匈奴战争中反映得尤为突出，随后又统一部署防务工程的修葺，都

① 严耕望撰《中国地方行政制度史·秦汉地方行政制度》，上海古籍出版社，2007，第148页。
② 湖南省文物考古研究所编著《里耶秦简（壹）》，文物出版社，2012，第42页；陈伟主编《里耶秦简牍校释》（第1卷），武汉大学出版社，2012，第193页。

体现出郡县制在边郡防务中的优越性，而守尉制度又是防务建制的重中之重，不容有失。此外，据《汉书·百官公卿表·序》载，"边郡又有长史，掌兵马，秩皆六百石"①，可知为了维护边郡稳定，秦始置边郡长史，专司兵马，由于秩级为六百石，当为郡守下辖重要长史。

第二，交通转输制度。据《汉书·匈奴传》记载，燕将秦开"袭破东胡，却千余里"，"筑长城，自造阳至襄平，置上谷、渔阳、右北平、辽西、辽东郡以拒胡"。②长城的修筑与郡县的设置，带动了区域政治、经济、文化的发展。燕国以辽东郡的襄平为中心开辟了联系辽东、辽西的地区间交通以及辽东郡腹地的陆路交通。秦军进击辽东，就曾取道辽西与辽东之间的军旅交通干线。③秦统一六国，疆域辽阔，"地东至海暨朝鲜，西至临洮羌中，南至北向户，北据河为塞，并阴山至辽东"。④秦以农战立国，重视军事交通与转运制度的建设。在辽东地区，从军事驻防的目的出发，不仅开发和利用辽东的陆路交通与沿海交通，而且构建了与军事驻防相配套的邮驿体系、军备物资转运制度。公元前220年，秦始皇下令开始修筑驰道。据《汉书·贾山传》记载，"为驰道于天下，东穷燕齐，南极吴楚，江湖之上，濒海之观毕至。道广五十步，三丈而树，厚筑其外，隐以金椎，树以青松。为驰道之丽至于此，使其后世曾不得邪径而托足焉"。⑤驰道的修筑，强化了中央王朝对辽东郡的管辖，便于军事调遣和物资运输，进一步加强了辽东郡防务的军事保障能力。

第三，天子巡边制度。秦王朝统一后，秦始皇多次巡视齐地、北边等地，以镇抚边地吏民，巡查匈奴的动静。秦二世即位后，还曾东巡，"至辽东而还"。⑥天子巡边至辽东郡，充分反映出秦王朝统治者对辽东军政的重视。秦王朝统治者巡游郡县，尤其是对沿边、沿海郡县的巡视，宣示了主权，展示了国家的军政实力，有效地维护了中央王朝的统治。辽东郡既是边郡，承担抵御匈奴、守护辽东外徼以及把

---

① 《汉书》卷19《百官公卿表上》，中华书局点校本，1996，第742页。
② 《汉书》卷94《匈奴列传上》，中华书局点校本，1996，第3748页。
③ 王绵厚、李健才：《东北古代交通》，沈阳出版社，1990，第14、15页。
④ 《史记》卷6《秦始皇本纪》，中华书局点校本（修订本），2014，第308页。
⑤ 《汉书》卷51《贾山传》，中华书局点校本，1996，第2328页。
⑥ 《史记》卷6《秦始皇本纪》，中华书局点校本（修订本），2014，第339页。

守边关等一系列使命，同时又濒海，富有渔盐之利且肩负海防之责，在区域军政防务中的重要性不容小觑。秦王朝统治者巡边之际，也对边郡防务形成更为明确、全面的认识，在此基础上制定相关的防务部署。秦始皇三十二年（前215年）进击匈奴的决定，就是在巡视北边之后做出的。更为重要的是此役之后，秦始皇又派遣蒙恬统率重兵，"筑长城，因地形，用制险塞，起临洮，至辽东，延袤万余里"。① 对于辽东郡的防务而言，巡边制度一方面体现了中央王朝对东北区域防务以及北边防务的高度关注，另一方面也为防务调整和巩固防卫建设提供了有力的支持。

第四，边塞亭障制度。据史书记载，燕国在辽东郡的北部和东部都修筑有长城障塞，在秦灭燕之后转而成为秦国戍守辽东的重要工事。统一后，秦王朝对北边的匈奴心存忌惮，在北击匈奴夺取河南地之后，又修筑长城，"因边山险堑溪谷可缮者治之"，"起临洮至辽东万余里"。② 秦长城的修筑，将秦、赵、燕长城修葺相连，形成"万里长城"。这一浩大的军事防御工程，将北边障塞、亭障连成一体，增强了对匈奴的防御能力。另据《魏略》记载："及秦并天下，使蒙恬筑长城，到辽东。时朝鲜王否立，畏秦袭之，略服属秦，不肯朝会。"③ 朝鲜对于秦筑辽东长城表现出来的畏惧心理，也反映出秦王朝借助这一防务工事强化了对辽东地区的军事管辖。不论秦王朝是否有意出兵朝鲜，修筑边塞之举在辽东外徼业已产生巨大的军事威慑力。

显然，秦王朝从维护统一出发加强了对辽东郡的军政管辖，完善了军事补给与保障功能，修缮了防御工事，形成了一套以郡县制为核心、戍卫并举的防务体系。这既体现中央王朝对边郡防务的重视，也与辽东郡长期以来的防务基础以及防务形势的发展有着密切的关系。中央王朝在政治上的统一为辽东郡的防务建制提供了人力、物力、财力上的强大支持；对匈奴发动战争所取得的重要胜利，也为巩固辽东郡的防御工事创造了较好的外部环境。其间，对辽东外徼的军事威慑力显著增强，也可视为秦王朝在辽东防务体系建设上的重要作为。

---

① 《史记》卷88《蒙恬列传》，中华书局点校本（修订本），2014，第3114页。
② 《史记》卷110《匈奴列传》，中华书局点校本（修订本），2014，第3491页。
③ 《三国志》卷30《东夷传》注引《魏略》，中华书局点校本，2000，第850页。

三 秦代辽东郡防务建制存在的问题

辽东郡的防务问题一直备受秦代统治者的关注，经过十余年的苦心经营，恢复并完善了区域防务建制，使之成为北边与东北军事防线的重要组成部分。秦王朝在辽东郡的行政建制具有鲜明的军政色彩，城邑、边塞的修葺在北边与东北区域防务中发挥了重要的威慑作用。在此基础上，戍守、巡边、转运等防务制度相继推行，又积极建设交通干线，这些措施都强化了中央王朝对辽东郡的管理，同时也提升了辽东郡的防御实力。尽管如此，在来势汹汹的反秦战争中，辽东郡的各项防务建制却迅速土崩瓦解，并没有发挥出拱卫中央王朝的作用。

据《史记·陈涉世家》记载，陈胜揭竿而起，"诸郡县苦秦吏者，皆刑其长吏，杀之以应陈涉"。在反秦战争中，燕地为韩广所有，辽东郡由此脱离了秦王朝的控制。另据《史记·匈奴列传》记载："蒙恬死，诸侯畔秦，中国扰乱，诸秦所徙适戍边者皆复去。"秦王朝不惜民力在辽东郡修葺的长城防线，在反秦战争中形同虚设。辽东郡戍守的吏民也纷纷逃亡，其中就有部分人为避战乱而逃亡至朝鲜之地。据《三国志·魏书·东夷列传》注引《魏略》："陈胜等起，天下叛秦，燕、齐、赵民避地朝鲜数万口。"秦王朝在辽东郡所经营的城防与边塞没能阻止吏民逃避战乱的步伐，原本用于征发徭戍和转运军备的水陆交通设施也为吏民逃亡提供了便捷。

秦末之际辽东郡的防务形势反映出秦王朝在这一地区的统治基础仍相对薄弱。早在秦始皇二十九年（前218年）于阳武博狼沙遭到伏击时，六国遗民反抗秦王朝的情绪就已经露出端倪。秦二世时，不仅"法令诛罚日益刻深，群臣人人自危，欲畔者众"，又"作阿房之宫，治直道、驰道，赋敛愈重，戍徭无已"，[①] 统治危机由此加剧。对辽东郡而言，虽然燕国势力被秦军剿灭，但是"燕民"情结犹存。在统治者以杀伐立威、徭戍无度的集权统治下，吏民积怨日深。陈涉揭竿而起，"一夫作难而七庙堕"，[②] 秦王朝在辽东郡的统治同样迅速瓦解。

---

① 《史记》卷87《李斯列传》，中华书局点校本（修订本），2014，第3098页。
② 《史记》卷6《秦始皇本纪》，中华书局点校本（修订本），2014，第355页。

经过秦汉之际的战乱，西汉统治者重新将辽东郡收归中央王朝直接统治，而匈奴势力却对辽东郡的防务构成严重威胁，"秦故地上下障"也被聚党逃亡出塞的卫满控制。这样看来，虽然秦王朝在辽东郡的统治时期不长，但是其防务建制非常有必要，而且在区域防务中也发挥了相当重要的作用。因此，两汉王朝在辽东郡的防务问题上汲取了秦王朝的经验与教训，通过重建和完善各项防务建制，巩固了中央王朝对辽东郡的军政统治。

第二章　西汉初年辽东郡的防务问题

西汉初年，左右辽东郡防务形势的因素主要有四：一是控制辽东郡的王国势力与中央王朝的对峙，二是匈奴对辽东郡的影响，三是辽东郡边民的民族认同，四是辽东郡周边其他势力的影响。这一时期，辽东郡的内忧外患不断，其防务形势不容乐观。

第一节　王国割据下的辽东郡防务

西汉初年，辽东郡一度由割据东北的诸侯王控制，先是异姓诸侯王，后又为同姓诸侯王，最后由中央王朝收回。东北史学界对于秦汉之际至西汉初年东北地区的割据问题已经做出较为细致的考论。在此基础上，我们可以进一步分阶段剖析王国势力对辽东郡防务形势造成的影响。

一　"复封建"的大势所趋

秦统一前，辽东郡原属燕国，以医巫闾山为天然屏障，与辽西郡分界。秦灭燕的战争进程中，辽东郡一度成为燕王势力最后的据点，在防务上的重要性不言而喻。作为燕人长期统治的郡县，秦国在统一的进程中曾遭遇其较为坚决的抵抗。正如前文所论，秦国并未急于攻取由燕王控制的辽东郡，而是先平定新郑的叛乱，又攻楚，调配王贲夺取辽东郡，率兵攻齐，最终实现统一。据《史记·秦始皇本纪》记载，秦始皇二十六年（前221年），丞相王绾等曾指出"诸侯初破，燕、齐、荆地远，不为置王，毋以填之"，因而建议"请立诸子，唯上幸许"。秦始皇下令群臣廷议，最终力排众议，支持廷尉李斯"天下共苦战斗不休，以有侯王。赖宗庙，天下初定，又复立国，是树兵也，而求其宁息，岂不难哉"的主张，于是"分天下以为三十六郡"。① 秦王朝统一之初，朝臣提出"分

---

① 《史记》卷6《秦始皇本纪》，中华书局点校本（修订本），2014，第307页。

封"诸子的提议，但是对于经过几代君臣努力才实现统一的秦王朝统治者而言，尽管已经意识到统治原六国辖区有一定的困难，仍然有足够的信心将秦王朝传至万世，因而积极地维护统一局面，坚决地推行郡县制。此时的辽东郡是秦王朝设置在东北地区的军事重镇，由中央王朝直接管辖、统治。

秦二世元年（前 209 年）七月，"戍卒陈胜等反故荆地"建立张楚政权。[①] 围绕陈涉"称王"一事，陈涉军中有主张与反对两种不同的声音。主张"称王"的一方是陈地有能力和有威望的人。据田余庆先生《说"张楚"》一文，楚地尤其是陈郡的楚人势力在秦灭楚后仍然存在，这是张楚政权建立的重要背景。[②] 史书记载，陈涉起义之初，陈地的"豪杰父老"进言游说陈涉曰："将军身被坚执锐，率士卒以诛暴秦，复立楚社稷，存亡继绝，功德宜为王。且夫监临天下诸将，不为王不可，愿将军立为楚王也。"[③] 这一说辞反映了当时社会上普遍存在的一种心态，就是以"复楚"为名，推翻秦王朝的统治。支持"称王"的一方认为，陈涉自立为王，则顺理成章地成为反秦起义的领导者。从道义上，"称王"恢复楚国社稷，推行"楚制"，[④] 这是建功立德之举。反对的一方，是投奔陈涉的反秦名士。据史书记载，张耳、陈余是较早加入陈涉军中的大梁名士，当陈涉征询"称王"一事时，二人对曰："夫秦为无道，破人国家，灭人社稷，绝人后世，罢百姓之力，尽百姓之财。将军瞋目张胆，出万死不顾一生之计，为天下除残也。今始至陈而王之，示天下私。愿将军毋王，急引兵而西，遣人立六国后，自为树党，为秦益敌也。敌多则力分，与众则兵强。如此野无交兵，县无守城，诛暴秦，据咸阳以令诸侯。诸侯亡而得立，以德服之，如此则帝业成矣。今独王陈，恐天下解也。"[⑤] 张、陈二人对张楚政权有更为高远的谋划。他们将张楚政权的政治目标定位为推翻秦朝的统治，建立帝业。他们指出秦王朝的暴政尽失民心，不复道义，推翻秦王朝非一人一己的私仇，而是顺应民意之举。

---

① 《史记》卷 6《秦始皇本纪》，中华书局点校本（修订本），2014，第 341 页；刘乃和：《帛书所记"张楚"国号与西汉法家政治》，《文物》1975 年第 5 期。

② 田余庆：《说张楚——关于"亡秦必楚"问题的探讨》，《历史研究》1989 年第 2 期。

③ 《史记》卷 89《张耳陈余列传》，中华书局点校本（修订本），2014，第 3123 页。

④ 朱大昀主编《中国农民战争史·秦汉卷》，人民出版社，1992。

⑤ 《史记》卷 89《张耳陈余列传》，中华书局点校本（修订本），2014，第 3123 页。

同时还谋划出联合六国势力，扩充反秦力量，攻取咸阳，分封诸侯，从而以德服众、建立帝业的策略。关于"称王"一事的议论，最后以陈涉自立为王而告一段落。但是，由此反映出恢复封建制的趋势。孙家洲先生在《楚汉"复封建"述论》一文中对"复封建"的原因进行了分析，指出：其一，"复封建"从"道义"上和"利害"关系上已经取得当时社会的共识；其二，六国贵族及其后裔在亡秦战争中起到了不可或缺的作用，恢复六国社稷是他们的共同诉求；其三，"称王"成为各路诸侯壮大声势的手段，也是群雄逐鹿的目标。① 在燕地，燕国贵族同样积极参与"复封建"的活动。据《史记·陈涉世家》记载，当上谷卒史韩广受命赵王武臣北上经略燕地时，燕国贵族力劝韩广自立为燕王。② 从史书记载看，燕人在反秦起义中表现平平，但是这并不能说明燕人在亡秦事业中无所作为。

由是观之，"复封建"是反秦起义中非常有号召力的一个阶段性目标，是重建统一格局的先决条件。也就是说，当时六国贵族也好，起义的农民义军也好，都不具备与秦王朝抗衡的绝对实力。尽管如此，"复封建"由于具有较为广泛的社会基础加上诸侯及其智囊的领导，汇聚了强大的反秦力量，成为时代发展中不可逆转的趋势。张楚政权掀起的反秦浪潮迅速蔓延至燕地，曾隶属燕国的辽东郡，也不可避免地面临被地方政权割据的命运。

二　燕王韩广对辽东郡的割据

据马端临《文献通考·封建六》，燕王韩广为赵人。③ 韩广原为上谷卒史，听命于赵王武臣。据《史记·张耳陈余列传》记载，陈涉自立为王后，陈余向其建言："大王举梁、楚而西，务在入关，未及收河北也。臣尝游赵，知其豪杰及地形，愿请奇兵北略赵地。"④ 陈余以曾游历赵地及谙熟赵地豪杰与地形为由，向陈涉请兵北山夺取赵地。陈涉一方面采纳了陈余出兵赵地的建议，一方面又指派与己私交颇深的陈人武臣为将军，并且命邵骚任护军，命张耳、陈余为左右校尉，才发兵卒3000人向

---

① 孙家洲：《楚汉"复封建"述论》，《贵州社会科学》1990 年第 6 期。
② 《史记》卷 48《陈涉世家》，中华书局点校本（修订本），2014，第 2372～2373 页。
③ 马端临：《文献通考》卷 265《封建六》，中华书局，1986，第 2097 页上。
④ 《史记》卷 89《张耳陈余列传》，中华书局点校本（修订本），2014，第 3123 页。

北攻取赵地。武臣出兵赵地，在各地响应张楚"亡秦"号召的形势下，赵地白马津对岸诸县的豪杰纷纷接受武臣的招安，武臣接收了"赵十城"。① 由于余城坚守不下，武臣转而引兵进击范阳，在范阳人蒯通对武臣和范阳令双方的游说下，武臣一方顺利招安范阳令，一并招安赵地三十余城。武臣到达邯郸时，正值张楚政权进军受挫而退守戏，陈王麾下谗言、怨怼纷纷。在张耳、陈余的建议下，武臣果断称王，自立为赵王。武臣自立，受到来自陈王的威胁，为了壮大实力与陈王抗衡，在张耳、陈余的建议下决定派兵夺取燕、代、河内，而韩广被派往燕地。②

关于辽东郡的情势，史书所言不详。但是，据《史记·匈奴列传》记载，在蒙恬蒙冤屈死后，各地反秦势力兴起，趁着秦王朝的统治陷入混乱之机，戍边守卒纷纷逃亡。另据《三国志·魏书·东夷列传》注引《魏略》记载，陈涉揭竿而起后，"天下叛秦，燕、齐、赵民避地朝鲜数万口"，③ 众多燕、齐、赵地民众躲避战乱，远赴朝鲜，而不是如两汉之际和东汉末年大量民众逃亡辽东地区，这就反映出当时民众的心态是躲避秦末战乱，而包括辽东郡在内的辽东地区当时都陷入战乱之中。辽东郡之所以陷入战乱，还是与韩广、臧荼对燕地的割据有直接关系。

韩广对燕地的割据情况，《史记》中《陈涉世家》《张耳陈余列传》《项羽本纪》等都有所记述。燕国贵族豪杰劝说韩广称王之事。《史记·陈涉世家》记载："燕故贵人豪杰谓韩广曰：'楚已立王，赵又已立王。燕虽小，亦万乘之国也，愿将军立为燕王。'韩广曰：'广母在赵，不可。'燕人曰：'赵方西忧秦，南忧楚，其力不能禁我。且以楚之强，不敢害赵王将相之家，赵独安敢害将军之家！'韩广以为然，乃自立为燕王。居数月，赵奉燕王母及家属归之燕。"④ 根据这一记载，"燕故贵人豪杰"应包含两部分燕人，其中"贵人"当指燕国贵族及后裔，"豪杰"则很可能指当时燕国响应张楚的地方势力。韩广之所以可以自立燕王，除了赵王派遣的兵卒，还得到了燕国贵族及后裔与燕国地方势力的支持。这种情况的出现，与陈涉称王时得到陈地父老劝说并无区别，是亡秦战争中六国势力较为趋同的选择。正是在燕国势力的拥护下，韩广自立燕

---

① 《史记》卷89《张耳陈余列传》，中华书局点校本（修订本），2014年，第3124页。
② 《史记》卷89《张耳陈余列传》，中华书局点校本（修订本），2014，第3123～3127页。
③ 《三国志》卷30《东夷传》注引《魏略》，中华书局点校本，2000，第850页。
④ 《史记》卷48《陈涉世家》，中华书局点校本（修订本），2014，第2372～2373页。

王。辽东郡为燕国的属地，也一并划归韩广的势力范围。

对于韩广称王，赵王武臣并未听任其发展，而是率张耳、陈余出兵攻燕。《史记·张耳陈余列传》记载：

> 韩广至燕，燕人因立广为燕王。赵王乃与张耳、陈余北略地燕界。赵王间出，为燕军所得。燕将囚之，欲与分赵地半，乃归王。使者往，燕辄杀之以求地。张耳、陈余患之。有厮养卒谢其舍中曰："吾为公说燕，与赵王载归。"舍中人皆笑曰："使者往十余辈，辄死，若何以能得王？"乃走燕壁。燕将见之，问燕将曰："知臣何欲？"燕将曰："若欲得赵王耳。"曰："君知张耳、陈余何如人也？"燕将曰："贤人也。"曰："知其志何欲？"曰："欲得其王耳。"赵养卒乃笑曰："君未知此两人所欲也。夫武臣、张耳、陈余杖马棰下赵数十城，此亦各欲南面而王，岂欲为卿相终已邪？夫臣与主岂可同日而道哉，顾其势初定，未敢参分而王，且以少长先立武臣为王，以持赵心。今赵地已服，此两人亦欲分赵而王，时未可耳。今君乃囚赵王。此两人名为求赵王，实欲燕杀之，此两人分赵自立。夫以一赵尚易燕，况以两贤王左提右挈，而责杀王之罪，灭燕易矣。"燕将以为然，乃归赵王，养卒为御而归。①

根据上述记载，韩广称王后，已经较为有效地控制了燕地，尤其是对赵国的防备非常严密，甚至将赵王武臣扣押，提出以赵国半地作为交换，方能释放赵王。显然，燕国复立后，得到燕地贵族和豪杰支持的燕王韩广，迅速整合了燕国内部的势力，具备与其他诸侯较量的基本条件。与此同时，赵国内部的矛盾已然初现端倪，赵王武臣为张耳、陈余所立，作为智囊核心的张、陈二人无论在名气上还是在心智、能力上都远高于国主。在赵王被擒后，张耳、陈余实际上已经可以控制赵国，厮养卒的计谋则将赵国内部的危机一语揭穿。因此，在赵王来势汹汹的攻伐下，燕国有守将可以抵御赵军，又有赵军内部矛盾牵制不能构成进一步的威胁，得以小国并列诸侯之位。于是被赵王扣押数月之久的韩广母及家属，也由赵护送至燕。

燕地经此战事，取得了暂时的安宁。这种相对而言的安定，对于辽

---

① 《史记》卷89《张耳陈余列传》，中华书局点校本（修订本），2014，第3127页。

东郡的防卫形势而言，也是难得的喘息之机。这一时期由于戍卒弃守长城障塞，辽东郡的防务是相当松懈的。幸而秦始皇对辽东郡的经略奠定了一定的基础，尤其是在灭燕后加强对东北地方政权的防务，尽管秦末动荡，在辽东郡的周边尚未出现劲敌，这一防务形势一直持续到汉初匈奴势力的兴起。根据《史记·朝鲜列传》和《三国志·魏书·东夷列传》注引《魏略》的记载，战国燕与箕子朝鲜以满番江为界，秦汉之际朝鲜王准将逃亡朝鲜的燕、赵、齐人安置在辖境的西部地区，至西汉初年卢绾为燕王，燕国与箕子朝鲜以浿水为界。① 可见，秦末至汉初，箕子朝鲜的势力始终未能进入辽东郡长城边塞之内。另据《汉书·秦楚之际月表》，秦二世元年（前 209 年），"韩广为赵掠地至蓟，自立为燕王始"。② 辽东郡为燕国属地是毋庸置疑的，但是并非燕王韩广的活动中心。据《中国历史地图集》，秦王朝统治时期，蓟县为广阳郡属县，地理位置在广阳与上谷、渔阳郡的交界处。③ 史书中关于燕赵之战的记载，表明韩广的主要防务对象是赵国，并未将兵戈转向辽东，因而包括辽东郡在内的辽东地区的防务形势并未出现大的变化。

陈涉称王不过八个月就被秦将章邯率军击破，为部下所杀。"亡秦"的事业并未因此而停息，正如史书所言："陈胜虽已死，其所置遣侯王将相竟亡秦，由涉首事也。"④ 司马迁称"秦楚之际"："初作难，发于陈涉；虐戾灭秦，自项氏；拨乱诛暴，平定海内，卒践帝祚，成于汉家。"⑤ 在秦楚之际，关于燕王韩广的记述非常有限。据《史记·秦楚之际月表》，秦二世元年（前 209 年）九月"自立为燕王"，三年（前 207 年）十月"使将臧荼救赵"，汉王元年（前 206 年）十二月"臧荼从（项羽——引者注）入，分燕为二国"，同年正月"分为辽东"，同年二月"王韩广始，故燕王"，同年三月"都无终"，同年八月"臧荼击广无终，灭之"，同年九月"属燕"。⑥ 显然，燕王韩广自立为王至"救赵"，有两年的时

① 《三国志》卷 30《东夷传》注引《魏略》，中华书局点校本，2000，第 850 页。
② 《史记》卷 16《秦楚之际月表》，中华书局点校本（修订本），2014，第 926 页。
③ 中国历史地图集编辑组：《中国历史地图集》第二册（秦、西汉、东汉时期），中华地图学社，1975，11～12③5。
④ 《史记》卷 48《陈涉世家》，中华书局点校本（修订本），2014，第 2378 页。
⑤ 《史记》卷 16《秦楚之际月表》，中华书局点校本（修订本），2014，第 921 页。
⑥ 《史记》卷 16《秦楚之际月表》，中华书局点校本（修订本），2014，第 926、931～932、937、939、941、945 页。

间统治燕地，燕地局势相对平稳。燕地局势自"救赵"开始出现变化。事件要追溯到秦二世二年（前208年）九月，秦将章邯攻破定陶，斩杀楚柱国项梁，[1] 以为"楚地兵不足忧"，于是渡过黄河进攻赵国。[2] 秦将王离将赵王歇围在巨鹿，由陈兵巨鹿南棘原的章邯供应粮饷，赵国情势危急。于是燕、齐、楚三国发兵救赵。[3] 秦二世三年（前207年）十一月，项羽斩杀卿子冠军的宋义，夺取楚兵权，同年十二月在诸侯军队救赵"皆从壁上观"之时，大破秦军。据史书记载："于是已破秦军，项羽召见诸侯将，入辕门，无不膝行而前，莫敢仰视。项羽由是始为诸侯上将军，诸侯皆属焉。"[4] 项羽破釜沉舟，取得巨鹿战役的胜利，并由此统率诸国军队入关。由臧荼率领的燕国军队就在其中。汉王元年（前206年），刘邦受降秦王子婴，秦亡。项羽设鸿门宴，刘邦退出咸阳，项羽自立西楚霸王，分封诸侯王，燕国一分为二。《史记·项羽本纪》记载："徙燕王韩广为辽东王。燕将臧荼从楚救赵，因从入关，故立荼为燕王，都蓟。"[5] 关于辽东王定都之地，徐广注曰："都无终。"[6] 据《史记·秦楚之际月表》，项羽分封诸侯在汉王元年（前206年）十二月，至四月方"诸侯罢戏下兵，皆之国"。[7] 同书又载，同年八月，"臧荼击广无终，灭之"。[8] 在《项羽本纪》中记载了臧荼击杀韩广的原因，即"臧荼之国，因逐韩广之辽东，广弗听，荼击杀广无终，并王其地"。[9] 从这些零星的记载中，可以分析出如下几点。

其一，韩广派遣臧荼率兵"救赵"是非常必要的举措。秦将章邯先后击破魏王咎、齐王田儋，刘邦与项梁率兵赴东阿解救田荣，接连击破章邯军，齐在亡国两个月后得以复国，魏也在次月复国。楚军的声势由此壮大。但是在项梁败死定陶后，秦军大举进攻，下邯郸，将赵王歇围困于巨鹿城，"救赵"成为当时诸侯抵御秦军的唯一途径。因而韩广派兵

---

① 《史记》卷16《秦楚之际月表》，中华书局点校本（修订本），2014，第931页。
② 《史记》卷7《项羽本纪》，中华书局点校本（修订本），2014，第389页。
③ 《史记》卷89《张耳陈余列传》，中华书局点校本（修订本），2014，第3129～3130页。
④ 《史记》卷7《项羽本纪》，中华书局点校本（修订本），2014，第393页。
⑤ 《史记》卷7《项羽本纪》，中华书局点校本（修订本），2014，第403页。
⑥ 《史记》卷7《项羽本纪》，中华书局点校本（修订本），2014，第406页。
⑦ 《史记》卷16《秦楚之际月表》，中华书局点校本（修订本），2014，第943～944页。
⑧ 《史记》卷16《秦楚之际月表》，中华书局点校本（修订本），2014，第945页。
⑨ 《史记》卷7《项羽本纪》，中华书局点校本（修订本），2014，第407页。

"救赵"，既是增援同为抗秦诸侯的赵国，也是积极抵御秦军、维护燕国安危的必然选择。

其二，韩广无力左右臧荼军，只能支持其追随项羽入关，完成灭秦使命。秦军围困赵王之际，燕、齐、楚"皆来救"。[1] 据《汉书·高帝纪》，"秦三年十月，齐将田都畔田荣，将兵助项羽救赵"，[2] "十一月，项羽杀宋义，并其兵渡河，自立为上将军，诸将黥布等皆属"，[3] 十二月时"故齐王建孙田安下济北，从项羽救赵"。[4] 齐国当时刚刚复国，两支齐军归项羽，加之项羽夺取"救赵"楚军的指挥权，由项羽统率的楚军势力得到提升。与此同时"诸侯军救钜鹿下者十余壁"，[5] 皆陈兵不敢进。项羽以其破釜沉舟的勇气取得了巨鹿之战的胜利，诸侯军队皆俯首称臣，项羽由此统率诸侯军并最终完成灭秦的事业。韩广派出"救赵"的这支诸侯军，也只能听命项羽，并最终入关，完成其灭秦的历史使命。

其三，韩广都无终，拒绝徙封"辽东王"。项羽分封诸侯，历时四个月，从其入关者多得封赏，臧荼受封燕王就属于这种情况。而派兵"救赵"的韩广实则受到排挤，虽然仍为诸侯，但是辖地由燕地缩减为辽东。韩广被分封为辽东王，都无终。据《汉书·地理志》无终为右北平属县，[6] 因此辽东的范围大致限定为右北平、辽西、辽东三郡；臧荼受封燕王，都蓟，蓟在秦广阳郡，[7] 这样燕的范围大致包括上谷、渔阳二郡和广阳郡的一部分。尽管如此，辽东王的辖区实际上大于臧荼受封的燕国。史书中称韩广拒绝徙封，就国的臧荼将其击杀于无终。辽东王都无终与臧荼击杀韩广于无终，都表明无终是韩广统治燕国的军政中心。与刘邦徙封汉王而最终建立汉朝相比，韩广是在臧荼就国时表明立场，拒绝徙封辽东王。从当时的情势发展看，韩广并不具备与臧荼决战的制胜条件，相反被臧荼击杀。显然，韩广在势单力孤的情势下，并未借鉴燕王退守辽东抵御秦军的经验。于是，包括辽东郡在内的辽东地区被臧荼一并纳

① 《史记》卷89《张耳陈余列传》，中华书局点校本（修订本），2014，第3130页。
② 《汉书》卷1《高帝纪上》，中华书局点校本，1996，第17页。
③ 《汉书》卷1《高帝纪上》，中华书局点校本，1996，第17页。
④ 《汉书》卷1《高帝纪上》，中华书局点校本，1996，第17~18页。
⑤ 《史记》卷7《项羽本纪》，中华书局点校本（修订本），2014，393页。
⑥ 《汉书》卷28《地理志下》，中华书局点校本，1996，第1624页。
⑦ 中国历史地图集编辑组：《中国历史地图集》第二册（秦、西汉、东汉时期），中华地图学社，1975，11~12③⑤。

入燕地。

三　燕王臧荼对辽东郡的割据

臧荼本为燕将，击败韩广割据燕地，辽东郡因而易主。楚汉战争时，燕王臧荼也不可避免地参与其中。据《汉书·高帝纪》记载，汉王四年（前203年），在韩信破齐，封齐王、立英布为淮南王之后，八月"北貉、燕人来致枭骑助汉"。① 又据《史记·高祖功臣侯者年表》，平州侯"汉王四年，以燕相从击籍，还击荼，以故二千石将为列侯，千户"。② 《汉书·高惠高后文功臣表》中，记载平州侯"汉四年以燕相从击项籍，还击臧荼，侯，千户"。③ 臧荼当在汉王四年（前203年），派遣燕相助汉击楚。

这一时期，燕国是独立的诸侯国，在政治上具有较强的独立性。据《史记·秦楚之际月表》，燕王臧荼的纪年与楚同，以正月为岁首，而与汉王以十月为岁首不同。这就表明臧荼自项羽分封就国后，在政治上是独立的。因此，在楚汉战争期间，燕王既未叛楚，也未归汉，这在群雄并起、非楚即汉的秦楚之际是非常具有典型意义的。从平州侯"从击项籍"的记述中，有以下几层含义：一是平州侯的姓氏为昭涉，为燕王臧荼的部下，官职为燕相；二是"从"而非"归"，实际上表明燕国的立场是助汉伐楚，其政权是与楚、汉并立的诸侯，而不归属于任何一方；三是燕国由于派兵助汉而成为伐楚的力量，成为楚汉战争胜利一方。当时诸侯与汉的关系大抵皆如此。

据《史记·项羽本纪》，汉王五年（前202年）十二月，汉军在垓下击败项羽，项羽自刎乌江。④ 在取得楚汉战争胜利后，汉王一方开始筹备称帝。于是，《汉书·高帝纪》中记载了诸侯上疏奏请汉王"上皇帝尊号"一事。史书记载：

> 于是诸侯上疏曰："楚王韩信、韩王信、淮南王英布、梁王彭越、故衡山王吴芮、赵王张敖、燕王臧荼昧死再拜言，大王陛下：先时秦为亡道，天下诛之。大王先得秦王，定关中，于天下功最多。

① 《汉书》卷1《高帝纪上》，中华书局点校本，1996，第46页。
② 《史记》卷18《高祖功臣侯者年表》，中华书局点校本（修订本），2014，第1136页。
③ 《汉书》卷16《高惠高后文功臣表》，中华书局点校本，1996，第607页。
④ 《史记》卷7《项羽本纪》，中华书局点校本（修订本），2014，第425页。

存亡定危，救败继绝，以安万民，功盛德厚。又加惠于诸侯王有功者，使得立社稷。地分已定，而位号比儗，亡上下之分，大王功德之著，于后世不宣。昧死再拜上皇帝尊号。"汉王曰："寡人闻帝者贤者有也，虚言亡实之名，非所取也。今诸侯王皆推高寡人，将何以处之哉？"诸侯王皆曰："大王起于细微，灭乱秦，威动海内。又以辟陋之地，自汉中行威德，诛不义，立有功，平定海内，功臣皆受地食邑，非私之也。大王德施四海，诸侯王不足以道之，居帝位甚实宜，愿大王以幸天下。"汉王曰："诸侯王幸以为便于天下之民，则可矣。"于是诸侯王及太尉长安侯臣绾等三百人，与博士稷嗣君叔孙通谨择良日二月甲午，上尊号。汉王即皇帝位于氾水之阳。尊王后曰皇后，太子曰皇太子，追尊先媪曰昭灵夫人。①

在诸侯奏请汉王尊皇帝号的上疏中，诸侯的顺序为：楚王韩信、韩王信、淮南王英布、梁王彭越、故衡山王吴芮、赵王张敖、燕王臧荼。在汉初，燕王是由西楚霸王项羽分封的诸侯中仅存的力量，在楚汉战争中，燕王臧荼就国后也基本没有出现战事。燕国免于汉王兵锋，是楚汉相争之卜，汉王联合诸侯灭楚的结果。《汉书·高帝纪》记载，汉王二年（前205年）九月，韩信率领汉军平定魏地，韩信曾请兵三万，"愿以北举燕赵，东击齐，南绝楚粮道"，"汉王与之"。② 韩信此次出兵，就是要灭燕、赵、齐三国，以此支持对楚作战。次月，即汉王三年（前204年）冬十月，韩信、张耳发兵击赵，"斩陈余，获赵王歇"。③ 韩信、张耳击杀赵王君臣，下一步就应该将兵锋指向燕、齐。然而，楚军的战斗力非常强，不仅战胜英布，又屡次破坏汉转运粮草的甬道。在"汉军乏食"的情势下，汉王一度采纳郦食其"立六国后以树党"的建议，虽然张良以"八难"制止，但是在陈平的支持下，还是"与平黄金四万斤，以间疏楚君臣"。④ 这样，燕国作为独立楚、汉之外的诸侯，免于兵锋的同时，还成为汉王需要交结的对象。汉王在与楚争夺荥阳失利后，逃至张耳、韩信军中，才得以派遣张耳"北收兵赵地"，⑤ 这为汉王立张耳为赵王埋下

① 《汉书》卷1《高帝纪下》，中华书局点校本，1996，第52页。
② 《汉书》卷1《高帝纪下》，中华书局点校本，1996，第39页。
③ 《汉书》卷1《高帝纪下》，中华书局点校本，1996，第39页。
④ 《汉书》卷1《高帝纪下》，中华书局点校本，1996，第39～40页。
⑤ 《汉书》卷1《高帝纪下》，中华书局点校本，1996，第42页。

伏笔。因此燕、赵两个诸侯国在汉初的上疏中并列。

尽管燕王臧荼支持汉王灭楚，但是在诸侯王中是仅有的非汉王所立的诸侯王。加之灭燕在汉王三年（前204年）初曾经列上日程，因此燕王臧荼的地位尤其尴尬。更为重要的是，据《汉书·高惠高后文功臣表》，燕相昭涉跟随汉王击败项羽后，已经加入汉王阵营，甚至成为追随高祖灭楚的功臣，受封平州侯。而且据《史记·卢绾列传》记载，"高祖已定天下，诸侯非刘氏而王者七人。欲王卢绾，为群臣觖望"。①一方面燕王的属官已然归汉，一方面高祖的属下有封侯的诉求，高祖自身也有封赏功臣的意愿。更为重要的是，汉高祖在定都长安后，已经着手削弱异姓诸侯王，分封同姓诸侯王。② 因此"秋七月，燕王臧荼反，上自将征之。九月，虏荼"，改封亲信卢绾为燕王，令丞相樊哙平定代地。③

高祖亲征臧荼，从者众多，有两场载入史册的战事，地点分别为龙脱、易。其中《史记·绛侯周勃世家》和《史记·郦商列传》对这一战事的记载稍详，其文曰：

> 以将军从高帝击反者燕王臧荼，破之易下。所将卒当驰道为多。赐爵列侯，剖符世世勿绝。食绛八千一百八十户，号绛侯。④

> 其秋，燕王臧荼反，商以将军从击荼，战龙脱，先登陷阵，破荼军易下，却敌，还为右丞相，赐爵列侯，与诸侯剖符，世世勿绝，食邑涿五千户，号曰涿侯。以右丞相别定上谷，因攻代，受赵相国印。⑤

根据史书记载，高祖军队与臧荼军在龙脱大战，最终于易下击败臧荼军。"龙脱"，史轶其地望。据《集解》中徐广曰："在燕赵之界。"裴骃案："《汉书音义》曰'地名'。"《史记索引》中孟康曰："'地名'。

---

① 《汉书》卷93《卢绾列传》，中华书局点校本，1996，第3198页。
② 《汉书》卷1下《高帝纪下》，中华书局点校本，1996，第59～60页。
③ 《汉书》卷1下《高帝纪下》，中华书局点校本，1996，第58页。
④ 《史记》卷57《绛侯周勃世家》，中华书局点校本（修订本），2014，第2512页。
⑤ 《史记》卷95《郦商列传》，中华书局点校本（修订本），2014，第3226～3227页。

在燕赵之界，其地阙。"① 关于"易"，《史记正义》曰："易州易县。"②
《史记索引》曰："易，水名，因以为县，在涿郡。谓破荼军于易水之下，
言近水也。"《史记正义》曰："《括地志》云：'易县故城在幽州归义县
东南十五里，燕桓侯所徙都临易是也。'"③ 据《中国历史地图集》，春秋
时，临易在今河北雄县附近，为北燕都城之一；④ 战国时，易在今河北雄
县附近，在燕地长城北，属广阳郡；⑤ 秦王朝时期，易县在广阳郡，在巨
鹿郡北，在赵燕之界燕国一侧；⑥ 西汉时无易县，今雄县则在涿郡，地理
位置为涿郡中心偏南。⑦ 显然，历史地理学者也认为易县在燕赵边界燕国
一侧。因此，高祖大军集结在燕赵边界，自龙脱攻易县，在易水击败臧
荼军。臧荼被房，而栾布作为燕将也在被俘之列，⑧ 燕国惨败可见一斑。
另据《史记·郦商列传》所言，高祖亲征，攻破臧荼军队后，大肆封赏
赐爵，在此基础上又开始平定上谷，为攻代、接管赵国国政做准备。

经过对臧荼叛乱的平定，燕地重新划归西汉统辖。这一时期，辽东
郡的归属再次发生变化，实现了一次新的政权交接。由于高祖分封卢绾
为燕王，因此，这一地区仍然由诸侯王控制。

四　燕王卢绾对辽东郡的控制

卢绾为高祖亲信，汉五年（前202年）刘邦亲征燕王臧荼，卢绾从
征。高祖与卢绾私交甚笃，有意封诸侯王，借机灭燕王臧荼而分封卢绾。
卢绾受封燕王，统属辽东郡。

在张胜投降匈奴之前，燕王卢绾对辽东郡的防务在三个方面产生了
重要影响。一是辽东郡易主。此前，韩广、臧荼先后统领辽东郡，而卢

① 《史记》卷95《郦商列传》注，中华书局点校本（修订本），2014，第3227页。
② 《史记》卷95《郦商列传》注，中华书局点校本（修订本），2014，第3227页。
③ 《史记》卷57《绛侯周勃世家》注，中华书局点校本（修订本），1996，第2513页。
④ 中国历史地图集编辑组：《中国历史地图集》第一册（原始社会、商、西周、春秋、战国时期），中华地图学社，1975，22③5。
⑤ 中国历史地图集编辑组：《中国历史地图集》第一册（原始社会、商、西周、春秋、战国时期），中华地图学社，1975，35~36④3。
⑥ 中国历史地图集编辑组：《中国历史地图集》第二册（秦、西汉、东汉时期），中华地图学社，1975，11~12③5。
⑦ 中国历史地图集编辑组：《中国历史地图集》第二册（秦、西汉、东汉时期），中华地图学社，1975，18~19④3。
⑧ 《史记》卷100《栾布列传》，中华书局点校本（修订本），2014，第3309页。

绾为燕王初期在统治上与此前有明显区别。虽然同为异姓诸侯王，韩广以复燕为名，臧荼以韩广不徙封为借口击败韩广而夺取燕地，卢绾则是追随汉高祖征讨叛汉的臧荼而受封，从立国的途径上有较大的差异。辽东郡的此次易主，是西汉王朝将燕地收归中央后进行的分封。卢绾与汉高祖的关系显然也不同一般，卢绾作为亲信，获封燕地，史书称"诸侯王得幸莫如燕王"。① 这对韩广和臧荼而言是无法企及的。韩广自立为王，尽管派兵救赵，但项羽还是收其军入关，徙封其为辽东王。臧荼凭其军功，名义上受封燕地，但是项羽将燕地一分为二，臧荼就国之后不得不击败韩广才获得燕地。臧荼派兵从汉王击败项羽，保有诸侯王身份，但还是因反叛而被汉高祖击败虏获，燕地收归汉王朝。因而分封后在礼遇上与卢绾的差别同样明显。正是这样的差异，表明这一时期辽东郡在卢绾治下，免于诸侯逐鹿的战火，在防务形势上较秦楚之际更加稳定。二是重新修葺辽东故塞。据《史记·朝鲜列传》记载："朝鲜王满者，故燕人也。自始全燕时，尝略属真番、朝鲜，为置吏，筑鄣塞。秦灭燕，属辽东外徼。汉兴，为其远，难守，复修辽东故塞，至浿水为界，属燕。"② 上文言燕王卢绾反叛前，汉王朝重修辽东防御工事，其中也包括燕秦时期在辽东郡修筑的工事。防御工事的修筑反映出汉初统治者对东北的统治理念，对于边远的东北地区，汉王朝的统治者采取守势，与此同时也宣示了对辽东地区的管辖权，归汉王朝分封的燕王所有。三是重新明确划分辽东郡边地与箕子朝鲜的边界。据《史记·朝鲜列传》记载，汉与箕子朝鲜的边界为浿水。《三国志·魏书·东夷列传》注引《魏略》记载，"及汉以卢绾为燕王，朝鲜与燕界于浿水"。③ 西汉初年，汉王朝与箕子朝鲜的边界划分由此明确，即以浿水为界，燕秦长城边塞以内属汉，由燕王卢绾管辖。这样，辽东郡的东部边界也明确划分出来，应当基本恢复了燕秦时期的边地。

由于匈奴势力的兴起，汉初政局发生了新的动荡，对燕地局势也产生了重要的影响，辽东郡也在其波及的范围内。据《汉书·高帝纪》，从汉高祖六年（前201年）韩王信被匈奴围困于马邑而降匈奴开始，匈奴

---

① 《史记》卷93《卢绾列传》，中华书局点校本（修订本），2014，第3198页。
② 《史记》卷115《朝鲜列传》，中华书局点校本（修订本），2014，第3617页。
③ 《三国志》卷30《东夷传》注引《魏略》，中华书局点校本，2000，第850页。

多次策反异姓诸侯王，对汉王朝北部边地构成严重的威胁。① 其中，代地的防务形势几度危急。② 汉高祖七年（前 200 年），高祖亲征时，在平城遭遇围困，得以逃脱后，令樊哙"止定代地"，并且"立兄刘仲为代王"。③ 同年十二月，在匈奴的攻击下，代王刘仲弃国亡归洛阳，赦为合阳侯，高祖立子如意为代王。④ 汉高祖九年（前 198 年），赵王张敖因贯高等谋反被废为宣平侯，徙封代王如意为赵王。⑤ 十年（前 197 年）八月赵相陈豨在代地反叛，九月高祖亲征。⑥ 汉高祖十一年（前 196 年），王朝内部战事不断。在高祖、汉将军郭蒙与齐将、太尉周勃三路大军的进攻下，夺回了代地，并且立刘恒为代王。⑦ 春有淮阴侯韩信谋反，夏有梁王彭越谋反，秋有淮南王英布谋反，至十二年岁首十月汉军击败英布军，而遣将追击败亡的英布，最终由樊哙将兵平定代地叛乱，斩杀陈豨。⑧ 高祖亲征陈豨，并命燕王卢绾夹击，陈豨于是向匈奴求救。⑨ 据《史记·卢绾列传》记载：

> 汉十一年秋，陈豨反代地，高祖如邯郸击豨兵，燕王绾亦击其东北。当是时，陈豨使王黄求救匈奴。燕王绾亦使其臣张胜于匈奴，言豨等军破。张胜至胡，故燕王臧荼子衍出亡在胡，见张胜曰："公所以重于燕者，以习胡事也。燕所以久存者，以诸侯数反，兵连不决也。今公为燕欲急灭豨等，豨等已尽，次亦至燕，公等亦且为虏矣。公何不令燕且缓陈豨而与胡和？事宽，得长王燕；即有汉急，可以安国。"张胜以为然，乃私令匈奴助豨等击燕。燕王绾疑张胜与胡反，上书请族张胜。胜还，具道所以为者。燕王寤，乃诈论它人，脱胜家属，使得为匈奴间，而阴使范齐之陈豨所，欲令久亡，连兵勿决。
>
> 汉十二年，东击黥布，豨常将兵居代，汉使樊哙击斩豨。其裨将降，言燕王绾使范齐通计谋于豨所。高祖使使召卢绾，绾称病。

① 《汉书》卷 1《高帝纪下》，中华书局点校本，1996，第 63 页。
② 《史记》卷 110《匈奴列传》，中华书局点校本（修订本），2014，第 3500 页。
③ 《史记》卷 8《高祖本纪》，中华书局点校本（修订本），2014，第 484 页。
④ 《汉书》卷 1《高帝纪下》，中华书局点校本，1996，第 63 页。
⑤ 《汉书》卷 1《高帝纪下》，中华书局点校本，1996，第 67 页。
⑥ 《史记》卷 8《高祖本纪》，中华书局点校本（修订本），2014，第 487 页。
⑦ 《史记》卷 8《高祖本纪》，中华书局点校本（修订本），2014，第 488 页。
⑧ 《史记》卷 8《高祖本纪》，中华书局点校本（修订本），2014，第 489～490 页。
⑨ 《史记》卷 93《卢绾列传》，中华书局点校本（修订本），2014，第 3198～3199 页。

上又使辟阳侯审食其、御史大夫赵尧往迎燕王，因验问左右。绾愈恐，闭匿，谓其幸臣曰："非刘氏而王，独我与长沙耳。往年春，汉族淮阴，夏，诛彭越，皆吕后计。今上病，属任吕后。吕后妇人，专欲以事诛异姓王者及大功臣。"乃遂称病不行。其左右皆亡匿。语颇泄，辟阳侯闻之，归具报上，上益怒。又得匈奴降者，降者言张胜亡在匈奴，为燕使。于是上曰："卢绾果反矣！"使樊哙击燕。燕王绾悉将其宫人家属骑数千居长城下，候伺，幸上病愈，自入谢。四月，高祖崩，卢绾遂将其众亡入匈奴，匈奴以为东胡卢王，绾为蛮夷所侵夺，常思复归。居岁余，死胡中。①

根据上文，卢绾参与了平定陈豨叛乱的战事。作为诸侯王，卢绾派张胜出使匈奴，用意是告知匈奴陈豨叛乱已被平定，阻止匈奴出兵支援陈豨叛军。但是，张胜被逃亡匈奴的臧衍策反，转而离间燕王卢绾与汉，燕王卢绾的态度发生了转变，由"事汉"转向"自保"。燕王卢绾通敌卖汉的行为被降汉的陈豨裨将揭发，卢绾理亏不敢朝见高祖。在获知卢绾通敌后，高祖震怒，发兵击燕。卢绾率众逃亡至匈奴，为东胡王，尽管仍有归汉之心，但最终死在匈奴。卢绾叛汉，这对汉王朝对抗匈奴的形势产生了恶劣的后果。据《史记·匈奴列传》记载："后燕王卢绾反，率其党数千人降匈奴，往来苦上谷以东。"② 上谷已迫近辽东地区，匈奴势力也因此向东进展。

《史记·绛侯周勃世家》记载："燕王卢绾反，勃以相国代樊哙将，击下蓟，得绾大将抵、丞相偃、守陉、太尉弱、御史大夫施，屠浑都。破绾军上兰，复击破绾军沮阳。追至长城，定上谷十二县，右北平十六县，辽西、辽东二十九县，渔阳二十二县。"③ 根据史书所言，卢绾反叛，周勃率军攻入蓟，燕王属僚被俘。此后，周勃军应攻入上谷郡，疑"上兰"应为"上谷"之误。周勃军一路自沮阳追至长城，将卢绾赶至塞外。周勃此役，平定辽东诸郡县，辽东郡属县也在其中。东北史学界关于辽东属县的数量曾多有争论，常质疑此处所记数量。其实，周勃所平定属县之数未必一定合于郡县所设之数。此处为周勃获封时计数功劳，不必

---

① 《史记》卷93《卢绾列传》，中华书局点校本（修订本），2014，第3198～3199页。
② 《史记》卷110《匈奴列传》，中华书局点校本（修订本），2014，第3500页。
③ 《史记》卷57《绛侯周勃世家》，中华书局点校本（修订本），2014，第2515页。

与《汉书·地理志》所记郡县总数相合。尽管存在汉初郡县数量调整的可能，但是郡县的数量相差之多，足以说明《史记·绛侯周勃世家》中所记郡县数量不足为据。周勃平定燕地，结束包括辽东郡在内的地区由异姓诸侯王割据的状态，但是辽东郡的防务形势并未得到根本的缓和。相反，由于匈奴势力东进，在辽东郡的北部边地由一般戍边防御转为针对匈奴的边地防御，防务压力增大。

卢绾入匈奴，对辽东郡防务更为直接的影响表现在卫氏朝鲜势力的兴起。据《史记·朝鲜列传》记载："朝鲜王满者，故燕人也。自始全燕时，尝略属真番、朝鲜，为置吏，筑鄣塞。秦灭燕，属辽东外徼。汉兴，为其远，难守，复修辽东故塞，至浿水为界，属燕。燕王卢绾反，入匈奴，满亡命，聚党千余人，魋结蛮夷服而东走出塞，渡浿水，居秦故空地上下鄣，稍役属真番、朝鲜蛮夷及故燕、齐亡命者王之，都王险。"[1] 燕王卢绾叛入匈奴，燕人卫满逃亡，聚集其千余人，亡命至辽东郡塞外，占据秦朝时已经修筑防御工事的空地，开始向朝鲜半岛发展势力，具体表现在其役属真番古族、箕子朝鲜国人，以及燕秦逃亡此地的汉人，以此为统治对象，建立卫氏朝鲜。在辽东郡防御工事外建立的这样一个政权，经过汉初的发展，在武帝时期对辽东郡的边地构成了一定的军事威胁。而这一隐患的出现，是以卢绾亡入匈奴为开端的。

五　同姓燕王对辽东郡的控制

《汉书·高帝纪》记载，汉高祖十二年（前195年），"春二月，使樊哙、周勃将兵击绾。诏曰：'燕王绾与吾有故，爱之如子，闻与陈豨有谋，吾以为亡有，故使人迎绾。绾称疾不来，谋反明矣。燕吏民非有罪也，赐其吏六百石以上爵各一级。与绾居，去来归者，赦之，加爵亦一级。'诏诸侯王议可立为燕王者，长沙王臣等请立子建为燕王"。[2] 刘邦发兵征讨燕王谋反，先安抚燕地的吏民，又封子刘建为燕王。包括辽东郡在内的燕地由同姓燕王进行统治。

西汉初年，同姓燕王共四人：汉高祖十二年（前195年），立子刘建

---

① 《史记》卷115《朝鲜列传》，中华书局点校本（修订本），2014，第3617页。
② 《汉书》卷1《高帝纪下》，中华书局点校本，1996，第77页。

为燕王;① 文帝元年,徙琅邪王刘泽为燕王;刘泽死后,其子刘嘉嗣位;刘嘉死后,其子刘定国嗣位。② 史书记载如下。

> 燕灵王建。十一年,燕王卢绾亡入匈奴,明年,立建为燕王。十五年薨,有美人子,太后使人杀之,绝后。③

> 燕王刘泽,高祖从祖昆弟也。高祖三年,泽为郎中。十一年,以将军击陈豨将王黄,封为营陵侯。

> 高后时,齐人田生游乏资,以画奸泽。泽大说之,用金二百斤为田生寿。田生已得金,即归齐。二岁,泽使人谓田生曰:"弗与矣。"田生如长安,不见泽,而假大宅,令其子求事吕后所幸大谒者张卿。居数月,田生子请张卿临,亲修具。张卿往,见田生帷帐具置如列侯。张卿惊。酒酣,乃屏人说张卿曰:"臣观诸侯邸第百余,皆高帝一切功臣。今吕氏雅故本推毂高帝就天下,功至大,又有亲戚太后之重。太后春秋长,诸吕弱,太后欲立吕产为吕王,王代。(太)后又重发之,恐大臣不听。今卿最幸,大臣所敬,不急发,恐(祸)及身矣。"张卿大然之,乃风大臣语太后。太后朝,因问大臣。大臣请立吕产为吕王。太后赐张卿千金,张卿以其半进田生。田生弗受,因说之曰:"吕产王也,诸大臣未大服。今营陵侯泽,诸刘长,为大将军,独此尚觖望。今卿言太后,裂十余县王之,彼得王喜,于诸吕王益固矣。"张卿入言之。又太后女弟吕须女亦为营陵侯妻,故遂立营陵侯泽为琅邪王。琅邪王与田生之国,急行毋留。出关,太后果使人追之。已出,即还。

> 泽王琅邪二年,而太后崩,泽乃曰:"帝少,诸吕用事,诸刘孤弱。"引兵与齐王合谋西,欲诛诸吕。至梁,闻汉灌将军屯荥阳,泽还兵备西界,遂跳驱至长安。代王亦从代至。诸将相与琅邪王共立代王,是为孝文帝。文帝元年,徙泽为燕王,而复以琅邪归齐。

> 泽王燕二年,薨,谥曰敬王。子康王嘉嗣,九年薨。子定国嗣。定国与父康王姬奸,生子男一人。夺弟妻为姬。与子女三人奸。定

---

① 《汉书》卷38《高武王传》,中华书局点校本,1996,第1991页。
② 《汉书》卷35《荆燕吴传》,中华书局点校本,1996,第1902~1903页。
③ 《汉书》卷38《高武王传》,中华书局点校本,1996,第1991页。

国有所欲诛杀臣肥如令郢人，郢人等告定国。定国使谒者以它法劾捕格杀郢人灭口。至元朔中，郢人昆弟复上书具言定国事。下公卿，皆议曰："定国禽兽行，乱人伦，逆天道，当诛。"上许之。定国自杀，立四十二年，国除。哀帝时继绝世，乃封敬王泽玄孙之孙无终公士归生为营陵侯，更始中为兵所杀。①

根据上文，西汉初年的四位同姓燕王对燕地并无甚建树，也正因如此，四位燕王也没有对汉王朝构成威胁。据《汉书·高后纪》，营陵侯刘泽受封琅邪王在吕后七年（前 181 年）春，同年秋九月燕王建薨。②《汉书·诸侯王表》记载，吕太后杀害燕灵王子。③ 次年，汉文帝即位，"徙琅邪王泽为燕王"。④ 这样，在燕王刘建薨至燕王刘泽受封之间，有一年多的时间。这期间，燕地应在燕相的控制下，而燕相由中央委派，也就是说燕地实际上受中央王朝控制。汉文帝将支持自己即位的刘泽徙封于燕地，对于巩固中央王朝对燕地的控制是非常有必要的。在《史记·栾布列传》中，收录有关燕相栾布的事迹。史书记载：

> 栾布者，梁人也。始梁王彭越为家人时，尝与布游。穷困，赁佣于齐，为酒人保。数岁，彭越去之巨野中为盗，而布为人所略卖，为奴于燕。为其家主报仇，燕将臧荼举以为都尉。臧荼后为燕王，以布为将。及臧荼反，汉击燕，虏布。梁王彭越闻之，乃言上，请赎布以为梁大夫。
>
> 使于齐，未还，汉召彭越，责以谋反，夷三族。已而枭彭越头于洛阳，下诏曰："有敢收视者，辄捕之。"布从齐还，奏事彭越头下，祠而哭之。吏捕布以闻，上召布，骂曰："若与彭越反邪？吾禁人勿收，若独祠而哭之，与越反明矣。趣亨之！"方提趣汤，布顾曰："愿一言而死。"上曰："何言？"布曰："方上之困于彭城，败荥阳、成皋间，项王所以不能遂西，徒以彭王居梁地，与汉合从苦楚也。当是之时，彭王一顾，与楚则汉破，与汉而楚破。且垓下之会，微彭王，项氏不亡。天下已定，彭王剖符受封，亦欲传之万世。

---

① 《汉书》卷 35《荆燕吴传》，中华书局点校本，1996，第 1900~1903 页。
② 《汉书》卷 3《高后纪》，中华书局点校本，1996，第 99、100 页。
③ 《汉书》卷 14《诸侯王表》，中华书局点校本，1996，第 405 页。
④ 《汉书》卷 4《文帝纪》，中华书局点校本，1996，第 110 页。

今陛下一征兵于梁，彭王病不行，而陛下疑以为反，反形未见，以苛小案诛灭之，臣恐功臣人人自危也。今彭王已死，臣生不如死，请就亨。"于是上乃释布罪，拜为都尉。

孝文时，为燕相，至将军。布乃称曰："穷困不能辱身下志，非人也；富贵不能快意，非贤也。"于是尝有德者厚报之，有怨者必以法灭之。吴楚反时，以军功封俞侯，复为燕相。燕齐之间皆为栾布立社，号曰栾公社。①

根据记载，梁人栾布，出身卑微，曾在燕地为奴，对燕地社会状况有切身体会。栾布得到燕将臧荼的举荐，出任都尉，在臧荼为燕王时任燕将，臧荼被虏时以燕将被俘。他在汉高祖处置梁王彭越一事上，为功臣鸣不平，以死明志，得到高祖的赏识。据《史记·惠景间侯者年表》，"布故彭越舍人，越反时布使齐，还已枭越，布祭哭之，当亨，出忠言，高祖舍之。黥布反，布为都尉"。② 栾布在高祖时，官拜都尉。据《汉书·百官公卿表》，"主爵中尉，秦官，掌列侯。景帝中六年更名都尉"。③ 栾布为功臣言，可能被高祖拜为"主爵中尉"，史家记述时直接记为后世所更"都尉"之名。以栾布耿直的为人，很难为吕后所用。但是，文帝时，以其谙熟燕地而出任燕相，确实符合常理，不仅因其耿直的性格，更是由于其政治立场的坚定。据《史记·孝文本纪》，文帝十四年（前166年）冬，"栾布为将军，击匈奴"。④ 据《史记·魏其侯列传》载，"孝景三年，吴楚反"，魏其侯窦婴向景帝举荐"诸名将贤士在家者"，栾布就在其中。⑤ 又《史记·汉兴以来将相名臣年表》言，景帝三年（前154年），"吴楚七国反"，"栾布为将军击齐"。⑥ 此外，《史记·楚元王世家》又载，"栾布自破齐还，乃并兵引水灌赵城。赵城坏，赵王自杀，邯郸遂降"。⑦ 栾布击匈奴、破齐赵，为汉良将。栾布以节闻名，能征善战，在

① 《史记》卷100《栾布列传》，中华书局点校本（修订本），2014，第3309~3311页。
② 《史记》卷19《惠景间侯者年表》，中华书局点校本（修订本），2014，第1205~1206页。
③ 《汉书》卷19《百官公卿表上》，中华书局点校本，1996，第405页。
④ 《史记》卷10《孝文本纪》，中华书局点校本（修订本），2014，第542页。
⑤ 《史记》卷107《魏其侯列传》，中华书局点校本（修订本），2014，第3436页。
⑥ 《史记》卷22《汉兴以来将相名臣年表》，中华书局点校本（修订本），2014，第1304、1305页。
⑦ 《史记》卷50《楚元王世家》，中华书局点校本（修订本），2014，第2416页。

维护汉王朝统治上立场坚定。栾布出任燕相，有利于中央王朝加强对燕地的控制。齐人为栾布立社，因其在吴楚七国之乱时解救齐地之围;① 而燕人为其立社，当是对其出任燕相时的功绩的颂扬。

由是观之，燕地同姓诸侯王的分封，达到了中央王朝强化对燕地的控制的目的。尽管出现燕王刘定国荒淫无道，受到中央王朝严惩的案件，但是这一时期燕地并未发生燕王叛乱的问题。这样的效果，与诸侯王的选派、燕相的选派有直接的关系。高祖和文帝选派的燕王刘建、刘泽，前者为高祖子，后者为支持文帝登基的宗室长者，两者在为汉王朝效忠方面没有出现问题。其间吕后杀害刘建子嗣，一度造成燕国王室无后的局面，汉文帝的积极应对，化解了这一问题。与此同时，四位燕王的无所作为与燕相栾布获得燕地民众追思，反映了无为而治的统治理念中有所不为和有所为的辩证统一。

这一时期，辽东郡的边地长期遭受匈奴的侵扰，辽东塞外又有卫氏朝鲜的兴起，西汉王朝在分封同姓诸侯王为燕王的同时，加强了对辽东郡边地的防务管理。其一，匈奴方面。据《汉书·匈奴传》记载，"孝文十四年，匈奴单于十四万骑入朝那萧关，余北地都尉卬，虏人民畜产甚多，遂至彭阳。使骑兵入烧回中宫，候骑至雍甘泉。于是文帝以中都周舍、郎中令张武为将军，发车千乘，十万骑，军长安旁以备胡寇。而拜昌侯卢卿为上郡将军，甯侯魏遬为北地将军，隆虑侯周灶为陇西将军，东阳侯张相如为大将军，成侯董赤为将军，大发军骑往击胡。单于留塞内月余，汉逐出塞即还，不能有所杀。匈奴日以骄，岁入边，杀略人民甚众，云中、辽东最甚，郡万余人。汉甚患之，乃使使遗匈奴书，单于亦使当户报谢，复言和亲事"。② 尽管辽东郡名义上属燕王，但是郡县在与日益强盛的匈奴周旋时，燕王、燕相并未起到主导作用，因而其军事控制权应掌握在汉王朝统治者手中。其二，朝鲜方面。燕王卢绾统治时期，西汉王朝曾对辽东边塞进行修葺。据前文所引《史记·朝鲜列传》记载，西汉初年，在重修辽东故塞的同时，箕子朝鲜向汉王朝称臣，接受燕王的统领。卢绾叛逃匈奴后，辽东边塞一度统治薄弱，燕人卫满乘

① 《史记》卷52《齐悼惠王世家》，中华书局点校本（修订本），2014，第 2435 页。
② 《汉书》卷94《匈奴传下》，中华书局点校本，1996，第 3761 ~ 3762 页。

机"东度浿水"并最终击败箕子朝鲜王准,建立卫氏朝鲜。① 因此,惠帝、高后时期,西汉政局重新稳定,辽东太守与卫满相约,由卫氏朝鲜负责统辖辽东塞外的部族,不得侵扰汉朝边地,同时卫氏朝鲜不得阻挠塞外部族的"君长"觐见汉天子。这一约定得到了西汉王朝的批准。由此可知,同姓燕王统治时期,燕王、燕相在西汉王朝的统领下并未参与到辽东塞外的战事中,至惠帝、高后时期由辽东太守在戍卫边地的同时与卫氏朝鲜订立约定并得到中央王朝的认可,这也从一个侧面反映出辽东郡的边地防务已经由中央王朝直接进行管理。据《史记·汉兴以来诸侯王年表》记载:"吴楚时,前后诸侯或以适削地,是以燕、代无北边郡,吴、淮南、长沙无南边郡,齐、赵、梁、楚支郡名山陂海咸纳于汉。"② 景帝时期中央王朝推行削藩政策,燕王的势力所剩无几,辽东郡的统治权最终被收归汉王朝,在边郡防务上由中央王朝统一部署,作为边郡集戍边和郡县守备为一体,在守御边塞中发挥重要作用。

六 王国对辽东郡防务的影响

在秦王朝统治下,辽东郡是经略东北的军事重镇。秦始皇通过推行郡县制、巡行辽东、修筑辽东边塞等举措,加强对辽东郡的统治。秦汉之际,"复封建"成为亡秦战争的大势所趋。燕国贵族与燕地豪杰支持韩广自立为燕王,辽东郡为割据政权所有。韩广在燕国贵族和燕地豪杰的支持下夺取燕地,并未出现较大的军事冲突。这样看来,辽东郡易主是较为平稳的。韩广统治辽东郡期间,对辽东郡的防务造成的影响主要有二。一是边塞荒废。史书称,秦末战乱中戍卒纷纷弃边塞而逃亡,辽东郡边塞也在被弃守之列。二是辽东郡从军事重镇转变为逃亡战乱的通道。由于秦戍卒弃守边塞,韩广集中兵力对抗赵国,又分兵救赵入关,辽东郡的戍防力量有限,对于边民逃亡问题的管理相当宽松。这就为燕、赵、齐人从陆路逃亡朝鲜提供了可能,辽东郡恰在这一逃亡路线的交通通道上。在汉初重修边塞前,这一通道都应当是较为通畅的。尽管这一时期辽东郡的防务松懈,但是东北古族、古国尚未形成与之抗衡的力量,因此并未出现较为严峻的边防危机。

---

① 《三国志》卷30《东夷传》注引《魏略》,中华书局点校本,2000,第850页。
② 《史记》卷17《汉兴以来诸侯王年表》,中华书局点校本(修订本),2014,第969页。

值得注意的是，韩广为燕王期间，武官的设置和管理已经颇具规模。赵王"间出"时，燕国守将将其捕获，以赵地之一半相要挟。这一时期，臧荼身为燕将，举荐栾布为都尉。燕国官制，尤其是武官的设置，在秦末战乱时期是不可或缺的行政建制，对于维护燕国的政局有积极意义。燕国的建立，打破了秦王朝建立时期确立的郡县制的管理模式，同时又出现了以封国为单位的统治模式。显然，在战乱的情势下，后者更能提升区域的军事防御力量，适合军事割据。

臧荼从韩广手中抢夺燕地，成为燕王。其统治时间比韩广稍长，建立行政制度的时间更为充裕。燕国任命昭涉为燕相，派遣燕相领兵助汉灭楚，这从一个侧面反映了燕国行政建制的完善。但是，在军事割据上，臧荼治下的燕国并没有更多的进展，防务建设上基本沿袭韩广时期的模式。反叛汉王朝后，臧荼军迅速被汉军击破，表明其军事力量与汉军有较大差距。反观战国时期，燕王退守辽东，乘秦军转攻他国的间隙，仍可延续国祚。韩广和臧荼，显然将军事力量集中于赵地一侧，对于辽东的控制力相对薄弱。因此这两个军事割据政权，都没有充分利用辽东有利的地理位置，为各自的政权争取喘息之机。如此看来，尽管韩广取得燕地贵族和豪杰的支持，臧荼通过武力夺取燕地，但是其军事实力的整体水平是非常有限的。这一时期辽东郡的军事部署就显得更加薄弱，防务部署和防务水平与秦代相比大打折扣，不可同日而语。

高祖封卢绾为燕王，以汉王朝为强大的后援，燕王卢绾开始恢复秦王朝时期的边塞管理，修缮故塞，重新划定与朝鲜的边界。这一时期，辽东郡的防务建制得到一定的恢复。辽东郡的统治权虽然掌握在西汉分封的诸侯王手中，但是对边塞进行了修葺，并且明确了与箕子朝鲜的边界，这些都是在中央王朝的领导下进行的。显然，强大的中央王朝为辽东郡防务建制的恢复提供了强有力的保障。这是秦楚之际的两位燕王都难以做到的。但是，由于卢绾叛汉，逃入匈奴，辽东郡的防务形势出现了不稳定的因素，这些因素分别来自匈奴和随后建立的卫氏朝鲜。

汉王朝在燕地先后两次分封，一次为高祖封子刘建为燕王，一次为汉文帝徙封支持其即位的宗室长者琅邪王刘泽为燕王。燕王刘建之子为吕后所害，未能传国。燕王刘泽，其子刘嘉、其孙刘定国父子相继，传国三世。在以上四位燕王的统治之下，辽东郡的政局较为稳定。但是随着卢绾叛汉入匈奴，匈奴势力进一步向辽东扩展，辽东郡的防务形势趋向严峻。辽东郡的太守与卫氏朝鲜订立盟约，得到惠帝、高后的认可，对这一区域的边地稳定具有积极作用。

第二节　匈奴兴起与辽东郡防务的变化

匈奴为北边草原游牧古族，与中原北方古国交往密切。至秦灭六国，正值"东胡强而月氏盛"，① 秦始皇时期匈奴在对秦交战中处于下风。据《史记·秦始皇本纪》，秦始皇于三十三年（前214年）巡北边，因燕人卢生上奏所录图书曰"亡秦者胡也"，而"使将军蒙恬发兵三十万人北击胡，略取河南地"。② 匈奴与秦军交战双方的统帅分别是匈奴头曼单于与秦将蒙恬。《汉书·匈奴传》载："匈奴单于曰头曼，头曼不胜秦，北徙。"③ 蒙恬击败头曼，为秦戍守北边十余年，匈奴无力对抗秦军，只能北徙，北边得以安定。秦末战乱，"诸秦所徙适边者皆复去"，匈奴有机可乘，向中原推进，在故塞与中原为界。随后，匈奴内部围绕单于之位发生争斗。太子冒顿由月氏逃归匈奴，训练万骑骑射，射杀头曼，自立为单于。于是，"东击东胡"，"大破灭东胡王，虏其民众畜产"，"西击走月氏，南并楼烦、白羊河南王，悉复收秦所使蒙恬所夺匈奴地者，与汉关故河南塞，至朝那、肤施，遂侵燕、代"。④ 楚汉战争之际，"中国罢于兵革"，冒顿统帅匈奴"控弦之士三十余万"，成为西汉王朝北边的巨大威胁。⑤ 此后，匈奴又向北征服浑窳、屈射、丁零、隔昆、新蔡诸国，匈奴贵人大臣都臣服于冒顿。

面对在北方兴起的强大对手，西汉王朝初年的几位统治者，尽管也出兵迎击侵扰边地的匈奴，但是政策上仍以和亲为主。史书中，关于汉初汉王朝与匈奴的激烈对弈，有较为详尽的记载。在此基础上，可以分阶段考论匈奴侵扰下辽东郡防务的变化。

一　高祖时期

汉高祖时期，冒顿单于的势力达到河南地，开始侵扰燕、代边地。异

---

① 《汉书》卷94《匈奴传上》，中华书局点校本，1996，第3748页。
② 《史记》卷6《秦始皇本纪》，中华书局点校本（修订本），2014，第323页。
③ 《汉书》卷94《匈奴传上》，中华书局点校本，1996，第3748页。
④ 《汉书》卷94《匈奴传上》，中华书局点校本，1996，第3750页。
⑤ 《汉书》卷94《匈奴传上》，中华书局点校本，1996，第3750页。

姓诸侯王韩王信和燕王卢绾先后叛汉逃入匈奴，汉高祖两次亲征，但是尚不具备实力消除匈奴的威胁，匈奴势力由河南地向东扩展，逼近辽东郡。

关于韩王信亡入匈奴一事，《史记·韩信列传》《汉书·高帝纪》等有较为详细的记述。据《史记·韩信列传》，韩信为战国韩王后裔，汉王二年（前205年）分封为韩王，为与汉将韩信区分，多称其为"韩王信"。汉王三年（前204年），西楚攻荥阳，韩王信被虏获，随即亡归汉，复立为韩王，并追随汉王击败项羽，成为建立汉王朝的功臣之一。汉高祖五年（前202年）春，"剖符为韩王，王颍川"。① 据《汉书·高帝纪》，汉高祖六年（前201年），"春正月丙午，韩王信等奏请以故东阳郡、鄣郡、吴郡五十三县立刘贾为荆王，以砀郡、薛郡、郯郡三十六县立弟文信君交为楚王。壬子，以云中、雁门、代郡五十三县立兄宜信侯喜为代王，以胶东、胶西、临淄、济北、博阳、城阳郡七十三县立子肥为齐王，以太原郡三十一县为韩国，徙韩王信都晋阳"。② 高祖在韩王信以颍川为都一年后，决定迁徙韩王信王都，有三方面的原因：一是韩王信为异姓诸侯王，有武力才干，对汉王朝的统治具有潜在威胁；二是韩国的地理位置重要，周边均为战略要冲，一旦有变，汉王朝防不胜防，三是太原以北有匈奴为患，需要强将镇守。这也就是《史记·韩信列传》中所言："上以韩信材武，所王北近巩、洛，南迫宛、叶，东有淮阳，皆天下劲兵处，乃诏徙韩王信王太原以北，备御胡，都晋阳。"③ 在此次分封的诸侯王中，只有韩王信为异姓诸侯王，且被徙封至辖县数量最少的太原郡。值得注意的是，太原郡辖县数量虽少，但是在抵御匈奴的战略位置上却极为重要。其塞外即为匈奴，而沿汾水南下则进入后世所设"司隶部"的管辖地区。

据《汉书·地理志》，太原郡的郡治为晋阳，④ 颍川郡的郡治为阳翟，⑤前者在今山西，后者在今河南。⑥ 根据《中国历史地图集》，"司隶部"划分为六部分，分别是左冯翊、右扶风、河东郡、弘农郡、河内郡与河南

---

① 《史记》卷93《韩信列传》，中华书局点校本（修订本），2014，第3192页。
② 《汉书》卷1《高帝纪下》，中华书局点校本，1996，第60~61页。
③ 《史记》卷93《韩信列传》，中华书局点校本（修订本），2014，第3193页。
④ 《汉书》卷28《地理志上》，中华书局点校本，1996，第1551页。
⑤ 《汉书》卷28《地理志上》，中华书局点校本，1996，第1560页。
⑥ 中国历史地图集编辑组：《中国历史地图集》第二册（秦、西汉、东汉时期），中华地图学社，1975，36~37①1、④2。

郡，最东边的河内郡和河南郡南北相连。按照高祖对韩王信的迁都规划，从阳翟迁往晋阳，就是由紧邻河南郡南部的颍川郡迁至与河内郡北部相隔上党郡的河南郡，① 韩国的势力范围由此向北迁。显然，高祖对于具备才干又拥兵自重的异姓诸侯王韩王信心存戒备，意欲将其徙至晋阳，为汉守备匈奴。这样的举措，应该也有以韩王信与匈奴互相牵制，戍卫汉王朝北部边疆的考虑。韩王信随即上书，以"国被边，匈奴数入，晋阳去塞远"为由，请求将治所改在马邑。据韩王信所言，匈奴在西汉初年已多次侵扰韩国边地。此次迁都马邑，较之晋阳更加往北，韩王信此举明显是向高祖示好，表明其无意与汉王朝对抗，而是意在集中精力对付北边的匈奴。

迁都马邑的选择，虽然可以将韩王信调至对匈奴作战的前线，但是其军备力量难以抵御来自匈奴一方的全力进攻。韩王信迁都马邑的当年秋季，就遭到匈奴的大举围攻。《史记·韩信列传》记载："秋，匈奴冒顿大围信，信数使使胡求和解。汉发兵救之，疑信数间使，有二心，使人责让信。信恐诛，因与匈奴约共攻汉，反，以马邑降胡，击太原。"② 根据这一记述，韩王信在被围马邑期间，开始与匈奴交通，旨在求和。正在马邑局势危急，韩王信进退无措之时，汉王朝怀疑韩王信遣使匈奴有叛汉之心，派人责让韩王信。汉王朝对韩王信忠心的质疑，导致韩王信投降匈奴。《史记·匈奴列传》记载，韩王信投降匈奴，"引兵南逾句注，攻太原，至晋阳下"。③ 据《史记正义》，句注即句注山，"在代州雁门县西北三十里"。④ 而《汉书·高帝纪》中又载，徙封韩王信太原郡31县，国都为晋阳。⑤ 这样看来，马邑的战略位置极为重要，一旦被匈奴击破，兵锋南下翻越句注山，就可攻入太原郡，直抵郡治晋阳。这再次证明，徙封韩王信至太原郡，确实具有抵御匈奴的战略目的。

汉高祖六年（前201年）秋九月，韩王信投降匈奴又引兵攻至晋阳，坐实了二心于汉的罪名。汉高祖七年（前200年）冬十月，汉高祖刘邦亲征韩王信，与匈奴正面交锋。亲征之初，汉军优势明显。《史记·韩信

---

① 中国历史地图集编辑组：《中国历史地图集》第二册（秦、西汉、东汉时期），中华地图学社，1975，15~16。
② 《史记》卷93《韩信列传》，中华书局点校本（修订本），2014，第3193页。
③ 《史记》卷110《匈奴列传》，中华书局点校本（修订本），2014，第3499页。
④ 《史记》卷99《刘敬列传》注，中华书局点校本（修订本），2014，第3292页。
⑤ 《汉书》卷1《高帝纪下》，中华书局点校本，1996，第61页。

列传》记载："七年冬，上自往击，破信军铜鞮，斩其将王喜。信亡走匈奴。其将白土人曼丘臣、王黄等立赵苗裔赵利为王，复收信败散兵，而与信及冒顿谋攻汉。匈奴使左右贤王将万余骑与王黄等屯广武以南，至晋阳，与汉兵战，汉大破之，追至于离石，复破之。匈奴复聚兵楼烦西北，汉令车骑击破匈奴。匈奴常败走，汉乘胜追北，闻冒顿居代谷，高皇帝居晋阳，使人视冒顿，还报曰'可击'。上遂至平城。"[①] 高祖亲征，一路由周勃、樊哙任将军，率军从代攻下霍人，北击匈奴破武泉，转而南下攻破铜鞮韩王信军，还攻下太原郡六城，于晋阳击败韩王信与匈奴联军，晋阳城被攻下。[②] 另一路由车骑将军灌婴统领，率军攻代地，在马邑"受诏别降楼烦以北六县"，"斩代左相"，在武泉县的北部击败匈奴骑兵；然后灌婴率军与高祖大军汇合，攻取晋阳，"所将卒斩胡白题将一人"；接着，受诏统率燕、赵、齐、梁、楚诸侯国车骑，"击破胡骑于硰石"。[③] 两路军队在晋阳会师后，一同进攻匈奴、胡骑夺取硰石。[④] 随后一路由周勃统率，"追北八十里，还攻楼烦三城"；[⑤] 另一路在灌婴的统率下进军平城。[⑥] 在楼烦，高祖大军遭遇严寒，[⑦] 大军损伤严重。但是一路高奏凯歌的高祖并未止兵，而是听信在晋阳时派遣出使匈奴的几批使臣之言，认为"匈奴可击"。[⑧] 匈奴一方在冒顿的带领下，开始施展诱敌深入的策略，隐匿精兵，一路败走，诱高祖孤军深入，最后将高祖与车骑将军灌婴统率的兵将围困于平城白登山。[⑨] 高祖不听刘敬劝谏，被困平城，大军未至，只能借由陈平计，贿赂单于阏氏，令其向单于进言"两主不相困。今得汉地，单于终非能居之。且汉主有神，单于察之"，加之韩王信将王黄、赵利未能按照预定时间与单于合兵，单于担心其与汉合谋，于是"开围一角"。[⑩] 汉高祖侥幸得脱，与大军会合，双方罢兵，由

---

① 《史记》卷93《韩信列传》，中华书局点校本（修订本），2014，第3194页。
② 《史记》卷57《绛侯周勃世家》，中华书局点校本（修订本），2014，第2513～2514页。
③ 《史记》卷95《灌婴列传》，中华书局点校本（修订本），2014，第3237页。
④ 《史记》卷57《绛侯周勃世家》，中华书局点校本（修订本），2014，第2514页。
⑤ 《史记》卷57《绛侯周勃世家》，中华书局点校本（修订本），2014，第2514页。
⑥ 《史记》卷95《灌婴列传》，中华书局点校本（修订本），2014，第3235页。
⑦ 《汉书》卷1《高帝纪下》，中华书局点校本，1996，第63页。
⑧ 《史记》卷99《刘敬列传》，中华书局点校本（修订本），2014，第3292页。
⑨ 《汉书》卷94《匈奴传上》，中华书局点校本，1996，第3753页。
⑩ 《汉书》卷94《匈奴传上》，中华书局点校本，1996，第3753～3754页。

刘敬出使缔结"和亲之约"。①

此役之后，北边局势并未由此缓和。据《汉书·匈奴传》记载："是后韩信为匈奴将，及赵利、王黄等数背约，侵盗代、雁门、云中。居无几何，陈豨反，与韩信合谋击代。汉使樊哙往击之，复收代、雁门、云中郡县，不出塞。是时匈奴以汉将数率众往降，故冒顿常往来侵盗代地。于是高祖患之，乃使刘敬奉宗室女翁主为单于阏氏，岁奉匈奴絮缯酒食物各有数，约为兄弟以和亲，冒顿乃少止。后燕王卢绾复反，率其党且万人降匈奴，往来苦上谷以东，终高祖世。"② 根据文中所记，汉统治者采取和亲的方式避免与匈奴发生战事，即使派兵反击入侵郡县之敌，也令汉军不出击边塞。匈奴一方，一方面以韩信为将，不仅遣其将入侵汉边郡；另一方面策反陈豨、燕王卢绾叛汉。前文已详述，不再赘言。

另据《史记·卢绾列传》，高祖遣樊哙击燕，"燕王绾悉将其宫人家属骑数千居长城下，候伺，幸上病愈，自入谢。四月，高祖崩，卢绾遂将其众亡入匈奴，匈奴以为东胡卢王。绾为蛮夷所侵夺，常思复归。居岁余，死胡中"。③《汉书·高帝纪》又载："卢绾与数千人居塞下候伺，幸上疾愈，自入谢。夏四月甲辰，帝崩于长乐宫。卢绾闻之，遂亡入匈奴。"④ 卢绾亡入匈奴，曾有意驻留塞下，向高祖认错，以期侥幸归汉。但是，高祖驾崩，卢绾为免于被剿灭的命运，逃亡匈奴，被立为东胡王，直至病亡。

前文已论述，燕王卢绾亡入匈奴后，匈奴势力向东拓展，辽东地区的北部边地开始受到匈奴的侵扰。显然，汉高祖时期，在处理匈奴与北部异姓诸侯王的问题上，并未采取有力的举措，仅平定异姓诸侯王叛乱，而无力解决匈奴对北部边地的侵扰，叛逃的诸侯王及军将，甚至成为匈奴侵扰汉边的统帅。虽然其后封高祖之子刘恒为代王、刘建为燕王，也仅能在相国的辅助下抵御匈奴而已。这一时期，匈奴在汉北边的势力，由河南地向东推进，已经危及辽东地区。辽东地区的防务形势因此开始出现变化，辽东郡是汉王朝北部边地的战略要地，在匈奴势力的侵扰下，加入到西汉王朝对匈奴的戍防体系中。高祖平定臧荼叛乱后，分封卢绾

---

① 《汉书》卷 94《匈奴传上》，中华书局点校本，1996，第 3754 页。
② 《汉书》卷 94《匈奴传上》，中华书局点校本，1996，第 3754 页。
③ 《史记》卷 93《卢绾列传》，中华书局点校本（修订本），2014，第 3199 页。
④ 《汉书》卷 1《高帝纪下》，中华书局点校本，1996，第 79 页。

为燕王。卢绾在燕地修葺边塞，主要是与朝鲜划定边界，但是也对防御东胡有所助益。至周勃率军追击卢绾时，追至长城，表明当时燕地在北部边地的长城防线已经恢复，并发挥一定的军事作用。辽东郡是燕地北部军事重镇，其长城边塞同样基本恢复，并且具有防御功能。

二　惠帝以来

惠帝与吕后时期，正值匈奴逐渐骄盛。据《汉书·匈奴传》记载，单于冒顿遣使传书曰："孤偾之君，生于沮泽之中，长于平野牛马之域，数至边境，愿游中国。陛下独立，孤偾独居。两主不乐，无以自虞，愿以所有，易其所无。"① 吕后被匈奴此举激怒，召集陈平、樊哙、季布商议，有意斩来使和发兵匈奴。但是，在季布的劝言下，吕后审时度势，继续推行和亲政策，休养生息。另据《汉书·高后纪》，吕后五年（前183年）九月，"发河东、上党骑屯北地"，吕后六年（前182年）"匈奴寇狄道，攻阿阳"，吕后七年（前181年）"冬十二月，匈奴寇狄道，略二千余人"。② 汉王朝对匈奴的防御形势并未因和亲而缓和，匈奴连年伺机寇边，北边防御匈奴的工事因而一直处于守备状态，辽东郡的防御工事亦然。

孝文帝即位后，同样推行和亲策略，"复修和亲"。③ 据《汉书·文帝纪》与《汉书·匈奴传》记载，文帝时期，匈奴一方数次犯边，又通使和亲；汉王朝一方，文帝派兵反击入侵的胡兵，又维持和亲局面。由此双方冲突时有，而以和亲为主。匈奴老上单于即位，与汉和亲，得宦者燕人中行说来降，匈奴势力复强。文帝十四年（前166年），匈奴大举攻汉，骑兵攻入汉地，文帝"大发军骑往击胡"，"单于留塞内月余，汉逐出塞即还，不能有所杀"。④ 这一战事结束后，"匈奴日以骄，岁入边，杀略人民甚众，云中、辽东最甚，郡万余人"。⑤ 汉王朝以此为患，再次与匈奴和亲，双方约定，由汉厚赐匈奴，匈奴不入塞，汉不出塞。文帝

---

① 《汉书》卷94《匈奴传上》，中华书局点校本，1996，第3754～3755页。
② 《汉书》卷3《高后纪》，中华书局点校本，1996，第99页。
③ 《汉书》卷94《匈奴传上》，中华书局点校本，1996，第3756页。
④ 《汉书》卷94《匈奴传上》，中华书局点校本，1996，第3761～3762页。
⑤ 《汉书》卷94《匈奴传上》，中华书局点校本，1996，第3762页。

后四年（前160年），老上单于死，其子君臣单于立，"汉复与匈奴和亲"。① 后六年（前158年）冬，匈奴"复绝和亲"，并且"大入上郡、云中各三万骑，所杀略甚众"，② 汉文帝于是派兵击胡，缘边备战，"数月，汉兵至边，匈奴亦远塞，汉兵亦罢"。③

值得一提的是，文景时期名臣晁错曾先后向文帝上书《言兵事疏》、《守边劝农疏》和《募民实边疏》，为解决北边匈奴问题提出具体建议。其文如下：

> 臣闻汉兴以来，胡虏数入边地，小入则小利，大入则大利；高后时再入陇西，攻城屠邑，驱略畜产；其后复入陇西，杀吏卒，大寇盗。窃闻战胜之威，民气百倍；败兵之卒，没世不复。自高后以来，陇西三困于匈奴矣，民气破伤，亡有胜意。今兹陇西之吏，赖社稷之神灵，奉陛下之明诏，和辑士卒，底厉其节，起破伤之民以当乘胜之匈奴，用少击众，杀一王，败其众而（法曰）大有利。非陇西之民有勇怯，乃将吏之制巧拙异也。故兵法曰："有必胜之将，无必胜之民。"由此观之，安边境，立功名，在于良将，不可不择也。
>
> 臣又闻用兵，临战合刃之急者三：一曰得地形，二曰卒服习，三曰器用利。兵法曰：丈五之沟，渐车之水，山林积石，经川丘阜，草木所在，此步兵之地也，车骑二不当一。土山丘陵，曼衍相属，平原广野，此车骑之地，步兵十不当一。平陵相远，川谷居间，仰高临下，此弓弩之地也，短兵百不当一。两陈相近，平地浅（草），可前可后，此长戟之地也，剑盾三不当一。（萑）苇竹萧，草木蒙茏，支叶茂接，此矛鋋之地也，长戟二不当一。曲道相伏，险阨相薄，此剑盾之地也，弓弩三不当一。士不选练，卒不服习，起居不精，动静不集，趋利弗及，避难不毕，前击后解，与金鼓之（指）相失，此不习勒卒之过也，百不当十。兵不完利，与空手同；甲不坚密，与袒裼同；弩不可以及远，与短兵同；射不能中，与亡矢同；中不能入，与亡镞同。此将不省兵之祸也，五不当一。故兵法曰：

---

① 《汉书》卷94《匈奴传上》，中华书局点校本，1996，第3764页。
② 《汉书》卷94《匈奴传上》，中华书局点校本，1996，第3764页。
③ 《汉书》卷94《匈奴传上》，中华书局点校本，1996，第3764页。

器械不利，以其卒予敌也；卒不可用，以其将予敌也；将不知兵，以其主予敌也；君不择将，以其国予敌也。四者，（兵）之至要也。

臣又闻小大异形，强弱异势，险易异备。夫卑身以事强，小国之形也；合小以攻大，敌国之形也；以蛮夷攻蛮夷，中国之形也。今匈奴地形技艺与中国异。上下山阪，出入溪涧，中国之马弗与也；险道倾仄，且驰且射，中国之骑弗与也；风雨罢劳，饥渴不困，中国之人弗与也：此匈奴之长技也。若夫平原易地，轻车突骑，则匈奴之众易桡乱也；劲弩长戟，射疏及远，则匈奴之弓弗能格也；坚甲利刃，长短相杂，游弩往来，什伍俱前，则匈奴之兵弗能当也；材官驺发，矢道同的，则匈奴之革笥木荐弗能支也；下马地斗，剑戟相接，去就相薄，则匈奴之足弗能给也：此中国之长技也。以此观之，匈奴之长技三，中国之长技五。陛下又兴数十万之众，以诛数万之匈奴，众寡之计，以一击十之术也。

虽然，兵，凶器；战，危事也。以大为小，以强为弱，在俛昂之间耳。夫以人之死争胜，跌而不振，则悔之亡及也。帝王之道，出于万全。今降胡义渠蛮夷之属来归谊者，其众数千，饮食长技与匈奴同，可赐之坚甲絮衣，劲弓利矢，益以边郡之良骑。令明将能知其习俗和辑其心者，以陛下之明约将之。即有险阻，以此当之；平地通道，则以轻车材官制之。两军相为表里，各用其长技，衡加之以众，此万全之术也。

传曰："狂夫之言，而明主择焉。"臣错愚陋，昧死上狂言，唯陛下财择。①

臣闻秦时北攻胡貉，筑塞河上，南攻杨粤，置戍卒焉。其起兵而攻胡、粤者，非以卫边地而救民死也，贪戾而欲广大也，故功未立而天下乱。且夫起兵而不知其势，战则为人禽，屯则卒积死。夫胡貉之地，积阴之处也，木皮三寸，冰厚六尺，食肉而饮酪，其人密理，鸟兽毳毛，其性能寒。杨粤之地少阴多阳，其人疏理，鸟兽希毛，其性能暑。秦之戍卒不能其水土，戍者死于边，输者偾于道。秦民见行，如往弃市，因以谪发之，名曰"谪戍"。先发吏有谪及赘

---

① 《汉书》卷49《晁错传》，中华书局点校本，1996，第2278～2283页。

婿、贾人，后以尝有市籍者，又后以大父母、父母尝有市籍者，后入闾，取其左。发之不顺，行者深怨，有背畔之心。凡民守战至死而不降北者，以计为之也。故战胜守固则有拜爵之赏，攻城屠邑则得其财卤以富家室，故能使其众蒙矢石，赴汤火，视死如生。今秦之发卒也，有万死之害，而亡铢两之报，死事之后不得一算之复，天下明知祸烈及己也。陈胜行戍，至于大泽，为天下先倡，天下从之如流水者，秦以威劫而行之之敝也。

胡人衣食之业不著于地，其势易以扰乱边竟。何以明之？胡人食肉饮酪，衣皮毛，非有城郭田宅之归居，如飞鸟走兽于广野，美草甘水则止，草尽水竭则移。以是观之，往来转徙，时至时去，此胡人之生业，而中国之所以离南亩也。今使胡人数处转牧行猎于塞下，或当燕代，或当上郡、北地、陇西，以候备塞之卒，卒少则入。陛下不救，则边民绝望而有降敌之心；救之，少发则不足，多发，远县才至，则胡又已去。聚而不罢，为费甚大；罢之，则胡复入。如此连年，则中国贫苦而民不安矣。

陛下幸忧边境，遣将吏发卒以治塞，甚大惠也。然令远方之卒守塞，一岁而更，不知胡人之能，不如选常居者，家室田作，且以备之。以便为之高城深堑，具蔺石，布渠答，复为一城其内，城间百五十步。要害之处，通川之道，调立城邑，毋下千家，为中周虎落。先为室屋，具田器，乃募罪人及免徒复作令居之；不足，募以丁奴婢赎罪及输奴婢欲以拜爵者；不足，乃募民之欲往者。皆赐高爵，复其家。予冬夏衣，廪食，能自给而止。郡县之民得买其爵，以自增至卿。其亡夫若妻者，县官买予之。人情非有匹敌，不能久安其处。塞下之民，禄利不厚，不可使久居危难之地。胡人入驱而能止其所驱者，以其半予之，县官为赎其民。如是，则邑里相救助，赴胡不避死。非以德上也，欲全亲戚而利其财也。此与东方之（戍）卒不习地势而心畏胡者，功相万也。以陛下之时，徙民实边，使远方无屯戍之事，塞下之民父子相保，亡系虏之患，利施后世，名称圣明，其与秦之行怨民，相去远矣。①

---

① 《汉书》卷 49《晁错传》，中华书局点校本，1996，第 2283～2286 页。

陛下幸募民相徙以实塞下，使屯戍之事益省，输将之费益寡，甚大惠也。下吏诚能称厚惠，奉明法，存恤所徙之老弱，善遇其壮士，和辑其心而勿侵刻，使先至者安乐而不思故乡，则贫民相募而劝往矣。臣闻古之徙远方以实广虚也，相其阴阳之和，尝其水泉之味，审其土地之宜，观其草木之饶，然后营邑立城，制里割宅，通田作之道，正阡陌之界，先为筑室，家有一堂二内，门户之闭，置器物焉，民至有所居，作有所用，此民所以轻去故乡而劝之新（邑）也。为置医巫，以救疾病，以修祭礼，男女有昏，生死相恤，坟墓相从，种树畜长，室屋完安，此所以使民乐其处而有长居之心也。

臣又闻古之制边县以备敌也，使五家为伍，伍有长；十长一里，里有假士；四里一连，连有假五百；十连一邑，邑有假候：皆择其邑之贤材有护，习地形知民心者，居则习民于射法，出则教民于应敌。故卒伍成于内，则军正定于外。服习以成，勿令迁徙，幼则同游，长则共事。夜战声相知，则足以相救；昼战目相见，则足以相识；欢爱之心，足以相死。如此而劝以厚赏，威以重罚，则前死不还踵矣。所徙之民非壮有材力，但费衣粮，不可用也；虽有材力，不得良吏，犹亡功也。

陛下绝匈奴不与和亲，臣窃意其冬来南也，壹大治，则终身创矣。欲立威者，始于折胶，来而不能困，使得气去，后未易服也。愚臣亡识，唯陛下财察。①

晁错当时担任太子家令之职，在三篇上书中分别阐明了己见。一是《言兵事疏》，"分析了敌我双方力量对比，指出'匈奴之长技三，中国之长技五'的有利形势，因而主张'兴数十万之众，以诛数万之匈奴，众寡之计，以一击十之术也'"。②文帝非常赞赏晁错的见识，但是也深知当时并不是与匈奴一决雌雄的时机，因此仅赐以玺书以示赞赏，委婉地拒绝了晁错的建议。其后，晁错向文帝上书《守边劝农疏》，"针对过去中央政府派兵守边塞，一年一换，导致不熟悉匈奴特性、防御效率不高的这一缺点，建议选派一些人，包括募民欲往者，长久居住在那里，安家

① 《汉书》卷49《晁错传》，中华书局点校本，1996，第2288~2289页。
② 王兴国：《贾谊评传》，南京大学出版社，1992，第368页。

落户，耕种田地，同时用以防备匈奴"。① 如果说《言兵事疏》是一篇主张积极进攻匈奴的兵书，那么《守边劝农疏》就是主张积极防御的方针。② 汉文帝采纳了晁错的建议，推行"募民徙塞下"的政策。晁错进而又上书《募民实边疏》，"就募民实边的一些具体组织工作提出了很多建设性的意见。诸如气候、水土的调查，城镇的规划，房舍的建筑，等等，想得十分周到具体。同时，还建议如何将实边的民众组织起来，利用感情的纽带和严明的纪律，训练一支在与匈奴作战时'死不还踵'的战斗队伍"。③ 此外，据《汉书·食货志》，晁错又向文帝上书《论贵粟疏》，其文如下：

> 圣王在上而民不冻饥者，非能耕而食之，织而衣之也，为开其资财之道也。故尧、禹有九年之水，汤有七年之旱，而国亡捐瘠者，以畜积多而备先具也。今海内为一，土地人民之众不避汤、禹，加以亡天灾数年之水旱，而畜积未及者，何也？地有遗利，民有余力，生谷之土未尽垦，山泽之利未尽出也，游食之民未尽归农也。民贫，则奸邪生。贫生于不足，不足生于不农，不农则不地著，不地著则离乡轻家。民如鸟兽，虽有高城深池，严法重刑，犹不能禁也。

> 夫寒之于衣，不待轻暖；饥之于食，不待甘旨；饥寒至身，不顾廉耻。人情，一日不再食则饥，终岁不制衣则寒。夫腹饥不得食，肤寒不得衣，虽慈母不能保其子，君安能以有其民哉！明主知其然也，故务民于农桑，薄赋敛，广畜积，以实仓廪，备水旱，故民可得而有也。

> 民者，在上所以牧之，趋利如水走下，四方亡择也。夫珠玉金银，饥不可食，寒不可衣，然而众贵之者，以上用之故也。其为物轻微易藏，在于把握，可以周海内而亡饥寒之患。此令臣轻背其主，而民易去其乡，盗贼有所劝，亡逃者得轻资也。粟米布帛生于地，长于时，聚于力，非可一日成也；数石之重，中人弗胜，不为奸邪所利，一日弗得而饥寒至。是故明君贵五谷而贱金玉。

> 今农夫五口之家，其服役者不下二人，其能耕者不过百亩，百

---

① 王兴国：《贾谊评传》，南京大学出版社，1992，第 369 页。
② 王兴国：《贾谊评传》，南京大学出版社，1992，第 369 页。
③ 王兴国：《贾谊评传》，南京大学出版社，1992，第 369 页。

亩之收不过百石。春耕夏耘，秋获冬藏，伐薪樵，治官府，给徭役；春不得避风尘，夏不得避暑热，秋不得避阴雨，冬不得避寒冻，四时之间亡日休息；又私自送往迎来，吊死问疾，养孤长幼在其中。勤苦如此，尚复被水旱之灾，急政暴（赋），赋敛不时，朝令而暮改。当具有者半贾而卖，亡者取倍称之息，于是有卖田宅鬻子孙以偿责者矣。而商贾大者积贮倍息，小者坐列贩卖，操其奇赢，日游都市，乘上之急，所卖必倍。故其男不耕耘，女不蚕织，衣必文采，食必（粱）肉；亡农夫之苦，有仟伯之得。因其富厚，交通王侯，力过吏势，以利相倾；千里游敖，冠盖相望，乘坚策肥，履丝曳缟。此商人所以兼并农人，农人所以流亡者也。

今法律贱商人，商人已富贵矣；尊农夫，农夫已贫贱矣。故俗之所贵，主之所贱也；吏之所卑，法之所尊也。上下相反，好恶乖迕，而欲国富法立，不可得也。方今之务，莫若使民务农而已矣。欲民务农，在于贵粟；贵粟之道，在于使民以粟为赏罚。今募天下入粟县官，得以拜爵，得以除罪。如此，富人有爵，农民有钱，粟有所渫。夫能入粟以受爵，皆有余者也；取于有余，以供上用，则贫民之赋可损，所谓损有余补不足，令出而民利者也。顺于民心，所补者三：一曰主用足，二曰民赋少，三曰劝农功。今令民有车骑马一匹者，复卒三人。车骑者，天下武备也，故为复卒。神农之教曰："有石城十仞，汤池百步，带甲百万，而亡粟，弗能守也。"以是观之，粟者，王者大用，政之本务。令民入粟受爵至五大夫以上，乃复一人耳。此其与骑马之功相去远矣。爵者，上之所擅，出于口而亡穷；粟者，民之所种，生于地而不乏。夫得高爵与免罪，人之所甚欲也。使天下（人）入粟于边，以受爵免罪，不过三岁，塞下之粟必多矣。[1]

学者指出："这篇疏的根本目的在贵农贱商，而其直接目的则是入粟支边，积极加强对匈奴的防御。"[2] 此说颇为精辟。早在文帝即位之初，就在贾谊的建议下推行"开籍田，躬耕以劝百姓"[3] 之举，其目的之一就

---

[1] 《汉书》卷 24《食货志上》，中华书局点校本，1996，第 1130～1134 页。
[2] 王兴国：《贾谊评传》，南京大学出版社，1992，第 369 页。
[3] 《汉书》卷 24《食货志上》，中华书局点校本，1996，第 1130 页。

是备边患。晁错在其基础上，提出入粟拜爵的主张，得到汉文帝采纳，并且推行全国。史书记载："于是文帝从错之言，令民入粟边，六百石爵上造，稍增至四千石为五大夫，万二千石为大庶长，各以多少级数为差。错复奏言：'陛下幸使天下入粟塞下以拜爵，甚大惠也。窃恐塞卒之食不足用大渫天下粟。边食足以支五岁，可令入粟郡县矣；足支一岁以上，可时赦，勿收农民租。如此，德泽加于万民，民俞勤农。时有军役，若遭水旱，民不困乏，天下安宁；岁孰且美，则民大富乐矣。'上复从其言，乃下诏赐民十二年租税之半。明年，遂除民田之租税。"①不仅如此，汉景帝时继续推行入粟拜爵，"后十三岁，孝景二年，令民半出田租，三十而税一也。其后，上郡以西旱，复修卖爵令，而裁其贾以招民；及徒复作，得输粟于县官以除罪。始造苑马以广用，宫室列馆车马益增修矣。然娄敕有司以农为务，民遂乐业"②。正是因为推行了贾谊、晁错的主张，汉王朝的经济得到了极大的恢复和发展。《食货志》又云："至武帝之初七十年间，国家亡事，非遇水旱，则民人给家足，都鄙廪庾尽满，而府库余财。京师之钱累百巨万，贯朽而不可校。太仓之粟陈陈相因，充溢露积于外，腐败不可食。众庶街巷有马，仟伯之间成群，乘牸牝者摈而不得会聚。守闾阎者食粱肉；为吏者长子孙；居官者以为姓号。人人自爱而重犯法，先行谊而黜愧辱焉。于是罔疏而民富，役财骄溢，或至并兼豪党之徒以武断于乡曲。宗室有土，公卿大夫以下争于奢侈，室庐车服僭上亡限。物盛而衰，固其变也。"③根据史书记载，晁错为文帝解决匈奴问题提出的建议，从军事策略到经济保障，从戍防、徙边到富民强兵都包括其中，是一整套循序渐进的方案。在文景时期实现的财富积累和戍防基础建设，为武帝时期进击匈奴提供了重要的基础。

景帝年间，吴楚七国之乱时，赵王曾与匈奴交通，"汉围破赵，匈奴亦止"④。《汉书·匈奴传》记载："自是后，景帝复与匈奴和亲，通关市，给遗单于，遣翁主如故约。终景帝世，时时小入盗边，无大寇。"⑤景帝时期，尽管匈奴仍试图与诸侯王联合，并常常寇边侵扰，但是汉王

---

① 《汉书》卷24《食货志上》，中华书局点校本，1996，第1134～1135页。
② 《汉书》卷24《食货志上》，中华书局点校本，1996，第1135页。
③ 《汉书》卷24《食货志上》，中华书局点校本，1996，第1135～1136页。
④ 《史记》卷110《匈奴列传》，中华书局点校本（修订本），2014，第3510页。
⑤ 《汉书》卷94《匈奴传上》，中华书局点校本，1996，第3764～3765页。

朝并未给匈奴任何机会，并且通过经济往来、丰厚的赏赐以及派遣翁主，维系汉与匈奴的和亲关系。另据《汉书·景帝纪》，景帝中元年（前149年）匈奴曾入燕地，此后匈奴袭扰的区域则主要是雁门及其以西地区。这与汉文帝时期受侵扰地区以"云中、辽东最甚"的局面相比较，从一个侧面表明汉景帝时期匈奴对辽东地区的侵扰已渐趋平息，辽东郡的防务形势因此得到极大的缓解。

总而言之，西汉初年，匈奴成为汉王朝在边地的主要对手，双方虽各有胜负，实则都没有消灭对方的必胜把握。尤其是匈奴一方，在很大程度上，其出兵的目的主要是在夺取边地财物、人口的同时，向汉王朝施加压力，以获取更多的利益。汉王朝在这一时期则处于休养生息的阶段，表面上对匈奴予取予求，实则积累实力，为最终解除这一边患而积极准备。在这一大势下，辽东郡的防御任务由一般戍守边地转为专门防御匈奴，成为北方抵御匈奴的防线的重要组成部分。

第三节　边民与辽东郡的防务

一　辽东郡边民的构成

西汉初年，辽东郡的边民以燕人为主，这也是秦楚之际燕国可以复立的重要基础。辽东郡的设置可以上溯至燕将秦开"袭破东胡，却千余里"，"筑长城，自造阳至襄平，置上谷、渔阳、右北平、辽西、辽东郡以距胡"。[1] 燕人于是徙入辽东郡，与当地的部族居民共同生活。

《汉书·地理志》中记述了燕地及民风、物产。其文如下：

> 燕地，尾、箕分野也。武王定殷，封召公于燕，其后三十六世与六国俱称王。东有渔阳、右北平、辽西、辽东，西有上谷、代郡、雁门，南得涿郡之易、容城、范阳、北新城、故安、涿县、良乡、新昌，及勃海之安次，皆燕分也。乐浪、玄菟，亦宜属焉。
>
> 燕称王十世，秦欲灭六国，燕王太子丹遣勇士荆轲西刺秦王，不成而诛，秦遂举兵灭燕。

---

[1] 《汉书》卷94《匈奴传上》，中华书局点校本，1996，第3748页。

蓟，南通齐、赵，勃、碣之间一都会也。初太子丹宾养勇士，不爱后宫美女，民化以为俗，至今犹然。宾客相过，以妇侍宿，嫁取之夕，男女无别，反以为荣。后稍颇止，然终未改。其俗愚悍少虑，轻薄无威，亦有所长，敢于急人，燕丹遗风也。

上谷至辽东，地广民希，数被胡寇，俗与赵、代相类，有渔盐枣栗之饶。北隙乌丸、夫余，东贾真番之利。

玄菟、乐浪，武帝时置，皆朝鲜、濊貉、句骊蛮夷。殷道衰，箕子去之朝鲜，教其民以礼义，田蚕织作。乐浪朝鲜民犯禁八条：相杀以当时偿杀；相伤以谷偿；相盗者男没入为其家奴，女子为婢，欲自赎者，人五十万。虽免为民，俗犹羞之，嫁取无所雠，是以其民终不相盗，无门户之闭，妇人贞信不淫辟。其田民饮食以笾豆，都邑颇放效吏及内郡贾人，往往以杯器食。郡初取吏于辽东，吏见民无闭藏，及贾人往者，夜则为盗，俗稍益薄。今于犯禁浸多，至六十余条。可贵哉，仁贤之化也！然东夷天性柔顺，异于三方之外，故孔子悼道不行，设浮于海，欲居九夷，有以也夫！乐浪海中有倭人，分为百余国，以岁时来献见云。①

根据上文，辽东郡地处燕国东部，地广人稀，民俗与赵、代相类似。《汉书·地理志》载："钟、代、石、北，迫近胡寇，民俗懁急，好气为奸，不事农商，自全晋时，已患其剽悍，而武灵王又益厉之。故冀州之部，盗贼常为它州剧。"② 显然，"距胡"的燕民，在风俗上较为彪悍，与燕地蓟及玄菟、乐浪都不相同。蓟地居民有侠义之气，玄菟、乐浪居民受箕子之教，知礼仪，重视耕作。史书中将这一现象归结为"数被胡寇"。结合考古学和文献记载，辽东郡的燕人在民族构成上还是有其特色的。

据东北亚史学者的研究，早在旧石器时代，"辽东半岛至朝鲜半岛北部的大同江流域，不仅在地理位置上居于东北亚的中心，也是东北亚初现文明曙光的地方"，而且"远古时代东北亚的西南部地区已参加到构建中华文明的宏大的族群与文化的融合过程中，是中华文明的源头之一，东北亚是中华民族吉祥物龙的发源地"。③ 其重要的考古依据是分别发现

① 《汉书》卷28《地理志上》，中华书局点校本，1996，第1657~1658页。
② 《汉书》卷28《地理志上》，中华书局点校本，1996，第1656页。
③ 刘德斌主编《东北亚史》，吉林人民出版社，2006，第7、8~9页。

于朝鲜平壤市祥原郡黑隅里、中国辽宁省本溪市庙后山和辽宁省营口市金牛山的旧石器时代遗址，以红山文化积石冢和牛河梁遗址发现的大型祭坛建筑女神庙为代表，反映了东北亚地区在文化发源上的时间先在性。考古学者则论证了殷商起源于东北，"夏家店下层文化主要分布在燕山以北的辽宁西部和内蒙古东南部地区"，[1] "夏家店下层文化的社会形态与同一时期的夏王朝是处于同一发展水平的，即已进入建立成熟国家即方国的历史阶段"。[2] 与夏家店下层文化东西紧邻，同样为青铜文化的高台山文化分布在医巫闾山及其东北延伸线以东的松辽平原南部，是目前能够确认在下辽河平原年代最早的青铜文化。[3] 这一文化与夏家店下层文化关系密切，随着后者在辽西地区的衰落，高台山文化的势力向西延伸到辽西地区。[4] 在太子河上游，以辽东山地为中心分布着马城子文化。[5] 与前两处文化遗址不同，马城子文化的经济活动以家畜饲养、渔猎和采集为主，手工业相对独立。[6] 发掘者认为："马城子文化为古貊族，属九夷，是马城子文化之后当地出现的曲刃青铜短剑文化的始祖。"[7] 此外，辽东山地和鸭绿江右岸还分布着其他早期青铜文化，在辽东半岛还分布着羊头洼遗址、双砣子遗址、大嘴子遗址、于家砣头遗址与墓地。这些文化遗存充分说明在辽东地区存在着多种文化遗存，生活其间的居民在社会生活上有着各自的特点，但相互之间也存在或多或少的联系。到西周至春秋战国之际，夏家店上层文化分布区的东部，以辽河流域为中心，广泛分布着辽宁式曲刃青铜短剑文化，又以医巫闾山两侧的辽西、辽东地区最为密集，又以辽西地区更为密集。[8] 至燕国在辽西、辽东地区设郡之后，这一文化向东部山区和海东退却。[9] 显然，在辽东郡的辖区内生活的燕人，由燕地迁入辽东，与当地部族在文化上的差异明显，但是从文化起源上，都深受红山文化以来多元文化相辅相成的影响。在燕国将辽东

---

① 郭大顺、张星德：《东北文化与幽燕文明》，江苏教育出版社，2005，第 328 页。
② 郭大顺、张星德：《东北文化与幽燕文明》，江苏教育出版社，2005，第 327 页。
③ 郭大顺、张星德：《东北文化与幽燕文明》，江苏教育出版社，2005，第 336 页。
④ 郭大顺、张星德：《东北文化与幽燕文明》，江苏教育出版社，2005，第 342 页。
⑤ 郭大顺、张星德：《东北文化与幽燕文明》，江苏教育出版社，2005，第 343 页。
⑥ 郭大顺、张星德：《东北文化与幽燕文明》，江苏教育出版社，2005，第 346 页。
⑦ 郭大顺、张星德：《东北文化与幽燕文明》，江苏教育出版社，2005，第 349 页。
⑧ 郭大顺、张星德：《东北文化与幽燕文明》，江苏教育出版社，2005，第 483 页。
⑨ 郭大顺、张星德：《东北文化与幽燕文明》，江苏教育出版社，2005，第 501 页。

郡纳入版图的同时，燕地的民族融合达到了新的水平。正如考古学者所指出的："从战国早中期始，燕文化迅速向东北地区扩展，在燕山以北直到辽东地区，典型的燕文化到处可见，一般以为，这是燕国势力所达之处。其实，无论燕山以南靠近燕国中心的地区，还是燕国以北，这时正是多民族文化交融的一个新时期。这一新时期的特点是，一方面燕国的统治从此由据点式和点线式向面的方向扩展，一方面表现为以燕文化为多民族文化融合向更广和更深的程度推进，从而为燕秦时期建立统一多民族国家奠定了深厚的历史文化基础。"① 辽东郡的燕人，不仅受到胡寇的侵扰，同时也融合了当地古族。根据《史记·匈奴列传》，燕将秦开"袭破走东胡"，却地千余里。又据《后汉书·东夷列传》，"句骊一名貊，有别种，依小水为居，因名曰小水貊。出好弓，所谓'貊弓'是也"。注引《魏氏春秋》曰："辽东郡西安平县北，有小水南流入海，句骊别种因名之小水貊。"② 辽东郡属县设在东胡、东夷秽貊故地，其居民中应当也融合了相当数量的东胡和东夷人。

辽东郡的边民，是燕国却东胡地后居住于此的燕人。辽东地广人稀，在燕王退守辽东时，一部分燕国的精兵强将曾据此守卫燕王。但是这些燕人未能阻挡秦国一六国的步伐，随着燕王被虏，辽东郡也由燕地转而成为秦国的郡县。至秦统一六国后，又成为秦王朝的"编户齐民"。秦始皇派蒙恬北击胡时，曾"徙戍"充所受河南地临黄河筑 44 县城，又修缮长城，"起临洮至辽东万余里"。③ 根据考古学研究，燕秦长城有南北两线。其中，南线长城主要为燕人修筑，北线长城则是在燕人修筑的基础上进行修缮而成的。④ 修缮长城是为了戍防，修缮需要征发徭役，戍防边塞需要征发戍卒，长城边塞沿线的边民成分较之郡县更为复杂。其中，国家规定征发的徭戍并不都来自地广人稀的辽东郡，应有一部分征发自山东、河北等临近地区。此外，据《史记·秦始皇本纪》，秦王朝曾征发"诸尝逋亡人、赘婿、贾人略取陆梁地，为桂林、象郡、南海，以适遣戍"，又"徙谪，实之初县"，还曾"适治狱吏不直者，筑长城，及南越

---

① 郭大顺、张星德：《东北文化与幽燕文明》，江苏教育出版社，2005，第 606 页。
② 《后汉书》卷 85《东夷列传》，中华书局点校本，2001，第 2814 页。
③ 《汉书》卷 94《匈奴传上》，中华书局点校本，1996，第 3748 页。
④ 郭大顺、张星德：《东北文化与幽燕文明》，凤凰出版社，2004，第 625 页。

地"。① 谪戍长城的既有征发的逃亡者、赘婿、贾人之类的罪人和社会身份特殊的人，也有获罪的官吏。辽东郡边塞是否也有由此征发而来者，不得详考。后史书有载，秦末战乱，戍守长城边塞的吏卒纷纷弃塞奔逃，辽东郡也不例外。而据考古发现："燕秦长城及沿线城址中，较大的城址规模已相当于内地县级城。这些较大城址往往有较厚的文化层，且从燕到秦汉延续。城内出土的遗物中，铁制农具较多，还经常有燕刀币出土。在长城线上，一般应有兵屯，而这些具有较厚文化层堆积的城址，也应考虑有一般民众在长城线内外的长期定居，从出土遗物分析，这些民众，既有燕人，也有当地民族。说明当时沿长城线人口已较为密集，交往频繁，而且除了参与边地防御，更多时间从事农业生产和商品交换，过着定居生活，从而使长城沿线经济文化与内地同步发展。"② 长城沿线在燕秦时期有驻军长期屯戍，参与农耕不足为奇。同时，大量农具、货币的出土，表明当地农业和商业繁荣。在边郡，农业生产既受到中原地区的影响，又对周边民族进行文化传播，促进先进农业生产技术向东北地区纵深地区推广。这种文化的交流具有积极的作用。与此同时，史书称辽东地区"有渔盐枣栗之饶"，"北隙乌丸、夫余，东贾真番之利"。这与东北地区燕刀币的出土相互印证，反映了辽东郡既有丰富的物产，又有与东北部族间的贸易往来。在这一区域，多民族文化交流、贸易往来，也会带动一定的人员流动。

综上所述，经过燕秦时期的民族融合和社会发展，辽东郡的边民构成出现了一系列的变化。具体分析这些变化，可以形成以下两点认识。

其一，从族属上分析，燕秦时期辽东郡的边民经历了大规模的民族迁出、迁入，推动了民族的融合。燕人到来之前，辽东郡是东胡与东夷诸多部族的居地。燕国在辽东设置郡县以来，燕人大规模迁入，燕文化迅速吸收了当地部族的原有文化，实现了燕人对当地部族的民族融合。辽东郡边民的族属，正是由诸多民族融合而形成的"燕人"，并且整合成为华夏民族的重要分支。秦人夺取辽东郡之后，积极推行秦制，推进秦人对燕人的民族融合。这一进程被秦末战乱打断，燕国的复立体现出燕遗民对"燕国人"身份的强烈社会认同，但是楚汉战事的发展又决定了

① 《史记》卷1《秦始皇本纪》，中华书局点校本（修订本），2014，第323页。
② 郭大顺、张星德：《东北文化与幽燕文明》，凤凰出版社，2004，第629页。

燕王割据难以为继，华夏民族重新聚合的大势不可逆转。燕王臧荼在楚汉决战前夕选择了归属汉王刘邦一方，开启了辽东郡边民与中原华夏民族融合成为汉民族的历史进程。

其二，从社会身份上分析，通过相对较少的史料可以大致勾勒出辽东郡的社会发展状况。其中，燕国、秦国最先派驻辽东郡者都是将领及其统领的军队，并且燕秦都非常重视对边塞的修筑与戍守，因而在边郡长期派驻将卒。辽东郡边民或从事生产或从事贸易，燕秦又设置地方官吏加以管理，于是有了吏民之分。较为特殊的，是燕王曾率众逃亡辽东，秦王朝征发罪吏修筑边塞，因而辽东郡的边民中出现较为特殊的贵族和罪人。另据睡虎地秦墓竹简和里耶秦墓竹简，县廷属吏管理相当数量的手工业者和罪人以及官、私奴婢，他们分别从事手工生产和繁重的杂役。辽东郡的郡县属吏同样应当有这样的管理职能，而手工业者和罪人以及官、私奴婢，也成为当时辽东郡边民中的社会底层。因而，辽东郡边民的社会发展与内郡相比，并不十分落后。

秦楚之际，燕、齐、赵民逃亡朝鲜，辽东郡是连接内地与东北塞外的陆路通道，成为人员流动的中转地。西汉初年，重新修葺长城边塞，荒废的城邑重新迎来被征发的徭戍人员，辽东郡的边民中徭戍吏民的数量再度增加。西汉初年，辽东郡的边塞由戍卒负责戍守。与此同时，"汉承秦制"，汉王朝亦有罚戍之制，在《二年律令》中多次出现相关的法律规定。

《盗律》简76："盗出黄金边关徼，吏、卒、徒部主者知而出及弗索，与同罪；弗知，索弗得，戍边二岁。"[1]

《捕律》简140~143："群盗杀伤人、贼杀伤人、强盗，即发县道，县道亟为发吏徒足以追捕之，尉分将，令兼将，亟诣盗贼发及之所，以穷追捕之。毋敢□界而还。吏将徒，追求盗贼，必伍之，盗贼以短兵杀伤其将及伍人，而弗能捕得，皆戍边二岁。卅日中能得其半以上，尽除其罪；得不能半，得者独除；·死事者，置后如律。大痍臂臑股胕，或诛斩，除。与盗贼遇而去北，及力足以追逮捕之 而 官 □□□□□ 逗 留 畏耎弗敢就，夺其将爵一级，免之，毋爵者戍边二岁，而 罚 其 所 将

---

[1] 张家山二四七号汉墓竹简整理小组编著《张家山汉墓竹简〔二四七号墓〕（释文修订本）》，文物出版社，2006，第19页。

吏 徒 以 卒 戍 边 各 一 岁 。兴吏徒追盗贼，以受令而逋，以畏耎论之。"①

《捕律》简144："盗贼发，士吏、求盗部者，及令、丞、尉弗觉知，士吏、求盗皆以卒戍边二岁，令、丞、尉罚金各四两。"②

《杂律》简186："博戏相夺钱财，若为平者，夺爵各一级，戍二岁。"③

《置吏律》简210："有任人以为吏，其所任不廉、不胜任以免，亦免任者。其非吏及宦也，罚金四两，戍边二岁。"④

《户律》简323～324："诸不为户，有田宅，附令人名，及为人名田宅者，皆令以卒戍边二岁，没入田宅县官。为人名田宅，能先告，除其罪，又畀之所名田宅，它如律令。"⑤

其中，《盗律》与《捕律》中处罚戍边两年的对象为追捕盗贼时办事不力的郡国官兵，《置吏律》中的处罚对象为选人不当的官吏，而《杂律》与《户律》中的罚戍的对象为有罪的平民。至汉文帝时期，晁错向文帝上奏《守边劝农疏》和《募民实边疏》，建议："先为室屋，具田器，乃募罪人及免徒复作令居之；不足，募以丁奴婢赎罪及输奴婢欲以拜爵者；不足，乃募民之欲往者。皆赐高爵，复其家。"⑥于是"募民徙塞下"，而"募民"包括罪犯、奴婢和平民。因此，辽东郡的边塞有戍边吏卒、罚戍的罪吏、罪民，也有实边的募民，边民的数量由此有所增多，新增边民的社会身份相对复杂。这一时期，中央王朝还颁布"赐高爵""复其家"等法律，鼓励募民到边地屯戍。文景时期推行晁错提出的"募民实边"政策，虽然辽东郡的边民中募民的具体数量不得而知，但是政策的实施必然会增加一定的人口，辽东郡的人口构成因此发生相应的变化。

《史记·朝鲜列传》记载："会孝惠、高后时天下初定，辽东太守即

①　张家山二四七号汉墓竹简整理小组编著《张家山汉墓竹简〔二四七号墓〕（释文修订本）》，文物出版社，2006，第27～28页。
②　张家山二四七号汉墓竹简整理小组编著《张家山汉墓竹简〔二四七号墓〕（释文修订本）》，文物出版社，2006，第28页。
③　张家山二四七号汉墓竹简整理小组编著《张家山汉墓竹简〔二四七号墓〕（释文修订本）》，文物出版社，2006，第33页。
④　张家山二四七号汉墓竹简整理小组编著《张家山汉墓竹简〔二四七号墓〕（释文修订本）》，文物出版社，2006，第36页。
⑤　张家山二四七号汉墓竹简整理小组编著《张家山汉墓竹简〔二四七号墓〕（释文修订本）》，文物出版社，2006，第53页。
⑥　《汉书》卷49《晁错传》，中华书局点校本，1996年，第2286页。

约满为外臣，保塞外蛮夷，无使盗边；诸蛮夷君长欲入见天子，勿得禁止。以闻，上许之，以故满得兵威财物侵降其旁小邑，真番、临屯皆来服属，方数千里。"① 根据这一记述，西汉初年，同姓燕王所辖辽东郡，设有中央直接管理的地方边吏，辽东太守呈请天子，约朝鲜为藩属国，得到中央王朝批准。辽东郡借此不仅与朝鲜之间建立了联系，而且成为真番、临屯朝贡的陆路通道。值得一提的是，卫氏朝鲜不仅利用汉王朝藩属国的身份侵凌近旁小邑，而且还诱汉亡人。这也从一个侧面反映出辽东郡边民逃亡塞外的现象，而卫氏朝鲜成为其重要的目的地之一。

由是观之，燕王臧荼派兵助汉伐楚以来，辽东郡的在内的燕地已经臣属于汉王朝。在刘邦平定臧荼叛乱，分封卢绾以来，燕王割据的局面已经基本结束，加之西汉王朝对燕地统治的不断加强，"燕地"的概念不再体现燕王割据的政治意味，而成为一个地域称谓，"燕人"也成为一个地域意味鲜明的称谓。这样，辽东郡的"燕人"实际上已经转变成为"汉人"，成为汉王朝治下的"编户齐民"。辽东郡的边民构成继承了燕秦以来"燕人"的民族与社会成分，成为汉民族的重要组成部分。

二 辽东郡边民的管理

秦代以来，法律对边民的控制相当严格，津关皆须有通关文书方可放行。随着西汉王朝在辽东郡行政建制的恢复，对辽东郡边民的管理也随之严格起来。主要表现在以下三个方面。

第一，郡国制度的推行。西汉初年，统治者通过解决王国问题，逐步强化了对东北边地的控制。这一过程主要有以下几个步骤。一是汉高祖刘邦亲征，平定燕王臧荼叛乱，分封亲信卢绾为燕王，此举表露了统治者将燕地收归中央的政治意图。二是燕王卢绾叛逃匈奴，汉将周勃平定"辽西、辽东二十九县"，② 汉高祖刘邦立其子刘建为燕王，③ 实现了将辽东郡纳入汉王室统治的政治目的。三是重视燕王人选。汉初三次分

① 《史记》卷115《朝鲜列传》，中华书局点校本（修订本），2014，第3618页。
② 《史记》卷57《绛侯周勃世家》，中华书局点校本（修订本），2014，2515页。
③ 《汉书》卷38《高武王传》，中华书局点校本，1996，第1991页。

封燕王，刘建为高祖之子、①吕通为吕后亲族、②刘泽有拥立文帝之功，③三任燕王皆为统治者的亲族、亲信，便于中央王朝直接控制。四是文帝任命燕将栾布为燕相，以控制燕地，景帝在"七国之乱"后再度任用栾布。通过任命忠臣良将加强对燕王的监控，同时也强化中央王朝对东北郡县的控制。五是景帝中元五年（前145年）"令诸侯王不得复治国"，④基本解决了东北边地的王国问题，实现了中央王朝对辽东郡的直接统治。

史书记载，辽东郡太守在惠帝、吕后时期与卫满缔结卫氏朝鲜藩属汉王朝的约定，表明辽东郡的行政建制已经恢复。根据出土简牍和文献记载，基本可以厘清辽东郡郡县职官的设置情况。

首先，郡守及其属官。《汉书·百官公卿表》记载："郡守，秦官，掌治其郡，秩二千石。有丞，边郡又有长史，掌兵马，秩皆六百石。景帝中二年更名太守。"⑤《二年律令·秩律》关于郡守官制的记载与之相符，简文称：郡守、尉"秩各二千石"。⑥另据尹湾汉简，"大守吏员廿七人。大守一人，秩□□□□。大守丞一人，秩六百石。卒史九人，属五人，书佐九人，用算佐一人，小府啬夫一人 = 凡廿七人"。⑦尹湾汉简简文中的东海郡职官，其年代为西汉晚期。⑧西汉初年，辽东郡行政建制恢复时，郡守的官秩为二千石，其属官可能尚未达到西汉后期那样完备。值得注意的是，在辽东郡太守的属官中，不仅有郡守丞，而且有边郡专设职掌兵马的长史，官秩与郡守丞相同，为六百石。又《二年律令·秩律》载"二千石□丞六百石"，⑨与文献记载相合，毫无疑问西汉初年辽东郡守丞、长史皆秩六百石。这样，西汉初年至西汉中后期，辽东郡郡守一人，秩二千石，郡守下设丞一人，长史一人，皆秩六百石，还有卒

①《汉书》卷38《高武王传》，中华书局点校本，1996，第1991页。
②《史记》卷17《汉兴以来诸侯王年表》，中华书局点校本（修订本），2014，991页。
③《汉书》卷33《荆燕吴传》，中华书局点校本，1996，第1902~1903页。
④《汉书》卷19《百官公卿表上》，中华书局点校本，1996，第741页。
⑤《汉书》卷19《百官公卿表上》，中华书局点校本，1996，第742页。
⑥张家山二四七号汉墓竹简整理小组编著《张家山汉墓竹简〔二四七号墓〕（释文修订本）》，文物出版社，2006，第69页。
⑦连云港市博物馆、东海县博物馆、中国社会科学院简帛研究中心、中国文物研究所编《尹湾汉墓简牍》，中华书局，1997，第79页。
⑧连云港市博物馆、东海县博物馆、中国社会科学院简帛研究中心、中国文物研究所编《尹湾汉墓简牍》，中华书局，1997，第166页。
⑨张家山二四七号汉墓竹简整理小组编著《张家山汉墓竹简〔二四七号墓〕（释文修订本）》，文物出版社，2006，第70页。

史、属、书佐、用算佐、小府啬夫等吏员。此外,《汉官仪》曰:"督邮、功曹,郡之极位。"① 西汉初年,郡守的属官中可能已经出现分曹,但是督邮、功曹的称谓尚未见于这一时期。边郡长官负责防务,关于郡守的防务职责,史料中也有相关记载。《二年律令·置吏律》简213~215曰:"郡守二千石官、县道官言边变事急者,及吏迁徙、新为官、属尉、佐以上毋乘马者,皆得为驾传。县道官之计,各关属所二千石官。其受恒秩气禀,及求财用年输,郡关其守,中关内史。授爵及除人关于尉。都官自尉、内史以下毋治狱,狱无轻重关于正;郡关其守。"② 根据简文,郡守负责及时上书报告边地的异常情况,县道事务向郡守报备,郡守还掌管常秩、禀食、委输、决狱,而郡尉负责授爵和官吏任用。这些职责不仅涉及边民管理,而且也关系防务事宜。

其次,郡尉及其属官。《汉书·百官公卿表》记载:"郡尉,秦官,掌佐守典武职甲卒,秩比二千石。有丞,秩皆六百石。景帝中二年更名都尉。"③ 另据尹湾汉简,"都尉吏员十二人。都尉一人,秩真二千石。都尉丞一人,秩六百石。卒史二人,属三人,书佐四人,用算佐一人。凡十二人"。④ 又《二年律令·秩律》规定:郡尉秩二千石⑤;丞六百石⑥。此外,还有一些官吏可能也为郡尉属官,即《秩律》规定:"郡发弩、司空、轻车,秩各八百石,有丞者三百石";"卒长五百石";郡候"秩各六百石,有丞者二百石"。⑦ 这些属官与中央官吏相对应而置,旨在加强郡一级行政机构的军事力量。但是,随着中央集权的加强和郡一级行政机构的完善,这些职官应并入郡尉及其属官的行政序列中。

再次,县令长及其属官。《百官公卿表》载:"县令、长,皆秦官,

① 孙星衍等辑《汉官六种》,周天游点校,中华书局,2008,第153页。
② 张家山二四七号汉墓竹简整理小组编著《张家山汉墓竹简〔二四七号墓〕(释文修订本)》,文物出版社,2006,第37页。
③ 《汉书》卷19《百官公卿表上》,中华书局点校本,1996,第742页。
④ 连云港市博物馆、东海县博物馆、中国社会科学院简帛研究中心、中国文物研究所编《尹湾汉墓简牍》,中华书局,1997,第79页。
⑤ 张家山二四七号汉墓竹简整理小组编著《张家山汉墓竹简〔二四七号墓〕(释文修订本)》,文物出版社,2006,第69页。
⑥ 张家山二四七号汉墓竹简整理小组编著《张家山汉墓竹简〔二四七号墓〕(释文修订本)》,文物出版社,2006,第70页。
⑦ 张家山二四七号汉墓竹简整理小组编著《张家山汉墓竹简〔二四七号墓〕(释文修订本)》,文物出版社,2006,第71页。

掌治其县。万户以上为令，秩千石至六百石。减万户为长，秩五百石至三百石。皆有丞、尉，秩四百石至二百石，是为长吏。百石以下有斗食、佐史之秩，是为少吏。大率十里一亭，亭有长。十亭一乡，乡有三老、有秩、啬夫、游徼。三老掌教化。啬夫职听讼，收赋税。游徼徼循禁贼盗。县大率方百里，其民稠则减，稀则旷，乡、亭亦如之，皆秦制也。列侯所食县曰国，皇太后、皇后、公主所食曰邑，有蛮夷曰道。凡县、道、国、邑千五百八十七，乡六千六百二十二，亭二万九千六百三十五。"① 在《二年律令·秩律》中，县令长的秩级分为千石、八百石、六百石三种，丞、尉半之，司空、田部、乡部二百石。县道又设五百石，丞、尉三百石，田部、乡部二百石，司空二百五十石，此外，"县有塞、城尉者，秩各减其郡尉百石。道尉秩二百石。□□□□秩□□□□□秩□□□□□秩百廿石"。② 另据尹湾汉简《集簿》，"县邑侯国卅八，县十八，侯国十八，邑二，其廿四有塬，都官二，乡百七十□百六，里二千五百卅四，正二千五百卅二人，亭六百八十八，卒二千九百七十二人，邮卅四百八，如前"，"令七人，长十五人，相十八人，丞卅四人，尉卅三人，有秩卅人，斗食五百一人，佐使亭长千一百八十二人，凡千八百卅人。侯家丞十八人，仆行人门大夫五十四人，先马中庶子二百五十二人，凡三百廿四人"。③ 其中，县令长的吏员主要有丞、尉、官有秩、乡有秩、令史、狱史、官啬夫、乡啬夫、游徼、牢监、尉史、官佐、乡佐、亭长，还在一县中设狱丞一人，盐官、铁官的吏员有丞、令史、官啬夫、佐，仅有下邳铁官吏员设长和亭长各一人。④ 尹湾汉简中关于郡县的属官的记载弥补了史书中的缺略，并且与睡虎地秦墓竹简中的县乡职官相对应，其官秩分别为：秩千石的县令四人，各有秩四百石的丞一人，各有秩四百石的尉二人；秩六百石的县令三人，各有秩三百石的丞一人；四百石的县长九人，各有秩二百石的丞一人；秩三百石的县长四人，各有秩二百石的丞一人。《汉书·地理志》记载："辽东郡，（秦置。属幽

① 《汉书》卷19《百官公卿表》上，中华书局点校本，1996，第742~743页。
② 张家山二四七号汉墓竹简整理小组编著《张家山汉墓竹简〔二四七号墓〕（释文修订本）》，文物出版社，2006，第80页。
③ 连云港市博物馆、东海县博物馆、中国社会科学院简帛研究中心、中国文物研究所编《尹湾汉墓简牍》，中华书局，1997，第77页。
④ 连云港市博物馆、东海县博物馆、中国社会科学院简帛研究中心、中国文物研究所编《尹湾汉墓简牍》，中华书局，1997，第79、80、84页。

州。）户五万五千九百七十二，口二十七万二千五百三十九。县十八：襄平，（有牧师官。莽曰昌平。）新昌，无虑，（西部都尉治。）望平，（大辽水出塞外，南至安市入海，行千二百五十里。莽曰长说。）房，候城，（中部都尉治。）辽队，（莽曰顺睦。）辽阳，（大梁水西南至辽阳入辽。莽曰辽阴。）险渎，居就，（室伪山，室伪水所出，北至襄平入梁也。）高显，安市，武次，（东部都尉治。莽曰桓次。）平郭，（有铁官、盐官。）西安平，（莽曰北安平。）文，（莽曰文亭。）番汗，（沛水出塞外，西南入海。）沓氏。"① 由此推断，辽东郡辖县 18，某些县中有盐官、铁官、牧师官之设。其中，县令长总计 18 人，县令长之下，设丞、尉、官有秩、乡有秩、令史、狱史、官啬夫、乡啬夫、游徼、牢监、尉史、官佐、乡佐、亭长，还应设狱丞一人，盐铁官长属官略减，设盐铁官长一人、亭长一人，其余盐铁官还设有丞、令史、官啬夫、佐。

辽东郡边民由郡守、郡尉统领，县令长管理，军事由郡守长史协助郡守与都尉共同负责，政事由郡丞协助郡守统领，县令长及其属官分管。辽东郡下又分设西部都尉、中部都尉、东部都尉，外有长城障塞，内有城邑，军政事务以防务为要。在边民管理上，徭戍军事管理为常规模式。此外，汉初郡县中还有材官骑士奔命，"以赴急难"。《二年律令·具律》简 399 规定："当奔命而遁不行，完为城旦。"② 这是西汉初年法律对征用郡县精锐部队的规定。这一军事条款，对于郡国军队管理而言是非常必要的。在《汉书》中，常常有关于西汉初年征发郡国军队应对军事危机的记载，辽东郡的郡县材官也在征发之列。相关的管理应该还有更多的内容是未见于史料中的，有待详考。

第二，边塞的修葺与驻防制度的推行。《史记·朝鲜列传》记载，西汉初建，因箕子朝鲜地远"难守"，"复修辽东故塞，至浿水为界，属燕"，至"燕王卢绾反，入匈奴，满亡命，聚党千余人，魋结蛮夷服而东走出塞，渡浿水，居秦故空地上下鄣，稍役属真番、朝鲜蛮夷及故燕、齐亡命者王之，都王险"。③ 秦末以来燕、齐、赵人数以万计逃亡出塞，表明当时辽东边塞守备荒疏、长期废弃。臧荼政权自汉王元年（前 206

---

① 《汉书》卷 28《地理志下》，中华书局点校本，1996，第 1625～1626 页。
② 张家山二四七号汉墓竹简整理小组编著《张家山汉墓竹简〔二四七号墓〕（释文修订本）》，文物出版社，2006，第 63 页。
③ 《史记》卷 115《朝鲜列传》，中华书局点校本（修订本），2014，第 3617～3618 页。

年）杀韩广"并其地"至归属汉王，其统治中心在蓟，此后仅一年左右的时间就因谋反被杀，显然不具备修缮辽东边塞的条件。卢绾受封燕王，深受汉高祖器重，自汉高祖五年（前 202 年）至十一年（前 196 年）统治燕地长达七年，这一时期辽东故塞得到了较大规模的修葺，基本恢复了辽东边塞的戍防功能。

汉高祖十一年（前 196 年），燕王卢绾叛逃匈奴，这一事件对辽东郡的防务造成了非常不利的影响。一方面，燕人卫满聚众千余人借机逃亡箕子朝鲜，并整合逃亡至辽东塞外的燕人、齐人、赵人，建立卫氏朝鲜。至汉惠帝、高后时期，中央王朝的统治渐趋稳定，"辽东太守即约满为外臣，保塞外蛮夷，无使盗边；诸蛮夷君长欲入见天子，勿得禁止"，[①] 这一盟约在得到统治者批准后形成制度。另一方面，西汉初年匈奴兴起，燕王卢绾率众叛逃又为匈奴势力危及辽东郡埋下隐患。据《汉书·匈奴传》记载，燕王卢绾"率其党且万人降匈奴，往来苦上谷以东，终高祖世"；[②] 汉惠帝、高后至孝文帝初年皆以和亲维系和平，但文帝十四年（前 166 年）双方大战，"单于留塞内月余，汉逐出塞即还，不能有所杀"，[③] 于是"匈奴日以骄，岁入边，杀略人民甚众，云中、辽东最甚，郡万余人"，[④] "汉甚患之，乃使使遗匈奴书，单于亦使当户报谢，复言和亲事"；[⑤] 此后双方在边塞仍有几场未分胜负的战事，到景帝开设关市之后，匈奴才"时时小入寇边，无大寇"。[⑥]

第三，法律制度的颁行。张家山汉简《二年律令·秩律》规定：郡守、尉"秩各二千石"，[⑦] "二千石□丞六百石"；[⑧] 由郡守、郡尉的属官构成军事管理机构，包括秩八百石的"郡发弩、司空、轻车"、秩六百石

① 《史记》卷 115《朝鲜列传》，中华书局点校本（修订本），2014，第 3618 页。
② 《汉书》卷 94《匈奴传上》，中华书局点校本，1996，第 3754 页。
③ 《汉书》卷 94《匈奴传上》，中华书局点校本，1996，第 3762 页。
④ 《汉书》卷 94《匈奴传上》，中华书局点校本，1996，第 3762 页。
⑤ 《汉书》卷 94《匈奴传上》，中华书局点校本，1996，第 3762 页。
⑥ 《汉书》卷 94《匈奴传上》，中华书局点校本，1996，第 3764～3765 页。
⑦ 张家山二四七号汉墓竹简整理小组编著《张家山汉墓竹简〔二四七号墓〕（释文修订本）》，文物出版社，2006，第 69 页。
⑧ 张家山二四七号汉墓竹简整理小组编著《张家山汉墓竹简〔二四七号墓〕（释文修订本）》，文物出版社，2006，第 70 页。

的郡候、秩五百石的卒长①、秩级不详的郡司马;② 县道属官有丞、尉的分职，又有田部、乡部、司空分曹行政，并且分设校长、髳长、发弩③作为维持地方治安的职官;此外，"县有塞、城尉者，秩各减其郡尉百石。道尉秩二百石。□□□□秩□□□□□秩□□□□□秩百廿石",④ 表明在有津关城塞的县中设有塞尉或城尉，秩级略低于郡尉。根据简文，西汉初年为了控制郡县吏民、稳定社会秩序，非常重视逐级设置军事机构，塞尉、城尉的秩级之高就足以表明统治者对人员流动的控制和对要塞戍防的重视。因此，作为防务重镇的辽东郡，在西汉初年推行汉制，在《二年律令》的规范下，东北边郡的防务管理已然相当严格。《二年律令》中对边地防务管理的相关规定主要有如下几个方面。

其一，《置吏律》简 213～215 规定:"郡守二千石官、县道官言边变事急者，及吏迁徙、新为官、属尉、佐以上毋乘马者，皆得为驾传。县道官之计，各关属所二千石官。其受恒秩气禀，及求财用年输，郡关其守，中关内史。授爵及除人关于尉。都官自尉、内史以下毋治狱，狱无轻重关于正;郡关其守。"⑤ 简文中除规定郡县机构对吏民日常管理的分工，还特别规定郡县长官及时向中央王朝上报边地的异常军情。对于辽东郡而言，这条法规中的行政分工有利于控制边民、维护边地的社会秩序，尤其是关于异常军情的上报规定，关系到中央王朝能否及时准确地获悉边地的突发军情、边民叛乱，从而决策应对。

其二，《二年律令·兴律》简 398 规定:"当戍，已受令而逋不行盈七日，若戍盗去署及亡盈一日到七日，赎耐;过七日，耐为隶臣;过三月，完为城旦。"⑥ 该段简文是针对违反戍边规定的相关处罚。

① 张家山二四七号汉墓竹简整理小组编著《张家山汉墓竹简〔二四七号墓〕（释文修订本)》，文物出版社，2006，第71页。
② 张家山二四七号汉墓竹简整理小组编著《张家山汉墓竹简〔二四七号墓〕（释文修订本)》，文物出版社2006，第79页。
③ 张家山二四七号汉墓竹简整理小组编著《张家山汉墓竹简〔二四七号墓〕（释文修订本)》，文物出版社2006，第80页。
④ 张家山二四七号汉墓竹简整理小组编著《张家山汉墓竹简〔二四七号墓〕（释文修订本)》，文物出版社2006，第80页。
⑤ 张家山二四七号汉墓竹简整理小组编著《张家山汉墓竹简〔二四七号墓〕（释文修订本)》，文物出版社，2006，第37页。
⑥ 张家山二四七号汉墓竹简整理小组编著《张家山汉墓竹简〔二四七号墓〕（释文修订本)》，文物出版社，2006，第62页。

根据《二年律令》的规定，戍边又分为正常征发与依法论处"戍边二岁"两种情况。"戍边二岁"见于《二年律令·盗律》简76、《捕律》简144、《杂律》简186、《置吏律》简210、《户律》简323~324。与秦始皇三十三年（前214年）征发的"诸逋亡人、赘婿、贾人"，三十四年（前213年）征发的"适治狱吏不直者"有明显不同，上引诸简文中应为一般"谪戍"法规。对于辽东郡的官吏而言，都要依法征发戍卒。

其三，《二年律令·兴律》简399规定："当奔命而逋不行，完为城旦。"注释曰："奔命，《汉书·昭帝纪》'及发犍为郡奔命'注引应劭曰：'旧时郡国皆有材官骑士，以赴急难，今夷反，常兵不足以讨之，故权选取精勇，闻命奔走，故谓之奔命。'"① 根据简文与注释，汉初郡国设有材官骑士，突发危机时调遣其中的精锐进行奔袭作战。法律针对拒不履行命令者执行"完为城旦"的刑罚。在《汉书》中，多有西汉初年征发郡国军队应对边地军事危机的记载。至汉武帝时，曾征发辽东兵作为从陆路征伐卫氏朝鲜的先锋。② 因此，辽东郡也应设有材官骑士，皆自郡县边民中征发，经过日常训练成为地方军队。

其四，《二年律令·贼律》简3规定："☒来诱及为间者，磔。亡之☒。"③ 根据简文，针对从诸侯来的诱亡者与为诸侯做奸细者，处以磔刑。《奏谳书》中对"禁从诸侯来诱者"的司法解读为："令它国毋得娶它国人也"。④ 根据简文，在郡国并行体制下，中央王朝禁止王国招揽郡县逃亡人口，禁止吏民做诸侯王的间谍去从事危害中央王朝统治的活动。对于东北边地的防务而言，这一规定有助于预防边民与燕国之外的他国属民勾结，防止他们从事危害边地社会安定的不法活动。

其五，《贼律》简19规定："军吏缘边县道，得和为毒，毒矢谨藏。

---

① 张家山二四七号汉墓竹简整理小组编著《张家山汉墓竹简〔二四七号墓〕（释文修订本）》，文物出版社，2006，第63页。

② 《史记》卷115《朝鲜列传》，中华书局点校本（修订本），2014，第3619~2623页。

③ 张家山二四七号汉墓竹简整理小组编著《张家山汉墓竹简〔二四七号墓〕（释文修订本）》，文物出版社，2006，第8页。

④ 张家山二四七号汉墓竹简整理小组编著《张家山汉墓竹简〔二四七号墓〕（释文修订本）》，文物出版社，2006，第93页。

节追外蛮夷盗，以假之，事已辄收藏。匿及弗归，盈五日，以律论。"①
简文规定在边地的县道机构中，军吏制作的毒药、毒箭，需要谨慎收藏。
其中，如遇追捕塞外盗贼，可以使用毒药、毒箭，并于军事行动结束后
及时收藏保存。军吏藏匿和未按时交回，超过五日，依法论罪。这条法
律规定边郡官兵须严格保管和使用毒药、毒箭。

其六，《盗律》简61规定："徼外人来入为盗者，腰斩。吏所兴能捕
若斩一人，拜爵一级。不欲拜爵及非吏所兴，购如律。"② 简74～75曰：
"盗出财物于边关徼，及吏部主知而出者，皆与盗同法；弗知，罚金四
两。使者所以出，必有符致，毋符致，吏知而出之，亦与盗同法。"③ 简
76规定："盗出黄金边关徼，吏、卒、徒部主者知而出及弗索，与同罪；
弗知，索弗得，戍边二岁。"④ 根据律文，汉初奖励打击入塞为寇者的边
地吏民，对于未能及时发觉、发觉而未能及时追讨财物以致财物被盗出
边塞的主管官吏，都予以严惩。

其七，《均输律》简225规定："船车有输，传送出津关，而有传啬
夫、吏，啬夫、吏与敦长、方长各□□而□□□□发□出□置皆如关
□。"⑤《徭律》简411～415规定："发传送，县官车牛不足，令大夫以
下有赀者，以赀共出车牛及益，令其毋赀者与共出牛食、约、载具。吏
及宦皇帝者不与给传送。事委输，传送重车重负日行五十里，空车七十
里，徒行八十里。免老、小未傅者、女子及诸有除者，县道勿敢徭使。
即载粟，乃发公大夫以下子、未傅年十五以上者。补缮邑□，除道桥，
穿陂池，治沟渠，堑奴苑；自公大夫以下，勿以为徭。市垣道桥，命市
人不敬者为之。县弩春秋射各旬五日，以当徭。戍有余及少者，隤后年。
兴□□□□为□□□□及发徭戍不以次，若擅兴车牛，及徭不当徭使

① 张家山二四七号汉墓竹简整理小组编著《张家山汉墓竹简（二四七号墓）：释文修订
本》，文物出版社，2006，第11页。
② 张家山二四七号汉墓竹简整理小组编著《张家山汉墓竹简〔二四七号墓〕（释文修订
本)》，文物出版社，2006，第17页。
③ 张家山二四七号汉墓竹简整理小组编著《张家山汉墓竹简〔二四七号墓〕（释文修订
本)》，文物出版社，2006，第19页。
④ 张家山二四七号汉墓竹简整理小组编著《张家山汉墓竹简〔二四七号墓〕（释文修订
本)》，文物出版社，2006，第19页。
⑤ 张家山二四七号汉墓竹简整理小组编著《张家山汉墓竹简〔二四七号墓〕（释文修订
本)》，文物出版社，2006，第39页。

者，罚金各四两。"① 转输是边地军政的重要保障，《均输律》和《徭律》中对于转输用牛马和车船通过津关的问题加以严格规范，对于边地的转运管理非常必要。

其八，《金布律》简418～420规定："诸内作县官及徒隶，大男，冬稟布袍表里七丈、络絮四斤，袴衣二丈、絮二斤；大女及使小男，冬袍五丈六尺、絮三斤，袴衣丈八尺、絮二斤；未使小男及使小女，冬袍二丈八尺、絮一斤半斤；未使小女，冬袍二丈、絮一斤。夏皆稟襌，各半其丈数而勿稟袴。夏以四月尽六月，冬以九月尽十一月稟之。布皆八稯、七稯。以裘皮袴当袍袴，可。"② 简文中规范了官府发给官奴婢、刑徒的衣物用品数量，从而维持他们在官府劳作的生活。

汉律亡佚，西汉初年的法律大多不得而知。仅从上述张家山汉简中，已经对边民防务管理进行诸多规范，包括郡县长官奏报边塞军情、吏民戍边与罚戍、郡国兵的征调、控制边民与其他诸侯国属民的交通、边郡官兵使用和保管毒箭、边吏追捕塞外盗贼、郡县转输管理、郡县对奴婢和徒隶的衣食管理。这些与边民管理相关的法律已经相当完备，足见当时统治者对边民管理的重视。这对于控制边民与戍守边地而言，无疑都是非常重要的。辽东郡的边吏在进行防务管理中同样依照上述汉律，用以应对来自边地吏民、匈奴和卫氏朝鲜的内外防务问题。

综上所述，对辽东郡边民的管理，主要由郡县行政机构负责在法律的框架下各司其职，在实现对编户齐民进行控制的基础上，强化边郡的防御力量。

三　边民对辽东郡防务的影响

边民管理是辽东郡防务中的重要事项，决定着辽东郡的社会稳定，也关系着中央王朝、边郡的军队战斗力和戍防的效果。综观西汉初年辽东郡边民的管理状况，对于地区的防务形势的发展产生了一定的影响。主要表现在以下几个方面。

首先，辽东郡的边民在燕国复立的问题上立场是明确的，正是在其

---

① 张家山二四七号汉墓竹简整理小组编著《张家山汉墓竹简〔二四七号墓〕（释文修订本）》，文物出版社，2006，第64～65页。
② 张家山二四七号汉墓竹简整理小组编著《张家山汉墓竹简〔二四七号墓〕（释文修订本）》，文物出版社，2006，第65页。

支持下，秦楚之际辽东郡的社会秩序在一定程度上得以保持稳定。同样，辽东郡地处边地，边民多次受到塞外民族的侵扰，在抵御胡族上的立场也是较为坚定的，这对于辽东郡的防务而言也是非常重要的。

其次，随着辽东郡行政机构的恢复，边地的统治秩序进一步趋向稳定，边民管理更加规范，徭戍的征发以及对边地郡县军队、长城防线吏卒的管理都重新进入正常的运作模式，这些都有利于重建辽东郡防务机制，从而增强防御实力。

再次，在边地推行汉律，对于有碍防务的吏民反叛、吏民逃亡等现象加以严惩，同时规范边郡官吏的行政责任，严惩官吏的违法行为，也对辽东郡防务的恢复起到保障作用。

最后，辽东郡守与卫氏朝鲜盟约，加强塞外部族与中央王朝的联系，对于稳定边民生产生活秩序，恢复边塞贸易往来都有重要的作用。这些举措，也对辽东郡的防务产生一定的积极影响。

第四节 东北地方势力对辽东郡防务的影响

西汉初年，卫氏朝鲜在辽东郡塞外建立，东北部族与西汉王朝建立联系，这些东北地方势力对辽东郡的防务产生一定的影响。

一 卫氏朝鲜

《史记·朝鲜列传》记述了卫氏朝鲜建立的经过。《魏略》中亦有追述卫氏朝鲜建立过程的记载，其文曰：

> 昔箕子之后朝鲜侯，见周衰，燕自尊为王，欲东略地，朝鲜侯亦自称为王，欲兴兵逆击燕以尊周室。其大夫礼谏之，乃止。使礼西说燕，燕止之，不攻。后子孙稍骄虐，燕乃遣将秦开攻其西方，取地二千余里，至满番汗为界，朝鲜遂弱。及秦并天下，使蒙恬筑长城，到辽东。时朝鲜王否立，畏秦袭之，略服属秦，不肯朝会。否死，其子准立。二十余年而陈、项起，天下乱，燕、齐、赵民愁苦，稍稍亡往准，准乃置之于西方。及汉以卢绾为燕王，朝鲜与燕界于浿水。及绾反，入匈奴，燕人卫满亡命，为胡服，东渡浿水，诣准降，说准求居西界，收中国亡命为朝鲜藩屏。准信宠之，拜为博

士，赐以圭，封之百里，令守西边。满诱亡党，众稍多，乃诈遣人告准，言汉兵十道至，求入宿卫，遂还攻准。准与满战，不敌也。①

根据引文，箕子朝鲜建立在西周时期，是与燕国并立的诸侯国。《魏略》中提出秦开攻击朝鲜，取地二千余里，而《史记·匈奴列传》中记载燕将秦开击败东胡却地千里，二者颇有相似之处，又有所区别。《匈奴列传》中曾言"燕北有东胡、山戎"，燕将秦开率兵出击东胡，将燕国疆域向北推进千里。同一时期，秦开又进击与燕国毗邻的箕子朝鲜，又将疆域向东推进二千余里。燕国修筑长城，东胡和卫氏朝鲜都在塞外，于其内设置上谷、渔阳、右北平、辽西、辽东各郡。根据考古发现，在燕秦两道长城防线之外，又有多个存在燕人文化遗迹的城邑，因此学术界已形成共识，即长城并非燕文化边界，只是燕国防御东胡、朝鲜的军事防线。这样看来，史书中关于"千里""二千里"的记载，应是燕将秦开以武力拓展边疆的成果，而燕人活动的区域，甚至修建城邑的活动都向更北、更东拓展。随后，秦王朝对匈奴头曼单于的进攻以及对长城防线的修葺，对于进一步控制辽东地区的局势有着非常重要的作用。箕子朝鲜因此畏惧秦王朝，向其臣属，但是不肯以臣属国的礼节按时入秦朝会。辽东郡防务形势一时难以缓和。尤其是秦始皇、秦二世巡行东北边地，宣示秦王朝的威仪，箕子朝鲜又不朝会，这一僵局一直维持到秦末战乱。

秦楚之际，戍边的吏卒基本上都弃塞返乡，部分齐、赵、燕民逃亡至朝鲜，朝鲜王准将其安置在西边。西汉初年，卢绾分封至燕地为王，汉王朝无意向朝鲜扩展，于是重新修葺燕秦长城，汉与朝鲜以浿水为界，朝鲜臣属于汉王朝。这一时期，汉王朝不仅在辽东郡修筑边塞，而且重新划定与朝鲜的边界，在恢复防务建制的同时，维持了与朝鲜之间相对稳定的局势。卢绾叛汉亡入匈奴，成为汉王朝与朝鲜关系变化的转折点。卢绾逃亡匈奴时，燕人卫满集结千余人，变换胡服，从辽东经陆路向东越过边塞，渡过汉与朝鲜的界河浿水，取得箕子朝鲜王准的信任，被安置在朝鲜西境，臣属朝鲜。朝鲜王对卫满可以说信任有加，拜其为博士、赐圭，封地百里，令其率民守卫西边。在取得更多民众支持之后，卫满派人向朝鲜王准假传消息，称汉兵大举入侵，要求宿卫，并趁机进攻准。

---

① 《三国志》卷30《东夷传》注引《魏略》，中华书局点校本，2000，第850页。

准战败，退走入海。卫满夺取朝鲜，建立卫氏朝鲜。

至惠帝、高后时期，辽东郡守上奏汉王朝，约定朝鲜为藩属，一方面在辽东郡塞外保卫汉郡，一方面联络东北民族臣属汉王朝。中央王朝批准了辽东郡守的上奏，辽东郡的军政机构也因此成为负责处理塞外东北民族事务的重要机构。但是，辽东郡的防务形势并未因卫氏朝鲜以及真番、临屯的内属而得到改善。卫氏朝鲜与箕子朝鲜在对汉王朝的策略上存在一定的区别。箕子朝鲜由殷移民建立，是与燕国并立的西周封国，秦统一后臣属中央王朝，但是并未朝天子，西汉初年重新与中央王朝约定边界，向汉王朝臣属。在对待自燕、赵、齐地逃亡来的流民问题上，箕子朝鲜将流民安置在西部。当燕人卫满率众越过辽东郡边塞，渡过沮水，进入秦旧时修筑的上下障后，朝鲜王准积极地任用卫满，派其率众戍守西部边地。卫满所建立的朝鲜国，是燕人逃亡塞外建立的地方政权，其臣属汉王朝的同时，也在一定程度上接受辽东郡长官的监督，更为重要的是由卫氏朝鲜负责拉拢东北地区其他民族。燕秦时，在辽东郡边地与箕子朝鲜之间构筑的边防障塞，其防务对象主要是被击败的朝鲜王。卫氏朝鲜臣属后，这一防线主要承担戍防东北、保境安民的责任。但是辽东郡既要牵制卫氏朝鲜的势力，又要成为臣属汉王朝的真番、临屯等地的内属民族在汉王朝境内的有力后援。因此，辽东郡的防务职责发生了重要的变化，由戍守边地，进一步负责东北内属部族的相关事务。

二 东北其他部族

西汉初年，东北地区除了朝鲜，还有诸多国家、部族与西汉王朝建立臣属关系。早在楚汉战争期间，"北貉"就曾与燕人一道，派遣精锐骑兵助汉伐楚。《汉书·高帝纪》记载，汉王四年（前203年）八月，楚汉对峙鸿沟之际，"北貉、燕人来致枭骑助汉。"应劭注曰："北貉，国也。枭，健也。"师古又注曰："貉在东北方，三韩之属皆貉类也，音莫客反。"① 关于"貉"，《史记·燕召公世家》曰："召公奭可谓仁矣！甘棠且思之，况其人乎？燕北迫蛮貉，内措齐、晋，崎岖强国之间，最为弱小，几灭者数矣。然社稷血食者八九百岁，于姬姓独后亡，岂非召公之

---

① 《汉书》卷1《高帝纪上》，中华书局点校本，1996，第46页。

烈耶!"① 根据"燕北迫蛮貉"可知,燕国历史上曾深受北貉侵扰。这一支劲旅与燕人一道出兵助汉,表明其对汉王的臣属,并在楚汉战争中为汉所用,也在一定程度上增强了汉王一方的军事实力。秦汉之际,东胡、匈奴先后在北方盛极一时,"北貉"曾出兵与燕人一同助汉伐楚,其地理位置当在燕地北部,但是其势力更靠近东北,因而可以将其归入东北部族的行列。但是,师古将其归为"三韩之属"则不确切。三韩的活动区域在朝鲜半岛,越海或者自辽东地区经陆路进入中原,只能是理论上可行,但实际上缺乏可操作性;骑兵更是北方民族的主力兵种,跨海作战的可能性更小。此外,在《史记·匈奴列传》中,司马迁记载:"后百有余年,赵襄子逾句注而破并代以临胡貉。"② 此处"胡""貉"并称,表明春秋战国之际北貉为胡族一支,是赵、燕北边的劲敌。同传又记载了冒顿单于收复河南地后匈奴的行政建制,文曰:"置左右贤王,左右谷蠡王,左右大将,左右大都尉,左右大当户,左右骨都侯。匈奴谓贤曰'屠耆',故常以太子为左屠耆王。自如左右贤王以下至当户,大者万骑,小者数千,凡二十四长,立号曰'万骑'。诸大臣皆世官。呼衍氏,兰氏,其后有须卜氏,此三姓其贵种也。诸左方王将居东方,直上谷以往者,东接秽貉、朝鲜;右方王将居西方,直上郡以西,接月氏、氐、羌;而单于之庭直代、云中:各有分地,逐水草移徙。而左右贤王、左右谷蠡王最为大国,左右骨都侯辅政。诸二十四长亦各置千长、百长、什长、裨小王、相封、都尉、当户、且渠之属"。③ 根据这一记载,西汉初年匈奴势力东与秽貉、朝鲜相接,此时秽、貉部族应该已经融合为一个大的民族共同体,位于辽东郡东部边地。由于"北貉"曾助汉伐楚,因而秽貉部族虽然与匈奴相接,但是应该同汉王朝之间保持臣属的关系。这对于抵御匈奴的东北重镇辽东郡而言,应该也具有一定的屏护作用。由于朝鲜、真番、临屯等国都臣属汉王朝,秽貉部族与朝鲜作为一个整体,在抵御匈奴的问题上,应该能够协同辽东郡,戍卫西汉东北边地。

据《史记·朝鲜列传》,真番、临屯作为东北小国,在惠帝、高后时期已经臣属西汉王朝。关于"真番、临屯",《史记索引》注曰:"东夷

---

① 《史记》卷34《燕召公世家》,中华书局点校本（修订本）,2014,第1889页。
② 《史记》卷110《匈奴列传》,中华书局点校本（修订本）,2014,第3490页。
③ 《史记》卷110《匈奴列传》,中华书局点校本（修订本）,2014,3495～3496页。

小国，后以为郡。"《史记正义》又注引《括地志》云："朝鲜、高骊、貊、东沃沮五国之地，国东西千三百里，南北二千里，在京师东，东至大海四百里，北至营州界九百二十里，南至新罗国六百里，北至靺鞨国千四百里。"[①] 汉王朝初设典客"掌诸归义蛮夷"，景帝时更名为大行令。[②] 西汉初年，辽东郡守约定卫氏朝鲜为藩属，同时承担对后者的监督、约束之责。卫氏朝鲜以汉王朝为后盾，侵占周边小邑，役使这些尚未建立地方政权的东北部族，成为西汉王朝在东北塞外的代理人。东北地区除了真番、临屯等小国向中央王朝称臣之外，诸多被朝鲜役使的东北部族也向西汉王朝称臣，东北地区的防务形势因而出现变化，而辽东郡成为牵制卫氏朝鲜的边郡，其防务地位得到提升。

综上所述，西汉初年是辽东郡防务建制逐步恢复的时期，防务形势基本稳定，但是也存在诸多隐患。一方面，匈奴势力向东发展，已经达到辽东郡北部；另一方面，卫氏朝鲜建立，辽东郡成为东北地区牵制各方势力的战略要地，防务地位愈发重要。

---

① 《史记》卷115《朝鲜列传》，中华书局点校本（修订本），2014，第3618页。
② 《汉书》卷19《百官公卿表上》，中华书局点校本，1996，第730页。

第三章　汉武帝时期辽东郡的防务变化

汉武帝时期，汉王朝分别对匈奴、朝鲜发动大规模的军事行动，辽东郡的防务形势出现重大变化。主父偃向汉武帝上言"推恩令"，"推恩令"的推行基本解决了诸侯王尾大不掉的问题。主父偃又揭发燕王的罪行，[①] 燕王定国自杀，国除。[②] 辽东郡由王国统领改为直接隶属于中央。下文从汉武帝征匈奴、朝鲜分别对辽东郡防务产生的影响两个方面，对武帝时期辽东郡的防务变化进行分析。

第一节　辽东郡的北边防务

汉武帝时期，汉王朝经过汉初六十余年的休养生息，已经在政治、军事、经济等方面积蓄力量，具备了进击匈奴的实力。于是在对匈奴的方针上由和亲防御转向出塞进击，取得了重要的军事成果。这一时期，辽东郡的防务问题也随之发生变化。

一　北边防务形势与对策

汉武帝即位之初，继续推行对匈奴和亲的政策，"明和亲约束，厚遇关市，饶给之。匈奴自单于以下皆亲汉，往来长城下"。[③] 元光二年（前133年），汉设马邑之谋，由于雁门尉史为保亭障被虏，泄露汉军计谋，导致匈奴引兵还，"绝和亲，攻当路塞，往往入盗于边，不可胜数"。[④] 元光六年（前129年），"匈奴入上谷，杀略吏民"，[⑤] 汉分兵四路，各将万骑出上谷、代、云中、雁门，仅将军卫青在龙城"得首虏七百人"，一路

---

① 《汉书》卷64《主父偃传》，中华书局点校本，1996，第2804页。
② 《汉书》卷6《武帝纪》，中华书局点校本，1996，第170页。
③ 《汉书》卷94《匈奴传上》，中华书局点校本，1996，第3765页。
④ 《汉书》卷94《匈奴传上》，中华书局点校本，1996，第3765页。
⑤ 《汉书》卷6《武帝纪》，中华书局点校本，1996，第165页。

"无所得"，两路兵败。① 同年秋，"匈奴盗边。遣将军韩安国屯渔阳"，②
《汉书·匈奴传》亦载："其冬，匈奴数千人盗边，渔阳尤甚。汉使将军
韩安国屯渔阳备胡。"③ 次年，即元朔元年（前128年），"秋，匈奴入辽
西，杀太守；入渔阳、雁门，败都尉，杀略三千余人。遣将军卫青出雁
门，将军李息出代，获首虏数千级"，④《汉书·匈奴传》又载，"其明年
秋，匈奴二万骑入汉，杀辽西太守，略二千余人。又败渔阳太守军千余
人，围将军安国。安国时千余骑亦且尽，会燕救之，至，匈奴乃去"。⑤
燕军驰援救渔阳，这反映了东北地区防务的重要变化，包括三个方面。
一是匈奴势力在北边西部受阻，开始大规模侵入北边东部，威胁辽东郡
在内的东北郡县的防务。二是汉王朝的北边防务由各郡太守军、都尉军
负责，此次匈奴为患北边，北边各郡太守处于防守前沿，在与匈奴激烈
的交战中，太守及郡国兵伤亡惨重。三是统治者派驻渔阳的将军，同样
成为匈奴攻击的重要目标，燕王军队参加到救援的军事行动中，表明燕
王军队也是北边防务体系中的重要组成部分，包括辽东郡的郡国兵在内
的全军在这一次的防守反击战役中构成一个统一整体，并且最终解除了
此次危及东北地区的军事威胁。

元朔二年（前127年）春，"匈奴入上谷、渔阳，杀略吏民千余人。
遣将军卫青、李息出云中，至高阙，遂西至符离，获首虏数千级。收河
南地，置朔方、五原郡"。⑥《汉书·匈奴传》又载："又入雁门杀略千余
人。于是汉使将军卫青将三万骑出雁门，李息出代郡，击胡，得首虏数
千。其明年，卫青复出云中以西至陇西，击胡之楼烦、白羊王于河南，
得胡首虏数千，羊百余万。于是汉遂取河南地，筑朔方，复缮故秦时蒙
恬所为塞，因河而为固。汉亦弃上谷之斗辟县造阳地以予胡。是岁，元
朔二年也。"⑦ 这是汉王朝对匈奴作战取得的重要胜利。汉王朝收复河南
地，筑朔方城，将北边西部的防线向北扩展，这对于维护都城所在地区
的安全是非常有意义的。但是，与此同时，上谷的"造阳地"为匈奴所

① 《汉书》卷94《匈奴传上》，中华书局点校本，1996，第3766页。
② 《汉书》卷6《武帝纪》，中华书局点校本，1996，第166页。
③ 《汉书》卷94《匈奴传上》，中华书局点校本，1996，第3766页。
④ 《汉书》卷6《武帝纪》，中华书局点校本，1996，第169页。
⑤ 《汉书》卷94《匈奴传上》，中华书局点校本，1996，第3766页。
⑥ 《汉书》卷6《武帝纪》，中华书局点校本，1996，第170页。
⑦ 《汉书》卷94《匈奴传上》，中华书局点校本，1996，第3766~3767页。

占，表明匈奴在汉王朝的北边东部战场取得了一定的战果。"造阳地"是上谷郡长城沿线的外部屏障，匈奴控制这一区域，其向西、向东侵入汉北边都更为有利。

武帝征讨匈奴，汉王朝统治内部有反对意见。元朔二年（前127年）出兵匈奴之前，以主父偃、徐乐为代表的反对者，上书指出伐匈奴的弊端。其文如下：

> 臣闻明主不恶切谏以博观，忠臣不避重诛以直谏，是故事无遗策而功流万世。今臣不敢隐忠避死，以效愚计，愿陛下幸赦而少察之。

> 《司马法》曰："国虽大，好战必亡；天下虽平，忘战必危。"天下既平，天子大恺，春蒐秋狝，诸侯春振旅，秋治兵，所以不忘战也。且怒者逆德也，兵者凶器也，争者末节也。古之人君一怒必伏尸流血，故圣王重行之。夫务战胜，穷武事，未有不悔者也。

> 昔秦皇帝任战胜之威，蚕食天下，并吞战国，海内为一，功齐三代。务胜不休，欲攻匈奴，李斯谏曰："不可。夫匈奴无城郭之居，委积之守，迁徙鸟举，难得而制。轻兵深入，粮食必绝；运粮以行，重不及事。得其地，不足以为利；得其民，不可调而守也。胜必弃之，非民父母。靡敝中国，甘心匈奴，非完计也。"秦皇帝不听，遂使蒙恬将兵而攻胡，却地千里，以河为境。地固泽卤，不生五谷，然后发天下丁男以守北河。暴兵露师十有余年，死者不可胜数，终不能逾河而北。是岂人众之不足，兵革之不备哉？其势不可也。又使天下飞刍挽粟，起于黄、腄、琅邪负海之郡，转输北河，率三十钟而致一石。男子疾耕不足于粮饷，女子纺绩不足于帷幕。百姓靡敝，孤寡老弱不能相养，道死者相望，盖天下始叛也。

> 及至高皇帝定天下，略地于边，闻匈奴聚代谷之外而欲击之。御史成谏曰："不可。夫匈奴，兽聚而鸟散，从之如搏景。今以陛下盛德攻匈奴，臣窃危之。"高帝不听，遂至代谷，果有平城之围。高帝悔之，乃使刘敬往结和亲，然后天下亡干戈之事。

> 故兵法曰："兴师十万，日费千金。"秦常积众数十万人，虽有覆军杀将，系虏单于，适足以结怨深仇，不足以偿天下之费。夫匈奴行盗侵驱，所以为业，天性固然。上自虞夏殷周，固不程督，禽

兽畜之，不比为人。夫不上观虞夏殷周之统，而下循近世之失，此臣之所以大恐，百姓所疾苦也。且夫兵久则变生，事苦则虑易。使边境之民靡敝愁苦，将吏相疑而外市，故尉佗、章邯得成其私，而秦政不行，权分二子，此得失之效也。故《周书》曰："安危在出令，存亡在所用。"愿陛下孰计之而加察焉。①

　　徐乐，燕无终人也。上书曰：

　　臣闻天下之患，在于土崩，不在瓦解，古今一也。

　　何谓土崩？秦之末世是也。陈涉无千乘之尊，尺土之地，身非王公大人名族之后，（无）乡曲之誉，非有孔、曾、墨子之贤，陶朱、猗顿之富也。然起穷巷，奋棘矜，偏袒大呼，天下从风，此其故何也？由民困而主不恤，下怨而上不知，俗已乱而政不修，此三者陈涉之所以为资也。此之谓土崩。故曰天下之患在乎土崩。

　　何谓瓦解？吴、楚、齐、赵之兵是也。七国谋为大逆，号皆称万乘之君，带甲数十万，威足以严其境内，财足以劝其士民，然不能西攘尺寸之地，而身为禽于中原者，此其故何也？非权轻于匹夫而兵弱于陈涉也，当是之时先帝之德未衰，而安土乐俗之民众，故诸侯无竟外之助。此之谓瓦解。故曰天下之患不在瓦解。

　　由此观之，天下诚有土崩之势，虽布衣穷处之士或首难而危海内，陈涉是也，况三晋之君或存乎？天下虽未治也，诚能无土崩之势，虽有强国劲兵，不得还踵而身为禽，吴楚是也，况群臣百姓，能为乱乎？此二体者，安危之明要，贤主之所留意而深察也。

　　间者，关东五谷数不登，年岁未复，民多穷困，重之以边境之事，推数循理而观之，民宜有不安其处者矣。不安故易动，易动者，土崩之势也。故贤主独观万化之原，明于安危之机，修之庙堂之上，而销未形之患也。其要，期使天下无土崩之势而已矣。故虽有强国劲兵，陛下逐走兽，射飞鸟，弘游燕之囿，淫从恣之观，极驰骋之乐，自若。金石丝竹之声不绝于耳，帷幄之私俳优朱儒之笑不乏于前，而天下无宿忧。名何必夏、子，俗何必成、康！虽然，臣窃以为陛下天然之质，宽仁之资，而诚以天下为务，则禹、汤之名不难

---

① 《汉书》卷64《主父偃传》，中华书局点校本，1996，第2798～2801页。

佯，而成、康之俗未必不复兴也。此二体者立，然后处尊安之实，扬广誉于当世，亲天下而服四夷，余恩遗德为数世隆，南面背依摄袂而揖王公，此陛下之所服也。臣闻图王不成，其敝足以安。安则陛下何求而不得，何威而不成，奚征而不服哉？①

二人在上书劝谏时都指出战争耗费巨大，加之天灾人祸，造成百姓疲敝，不利于汉王朝的社会控制，汉王朝内在的不稳定会危及国家统治，可能会造成社会动荡、国家覆灭的不良后果。班固在《汉书·食货志》中对当时的经济状况也做出了相同的评判，其文曰：

> 武帝因文、景之畜，忿胡、粤之害，即位数年，严助、朱买臣等招徕东瓯，事两粤、江淮之间萧然烦费矣。唐蒙、司马相如始开西南夷，凿山通道千余里，以广巴蜀，巴蜀之民罢焉。彭吴穿秽貊、朝鲜，置沧海郡，则燕齐之间靡然发动。及王恢谋马邑，匈奴绝和亲，侵扰北边，兵连而不解，天下共其劳。干戈日滋，行者赍，居者送，中外骚扰相奉，百姓抚敝以巧法，财赂衰耗而不澹。入物者补官，出货者除罪，选举陵夷，廉耻相冒，武力进用，法严令具。兴利之臣自此而始。

> 其后，卫青岁以数万骑出击匈奴，遂取河南地，筑朔方。时又通西南夷道，作者数万人，千里负担馈饷，率十余钟致一石，散币于邛僰以辑之。数岁而道不通，蛮夷因以数攻（吏），吏发兵诛之。悉巴蜀租赋不足以更之，乃募豪民田南夷，入粟县官，而内受钱于都内，东置沧海郡，人徒之费疑于南夷。又兴十余万人筑卫朔方，转漕甚远，自山东咸被其劳，费数十百巨万，府库并虚。乃募民能入奴婢得以终身复，为郎增秩，及入羊为郎，始于此。②

根据上文，汉武帝不仅在军事上在多处用兵，而且在徭役的征发上不惜民力，已经造成国库空虚。

尽管如此，汉武帝仍然坚持对匈奴用兵。河南之战后，武帝又先后发起河西之战和漠北之战。③ 据《后汉书·乌桓列传》记载："乌桓自为

---

① 《汉书》卷64《徐乐传》，中华书局点校本，1996，第2804~2806页。
② 《汉书》卷24《食货志下》，中华书局点校本，1996，第1157~1158页。
③ 林幹：《匈奴史》，内蒙古人民出版社，2007，第48页。

冒顿所破，众遂孤弱，常臣伏匈奴，岁输牛马羊皮，过时不具，辄没其妻子。及武帝遣骠骑将军霍去病击破匈奴左地，因徙乌桓于上谷、渔阳、右北平、辽西、辽东五郡塞外，为汉侦察匈奴动静。其大人岁一朝见，于是始置护乌桓校尉，秩二千石，拥节监领之，使不得与匈奴交通。"①林幹先生指出："东线方面，汉军也大获捷。汉朝在夺得了匈奴左地之后，扶植原来役属于匈奴奴隶主的乌桓族（游牧于今辽河上游老哈河流域）徙居于上谷、渔阳、右北平、辽西、辽东五郡（当今河北北部、原热河平原及辽河下游一带）塞外，命令他们侦察匈奴动静，并置'护乌桓校尉'一官监领他们，以防止他们与匈奴的交通，这样便切断了匈奴的'左臂'。"②林先生的研究正是为《乌桓列传》做出的注解，表明汉武帝先后派兵征河南、河西、漠北，不仅取得了对匈奴作战的阶段性胜利，而且还通过安置乌桓于塞外，巩固了夺取匈奴左地的战果。程妮娜先生又言："汉代边疆朝贡制度的一个重要功能是守边御敌，西汉王朝不仅要求乌桓不得与匈奴交通，而且要求乌桓为汉朝侦查匈奴动静，通过朝贡制度在汉朝东北西部边地建构一道防备匈奴的藩屏。"③这样看来，安置乌桓于塞外之举，对于辽东郡而言，相当于在北边塞外增设了一道抵御匈奴的屏障。根据林幹先生的研究，汉王朝的统治者为了解除匈奴的威胁，还积极通使西域，设置河西四郡，屯田边郡，修筑边防设施，并举得了诸多成效。④

西汉初年，辽东郡是受匈奴侵扰最为严重的地区之一，史书记载："匈奴日以骄，岁入边，杀略人民甚众，云中、辽东最甚，郡万余人。"⑤由于景帝时期统治者与匈奴之间互通边地贸易，又和亲修好，赏赐丰厚，因而"终景帝世，时时小入盗边，无大寇"。⑥但是，汉武帝时期，辽东郡的防务状况随着匈奴大举向上谷以东出兵而骤然严峻，又在乌桓保塞之后形成新的格局。

① 《后汉书》卷90《乌桓列传》，中华书局点校本，2001，第2981页。
② 林幹：《匈奴史》，内蒙古人民出版社，2007，第52页。
③ 程妮娜：《东部乌桓从朝贡成员到编户齐民的演变》，《民族研究》2015年第5期。
④ 林幹：《匈奴史》，内蒙古人民出版社，2007，第52~53页。
⑤ 《汉书》卷94《匈奴传上》，中华书局点校本，1996，第3762页。
⑥ 《汉书》卷94《匈奴传上》，中华书局点校本，1996，第3765页。

二　辽东郡北边防务的功能和作用

在北边，武帝时期辽东郡的防务功能和作用，在乌桓内徙前后发生了新的变化。

在乌桓内徙前，辽东郡是北边防线的东端，地接匈奴左部，一旦中原王朝派兵攻击匈奴右部，就会在一定程度上造成匈奴左部的报复性入侵。因此，在整个北边防线上，尽管汉武帝时期并未从辽东郡向北出兵进击匈奴，但是辽东郡的守备一直处于紧张状态。尤其当匈奴侵扰辽西郡并杀其太守后，又分别击败雁门、渔阳都尉、太守军。中央王朝派韩安国为将军，驻守渔阳，辽东郡有协同作战的守备职责。

乌桓内徙后，辽东郡的塞外以乌桓为藩屏，防备匈奴。中央专设护乌桓校尉，管理塞外乌桓。据《汉官仪》，"护乌桓校尉，孝武帝时，乌桓属汉，始于幽州置之，拥节兼领，秩比二千石"。[①] 林幹先生在《两汉时期"护乌桓校尉"略考》一文中分别论考了"护乌桓校尉的职责、等级及其属官""护乌桓校尉的权力和地位""护乌桓校尉的声威及营府规模""护乌桓校尉的管领范围"四个问题。[②] 乌桓内迁，辽东郡与其北边防务对象匈奴被乌桓阻隔，与此同时辽东郡设在塞外的军事、民用建设也相应地退守至塞内。据长城边塞研究，在燕秦两道长城之北，尚有多处城址文化遗存，这些交往频繁的定居人口，在防御北边的同时也发展了当地的经济文化。[③] 西汉初年，辽东郡边塞由于备战匈奴，向北发展的空间受到制约。汉武帝时期，乌桓的内迁，为边塞带来了新的生机和活力。与此同时，在边郡与乌桓的民族关系上，也出现了须要面对和解决的新问题。由于乌桓的事务统一接受护乌桓校尉的管理和处置，这样相当于将原来由辽东郡官吏负责的部分塞外防务职责交由护乌桓校尉承担。但是护乌桓校尉持节，辖五郡塞外乌桓，其职能与辽东郡官吏相比，规格更高，主要管理民族事务而非编户齐民，在军事上不仅负责统领乌桓，同时受中央王朝指派出兵伐匈奴。显然护乌桓校尉与辽东郡官吏二者，在防务功能上既有区别又有联系。护乌桓校尉在一定程度上接管了辽东

---

① 孙星衍等辑《汉官六种》，周天游点校，中华书局，2008，第 154 页。
② 林幹：《两汉时期"护乌桓校尉"略考》，《内蒙古社会科学》1987 年第 1 期。
③ 郭大顺、张星德：《东北文化与幽燕文明》，凤凰出版社，2004，第 629 页。

郡北边的防务职责，但是辽东郡官吏仍然负责戍守边地，管理郡县兵卒。汉武帝在大规模募民徙边和边地屯田之后，对辽东郡官吏在边塞管理上的职责又进行了新的调整。李大龙先生曾指出："西汉王朝的屯田制度源于晁错"，"武帝元朔二年，西汉王朝夺取河南地后，西汉王朝开始大规模推广屯田，屯田地点广布于东北经河套至西域及羌族地区"，"据《汉书》、《史记》诸传的记载，西汉王朝的屯田主要分布在：上郡、朔方、张掖、五原、西河、北假、令居、武威、酒泉、敦煌、居延、轮台、渠犁、伊循、赤谷、车师、北胥鞬、姑墨、湟中、辽东、玄菟等地"。① 辽东郡的屯田制度应该就是在汉武帝以后大规模推广时发展并完善起来的。屯田又区分为军屯和民屯两种。辽东郡的军屯主要是在推行候望制度的基础上由戍守边塞的吏卒从事；民屯为招募民众徙边屯田，其中包括武帝元狩五年（前118）"徙天下奸猾吏民于边"所带来的吏民，② 并且由此推行屯戍制度，保证屯田民众的基本生活。

　　汉武帝时期，中央王朝积极地经略北边，从而调整了辽东郡的部分防务功能，为此后辽东郡的边地长期受到乌桓的威胁留下了隐患。

第二节　辽东郡的东北防务

一　东北防务形势与对策

　　汉武帝元朔元年（前128年），就在辽东郡的北边防务形势紧张的同时，东北防务形势又出现了新的变化。《汉书·武帝纪》记载，"（元朔元年——引者注）秋，匈奴入辽西，杀太守，入渔阳、雁门，败都尉，杀略三千余人"，于是汉武帝"遣将军卫青出雁门，将军李息出代，获首虏数千级"，同年"东夷薉君南闾等口二十八万人降，为苍海郡"。③ 在匈奴大举进击北方边郡，战火蔓延到紧邻辽东郡的辽西郡时，汉武帝全力反击匈奴，此时东北地区的薉君率众降汉，对于西汉王朝而言是非常重要的利好消息，因而置苍海郡，安置归附的东夷君臣百姓。关于苍海郡

---

① 李大龙：《两汉时期的边政与边吏》，黑龙江教育出版社，1996，第40页。
② 《汉书》卷6《武帝纪》，中华书局点校本，1996，第179页。
③ 《汉书》卷6《武帝纪》，中华书局点校本，1996，第169页。

的设置，《汉书·食货志》又记载："彭吴穿秽貊、朝鲜，置沧海郡，则燕齐之间靡然发动。"师古注曰："彭吴，人姓名也，本皆荒梗，始开通之也，故言穿也。"① 关于苍海郡的方位，张博泉先生反驳了"苍海郡设在朝鲜之东'秽'地"之说，提出："彭吴穿秽貊、朝鲜，即《管子》一书中的'发、朝鲜'。发即指秽貊之属，朝鲜即真番。《汉书·地理志》注引应劭曰：'玄菟本真番，故朝鲜胡国。'就是指的没有被秦开袭走以前箕氏朝鲜故地。彭吴东行所经都是曾叛右渠的秽貊人地区，故可顺利而通过建苍海郡。吴廷燮《东三省沿革表》位苍海郡于今珲春附近，其郡地应包括今吉林省东南及朝鲜东北部。后来震国、渤海之命盖因真番、苍海而起。"② 王绵厚先生同样否定了苍海郡在"今渤海沿岸鸭绿江、佟家江（浑江）流域说"和"今朝鲜江原道地之说"，与张博泉先生一样认为"其地望显然在卫满'朝鲜'之东北"，指出："只能求之于大同江下流东北的边海地。这一地区既到达了今日本海沿岸的朝鲜半岛东北海岸，其大体位置应在'乐浪'东北，今朝鲜半岛大同江和狼山以东、以北的近海之地。苍海郡罢废以后，应属四郡中的早期'玄菟郡'和'临屯郡'的一部分。苍海郡境居民所指的'东秽'，应是对应于汉初以松化江及其上游以及图们江流域的'秽人'故地而言。"③《中国东北史》书中，根据柳得恭《四郡志·古迹》关于"春川府旧传有汉彭吴通貊碑"的记载以及李韶九《朝鲜小记》关于"汉武帝使彭吴通苍海，今彭吴碑尚在春川府南十里"的记载，认为苍海郡在今朝鲜江原道，碑址为郡治所在。④ 程妮娜先生对王绵厚先生之说提出质疑，指出："其时朝鲜半岛大同江流域是卫氏朝鲜的中心地区，汉朝不可能越过朝鲜侯国设置苍海郡，因此江原道一说不能成立。苍海郡统辖人口大约有28万人之多，其北部或许可达今吉林珲春及其以东近海处。"⑤ 但是与西域都护府设置的情况相比较，通秽貊显然要容易得多，而且由高句丽、沃沮入东夷藏君领地，应该才符合"穿秽貊、朝鲜"，而且正是由于苍海郡的位置需要穿越秽貊、朝鲜，才需要大量的人力、物力支持，"燕齐之间靡然发动"，

① 《汉书》卷24《食货志下》，中华书局点校本，1996，第1157页。
② 张博泉：《东北地方史稿》，吉林大学出版社，1985，第62页。
③ 王绵厚：《秦汉东北史》，辽宁人民出版社，1994，第70、71页。
④ 佟冬主编《中国东北史》第一卷，吉林文史出版社，2006，第318页。
⑤ 程妮娜：《古代中国东北民族地区建置史》，中华书局，2011，第36页。

也就是以整个渤海湾沿岸地区之力支持一郡的交通。根据《后汉书·东夷列传》中有关"秽地"以及夫余、高句丽、沃沮、辰韩、秽等部族的记载，也能佐证先生们的论断。其文如下：

夫余国，在玄菟北千里。南与高句骊，东与挹娄，西与鲜卑接，北有弱水。地方二千里，本濊地也。①

高句骊，在辽东之东千里，南与朝鲜、秽貊，东与沃沮，北与夫余接。地方二千里，多大山深谷，人随而为居。少田业，力作不足以自资，故其俗节于饮食，而好修宫室。东夷相传以为夫余别种，故言语法则多同，而跪拜曳一脚，行步皆走。凡有五族，有消奴部，绝奴部，顺奴部，灌奴部，桂娄部。本消奴部为王，稍微弱，后桂娄部代之。其置官，有相加、对卢、沛者、古邹大加、主簿、优台、使者、帛衣先人。武帝灭朝鲜，以高句骊为县，使属玄菟，赐鼓吹伎人。其俗淫，皆洁净自喜，暮夜辄男女群聚为倡乐。好祠鬼神、社稷、零星，以十月祭天大会，名曰"东盟"。其国东有大穴，号襚神，亦以十月迎而祭之。其公会衣服皆锦绣，金银以自饰。大加、主簿皆著帻，如冠帻而无后；其小加著折风，形如弁。无牢狱，有罪，诸加评议便杀之，没入妻子为奴婢。其昏姻皆就妇家，生子长大，然后将还，便稍营送终之具。金银财币尽于厚葬，积石为封，亦种松柏。其人性凶急，有气力，习战斗，好寇钞，沃沮、东濊皆属焉。②

句骊一名貊，有别种，依小水为居，因名曰小水貊。出好弓，所谓"貊弓"是也。(《魏氏春秋》曰："辽东郡西安平县北，有小水南流入海，句骊别种因名之小水貊。")③

东沃沮在高句骊盖马大山之东，东滨大海；北与挹娄、夫余，南与秽貊接。其地东西夹，南北长，可折方千里。④

___

① 《后汉书》卷85《东夷列传》，中华书局点校本，2001，第2810页。
② 《后汉书》卷85《东夷列传》，中华书局点校本，2001，第2813页。
③ 《后汉书》卷85《东夷列传》，中华书局点校本，2001，第2814页。
④ 《后汉书》卷85《东夷列传》，中华书局点校本，2001，第2816页。

濊北与高句骊、沃沮，南与辰韩接，东穷大海，西至乐浪。濊及沃沮、句骊，本皆朝鲜之地也。昔武王封箕子于朝鲜，箕子教以礼仪田蚕，又制八条之教。其人终不相盗，无门户之闭。妇人贞信。饮食以笾豆。其后四十余世，至朝鲜侯准，自称王。汉初大乱，燕、齐、赵人往避地者数万口，而燕人卫满击破准而自王朝鲜，传国至孙右渠。元朔元年，濊君南闾等畔右渠，率二十八万口诣辽东内属，武帝以其地为苍海郡，数年乃罢。①

韩有三种：一曰马韩，二曰辰韩，三曰弁辰。马韩在西，有五十四国，其北与乐浪，南与倭接。辰韩在东，十有二国，其北与挹娄接。弁辰在辰韩之南，亦十有二国，其南亦与倭接。凡七十八国，伯济是其一国焉。大者万余户，小者数千家，各在山海间，地合方四千余里，东西以海为限，皆古之辰国也。②

根据上述史料，秽貊在东北的活动范围颇广，其故地最北为夫余国，而且燕将秦开攻取箕子朝鲜地所置辽东郡西安平县北有貊人一支的居住地。汉武帝时，箕子朝鲜故地有秽、沃沮、高句丽等东夷部族。早在孝惠帝、高后时，真番、临屯就曾"服属"，又《汉书·朝鲜传》载，卫氏朝鲜至右渠当政时，"真番、辰国欲上书见天子，又雍阏弗通"，③ 这样看来，真番、临屯、辰国都在卫氏朝鲜周边，都有臣属西汉王朝的意图，但是在右渠为朝鲜王时遭到卫氏朝鲜的阻挠。这样看来，辽东郡以东的东北地区，在夫余、肃慎以南，有朝鲜及其所控制的秽，高句丽、沃沮、真番、临屯、辰等部族，弁辰的海外还有倭人。濊君领地、沃沮、句丽都在箕子朝鲜曾经的势力范围内，濊君臣属于卫氏朝鲜。而前文已经论述卫氏朝鲜与西汉王朝以浿水为界，势力范围未超过燕秦长城。高句丽在辽东郡以东千余里，其东有沃沮，濊君领地在其南，而濊君领地以南为辰国故地。濊君领地又称为秽、秽貊。值得注意的是，卫满建立卫氏朝鲜之时，是由辽东郡出塞渡过浿水，先是"居秦故空地上下障"，然后"役属真番、朝鲜蛮夷及故燕、齐亡命者王之，都王险"。④ 这就说明卫氏

---

① 《后汉书》卷85《东夷列传》，中华书局点校本，2001，第2817页。
② 《后汉书》卷85《东夷列传》，中华书局点校本，2001，第2818页。
③ 《汉书》卷95《朝鲜传》，中华书局点校本，1996，第3864页。
④ 《史记》卷115《朝鲜列传》，中华书局点校本（修订本），2014，第3617页。

朝鲜直接控制秦故地上下障，这里也是进入辽东郡戍守边塞的交通要道，由于为卫氏朝鲜所控制，真番、辰国难以与西汉王朝通使。又《史记·太史公自序》称："燕丹散乱辽间，满收其亡民，厥聚海东，以集真番，葆塞为外臣。"① 史书中并未明确记载"真番"所在，大抵在朝鲜半岛的黄海东岸，卫氏朝鲜以南。由是推断，薉君领地当在卫氏朝鲜东海岸一侧。这样看来，彭吴通秽貊、朝鲜的军事战略意义与张骞通西域颇有相似之处，而苍海郡的设置更是为"东伐朝鲜，起玄菟、乐浪，以断匈奴之左臂"② 做准备。

东夷秽君率部归汉，对于西汉王朝而言本是非常有利的事件。秽貊是东夷中重要的一支，秽地范围曾一度非常广大，至箕子朝鲜时归属汉王朝，后被卫氏朝鲜控制。秽君部民众多，号称二十八万口，秽君率众归汉一事应该说是动摇卫氏朝鲜根基的重要事件。汉武帝置苍海郡进行管理，却并不是非常有效。程妮娜先生分析废置苍海郡的原因有三："一是与汉朝集中国力攻打匈奴有关，汉武帝时公孙弘曾上书曰：'愿罢西南夷、苍海，专奉朔方。'武帝许之。二是秽人社会发展形态还处于原始社会末期，其社会发展水平尚不适应郡县统辖机制。三是苍海郡地处边域，汉朝不能着力经营，郡县大约有名无实，无法正常运作。上述原因导致该郡很快废止了。"③ 应该还有一点可以补充，就是东夷秽貊本民族的力量不容小觑，从汉昭帝后来废置秽貊居住的临屯郡、真番郡，就可以想见当时要管理这一民族不是易事。与此同时，维持苍海郡的统治，所需巨大。班固在《汉书·食货志》中称："时又通西南夷道，作者数万人，千里负担馈饷，率十余钟致一石，散币于邛僰以辑之。数岁而道不通，蛮夷因以数攻（吏），吏发兵诛之。悉巴蜀租赋不足以更之，乃募豪民田南夷，入粟县官，而内受钱于都内。东置沧海郡，人徒之费疑于南夷。"④ 对于汉王朝而言，既要保证对匈奴的作战，又要以巨大的花费来维护苍海郡，从经济上而言显然力不从心。《汉书·武帝纪》记载，元朔三年（前126 年）春，"罢苍海郡"。⑤ 尽管苍海郡从设置到废止只有一年有

---

① 《史记》卷130《太史公自序》，中华书局点校本（修订本），2014，第4024 页。
② 《汉书》卷73《韦贤传》，中华书局点校本，1996，第3126 页。
③ 程妮娜：《古代中国东北民族地区建置史》，中华书局，2011，第36～37 页。
④ 《汉书》卷24《食货志下》，中华书局点校本，1996，第1158 页。
⑤ 《汉书》卷6《武帝纪》，中华书局点校本，1996，第171 页。

余，但是意义却很重要。正如《中国东北史》中所言："东秽的归附，苍海郡的设置，只是切断匈奴左臂的开始，但这一步骤却为平定卫氏朝鲜开拓了道路。"①

汉武帝元封二年（前109年），因"朝鲜王攻杀辽东都尉，乃募天下死罪击朝鲜"，②开始东伐朝鲜。《史记·朝鲜列传》和《汉书·朝鲜传》较为详细地记述了朝鲜之战。史书将征伐的原因归结为朝鲜一方。《汉书》指出，朝鲜之过有二：一为"所诱汉亡人滋多，又未尝入见"，二为"真番、辰国欲上书见天子，又雍阏弗通"。③卫氏朝鲜立国于辽东塞外，是由逃亡汉人建立的地方政权。惠帝、高后时，卫氏朝鲜已与辽东郡守约定保塞，通使东北诸族。但是这两项罪过，其实都指向卫氏朝鲜未能履行与辽东郡太守的旧约。由此表明西汉初年，辽东郡实际上承担防备卫氏朝鲜的责任，一方面要预防塞内居民逃亡朝鲜，另一方面还要设法稳定东北政局，为使卫氏朝鲜、东北诸族继续臣属而积极配合。这是辽东郡守承担东北事务的职责的具体体现，而卫氏朝鲜不入汉朝觐，显然增加了辽东郡太守处理东北事务的难度。

这场战事的导火线，为元封二年（前109年）"辽东都尉涉何刺杀朝鲜使者，而朝鲜又仇杀涉何"。④史书记载："元封二年，汉使涉何谯谕右渠，终不肯奉诏。何去至界，临浿水，使驭刺杀送何者朝鲜裨王长，即渡水，驰入塞，遂归报天子曰'杀朝鲜将'。上为其名美，弗诘，拜何为辽东东部都尉。朝鲜怨何，发兵攻袭，杀何。"⑤《汉书·朝鲜传》赞曰："三方之开，皆自好事之臣。故西南夷发于唐蒙、司马相如，两粤起严助、朱买臣，朝鲜由涉何。遭世富盛，（动）能成功，然已勤矣。"⑥史家将汉王朝与朝鲜开战一事归咎于涉何在东北边地生事，讽刺汉武帝任用好事之人出使东北，为其拓边寻求战机。而根据史书所载，涉何奉命出使朝鲜，责让朝鲜王右渠的过失，已经使双方的关系变僵，再刺杀朝鲜使者，逃归辽东郡，上书谎称斩杀朝鲜将，以之邀赏，官拜辽东东部都尉，被朝

① 佟冬主编《中国东北史》第一卷，吉林文史出版社，2006，第318页。
② 《汉书》卷6《武帝纪》，中华书局点校本，1996，第193页。
③ 《汉书》卷95《朝鲜传》，中华书局点校本，1996，第3864页。
④ 佟冬主编《中国东北史》第一卷，吉林文史出版社，2006，第320页。
⑤ 《汉书》卷95《朝鲜传》，中华书局点校本，1996，第3864页。
⑥ 《汉书》卷95《朝鲜传》，中华书局点校本，1996，第3868页。

鲜发兵攻击所杀。根据班固的思想，中央王朝对朝鲜不臣之举，应该"以礼服人"，用礼仪教化统领四夷。这样看，涉何确实是故意挑起边疆危机。

汉武帝从"阻断匈奴左臂"的指导思想出发，把握战机，迅速招募天下"死罪"东伐朝鲜。据《史记·朝鲜列传》，汉军兵分两路：一路由楼船将军杨仆率领，将齐卒七千人，从海路经渤海征讨右渠；一路由左将军荀彘统率，兵五万人，将燕代卒，从辽东郡出击右渠。两路汉军都出师不利。其中，陆路由卒正多率领辽东兵为先锋，率先出塞进击，出师不利而败散，卒正多因阵前返还不积极应战而被斩。荀彘率兵攻击朝鲜浿水西军，进军受阻。楼船将军率先经海路抵达朝鲜都城王险，遭到右渠攻击，失利败走，杨仆与大军失散，逃至山中十余日才将散兵聚拢，重整旗鼓。①

汉武帝在两将未取得有利战机的情况下，派遣卫山出使右渠招降，右渠降服，遣太子入谢。太子入朝，"献马五千匹，及馈军粮"，② 率万余众持兵渡浿水。使者与左将军荀彘质疑太子持兵入朝，太子一方也疑心使者左将军设诈杀己，于是不肯渡浿水而返归。这样，在双方极度不信任的情况下，此次招降以失败告终。使者卫山复命，被武帝诛杀。

随后，两路汉军围困右渠，双方在都城王险陷入僵持，围城数月。其中，汉军一方，左将军攻破浿水上军，进击至王险城下，围困城之西北，楼船将军率军围困城南。朝鲜一方，右渠坚守王险。这时两路汉军将帅各怀心思，使右渠得以喘息。左将军欲乘胜追击，多次与楼船将军约定战期决一胜负。楼船将军入海时其将卒已经多有败亡，与右渠交战时又失利败走而多有失散，将卒心有余悸，经常持和节，不与右渠交锋。右渠于是派人暗中与楼船约降，往来传信，没有达成约定。杨仆想要尽快与右渠就降汉达成约定，因此不与荀彘约定战期。荀彘于是也派人约降朝鲜，朝鲜一方拒绝，一心与楼船将军达成降约。这样，汉军两将异心，不能协同作战。

战局再次陷入僵持，汉武帝派遣济南太守公孙遂前往，并且给予决断权力。荀彘向公孙遂告发楼船将军不约定战期决战，并将楼船与朝鲜可能密谋反汉的担忧一并告发。公孙遂听信荀彘之言，召楼船将军到左将军营商讨战事，命左将军麾下逮捕楼船将军，两军合兵后，返朝报告武帝。武帝诛杀公孙遂。

---

① 《史记》卷115《朝鲜列传》，中华书局点校本（修订本），2014，第3619～3623页。
② 《史记》卷115《朝鲜列传》，中华书局点校本（修订本），2014，第3620页。

　　荀彘将两军急攻朝鲜，朝鲜内部出现分化。一方面，朝鲜王右渠坚守不肯降汉。另一方面，朝鲜相路人、相韩阴、尼谿相参、将军王唊曾主张与楼船将军议降，在左将军荀彘全力进击之下，商议降汉，王唊、韩阴和路人逃离都城降汉，而尼谿相参在元封三年（前 108 年）夏派人杀右渠降汉。王险城尚未平定，右渠手下大臣成已又发动反叛。荀彘派遣右渠子长降和已故朝鲜相路人之子最告谕朝鲜民众，诛杀成已。汉军至此平定朝鲜，设置玄菟、乐浪、真番、临屯四郡统治，论功分别赐封参、韩阴、王唊、长降、最为渜清侯、荻苴侯、平州侯、几侯、温阳侯。汉军一方，左将军将卒正多在军中"坐法斩"，武帝又斩杀贻误军机的使臣卫山和济南太守公孙遂，治罪左将军荀彘"争功相嫉，乖计，弃市"，楼船将军杨仆"坐兵至洌口，当待左将军，擅先纵，失亡多，当诛，赎为庶人"。①

　　汉武帝时期东伐朝鲜，对东北防务形势产生了重要的影响。防务形势的变化与汉王朝的对策主要体现在以下几个方面。

　　其一，卫氏朝鲜由臣属转而成为阻碍汉王朝与东夷交往的绊脚石。汉哀帝时，太仆王舜和中垒校尉刘歆奏议保留汉武帝宗庙时，曾称颂"东伐朝鲜，起玄菟、乐浪，以断匈奴之左臂"的功业。② 对于汉武帝而言，朝鲜在东北有着非常特殊的战略位置。彭吴穿秽貊、朝鲜之举，就是要打通与东夷联系的路径。在此设置苍海郡，在一定程度上表明汉王朝初步赢得了朝鲜后方东夷秽人的支持。与此同时，由于卫氏朝鲜一家独大，侵凌周边部族，引发真番、辰国的不满，苍海郡的设置已经表明汉王朝对卫氏朝鲜周边部族的关注和声援，这就使卫氏朝鲜难以取得周边部族的支援，在战事开始后陷于孤立无援的困境。与此同时，苍海郡的设置，也使得汉王朝集合齐、燕之力维持对东北的统治。这是对齐、燕两地军事、财政、后勤等力量的一次大规模的整合调动，为东伐朝鲜进行了一次重要的人力、物力演练。

　　其二，汉王朝以诱亡汉人和阻碍周边部族朝见为由，发动对卫氏朝鲜师出有名的战争。汉王朝发动对卫氏朝鲜的战争，在出师理由的选择上强调了汉王朝维护边郡稳定的主权和行使对朝鲜及周边部族的宗主权两项基本权利，表明了汉王朝在处理东北边疆事务上的坚定立场。随后，

---

① 《史记》卷 115《朝鲜列传》，中华书局点校本（修订本），2014，第 3619～2623 页。
② 《汉书》卷 73《韦贤传》，中华书局点校本，1996，第 3126 页。

涉何出使卫氏朝鲜，宣示武帝诏谕，遭到朝鲜拒绝，又在返还辽东边塞的途中斩杀护送使臣出塞的朝鲜裨王长，还向武帝奏报斩杀朝鲜将以邀功，官拜辽东东部都尉。涉何的举动激怒卫氏朝鲜，导致朝鲜一方攻杀涉何。战事由辽东郡边塞纷争引燃，东伐朝鲜之战拉开序幕。

其三，汉武帝出兵东伐朝鲜期间，战况几经波折。据《汉书·卫青霍去病传》，左将军荀彘为太原广武人，擅长御马，侍中为天子所亲幸，曾作为校尉多次跟随大将军卫青出征。[①] 在《汉书·酷吏传》中，杨仆被评为酷吏，武帝时先后破南越、东越，封为将梁侯，虽攻取南越有功但被汉武帝敕责。[②] 汉武帝选派的两位将军，虽然都能征善战，但是前者亲幸而骄，后者又行事严苛，在东伐朝鲜后，前者"无功，坐捕楼船将军诛"，[③] 后者"免为庶人，病死"。[④] 其间，统率辽东兵作为先锋的卒正多因进攻失利逃脱而获罪被斩，汉武帝所派负责招降的使者卫山和派往军前的济南太守公孙遂皆获罪被斩，加上齐军、辽东军的伤亡，汉王朝可谓损兵折将。卫氏朝鲜一方不仅国王右渠被杀，大将成已被诛，而且王险城被攻破，标志着卫氏朝鲜的覆亡。东北战局最终以汉王朝的胜利告终，朝鲜降臣纷纷封侯，汉王朝设置玄菟、乐浪、真番、临屯四郡，东北地区进入新的发展阶段。

二 辽东郡东北防务的功能和作用

汉武帝时期，在东伐朝鲜的进程中，辽东郡在东北防务中的功能和作用得到了充分的展示。主要表现在以下两个方面。

其一，辽东郡边塞是使臣与军队出塞的必经之地。辽东郡的要塞地位使其在使臣交通和军队出塞两个方面都发挥相当重要的作用。就使臣交通方面而言，涉何出使卫氏朝鲜，返回汉王朝，就是由浿水驰归辽东郡边塞，然后上奏汉武帝斩杀朝鲜将以邀功。汉武帝派遣使臣卫山招降朝鲜，同样出辽东边塞入朝鲜，又与左将军荀彘在浿水边界要求准备入朝的卫氏朝鲜太子"宜令人毋持兵"，[⑤] 导致"太子亦疑使者左将军诈之，遂

① 《汉书》卷55《卫青霍去病传》，中华书局点校本，1996，第2492页。
② 《汉书》卷90《酷吏传》，中华书局点校本，1996，第3659~3660页。
③ 《汉书》卷55《卫青霍去病传》，中华书局点校本，1996，第2492页。
④ 《汉书》卷90《酷吏传》，中华书局点校本，1996，第3660页。
⑤ 《汉书》卷95《朝鲜传》，中华书局点校本，1996，第3865页。

不度浿水，复引归"。① 从军队出塞方面看，左将军荀彘统率五万燕代兵经由辽东出边塞进击朝鲜。大军在浿水先后遭遇朝鲜浿水西军和浿水上军。西汉初年，汉王朝与卫氏朝鲜就约定以浿水为界。此次汉王朝出兵朝鲜，陆路大军先锋卒正多先尝败绩，左将军荀彘未能击破朝鲜浿水西军，表明当时卫氏朝鲜为了迎战，在边界设置重兵，尤以浿水近塞处兵将实力最强。荀彘在卫山招降卫氏朝鲜、迎太子队伍入朝时，军队应该仍未渡过浿水，并且是在击败浿水上军后方得长驱直入，进击朝鲜都城王险城。可以说，辽东郡边塞是汉王朝经陆路出击朝鲜的军事要塞，东伐朝鲜，双方在浿水两岸陈兵，皆为精锐。进一步表明辽东郡边塞在东北防务中的重要作用与地位。

其二，辽东兵既是东伐卫氏朝鲜的先锋军，也是左将军统率的燕代军的重要组成部分。根据史书记载，汉武帝为东伐朝鲜征发的兵卒主要有两部分：一是由左将军荀彘统率的燕代卒，出辽东征伐的兵力有五万人之众；二是由楼船将军杨仆统率的齐兵，从齐经由海路抵达王险城，计七千人。此外，由汉武帝颁布诏令，在全国范围内招募罪人，这部分人应当以负责转输为主，在兵卒中的比例应该不大。在汉武帝征发兵卒中，主要以郡国兵为主。这与置苍海郡时"燕齐之间靡然发动"② 之说相对照，反映出汉武帝时期经略东北需要燕齐大量的人力、物力支持。《史记·朝鲜列传》中，左将军麾下的辽东兵作为先锋，最先进击卫氏朝鲜。关于郡国兵，胡宏起先生在《汉代兵力考》一文中进行了统计，指出："汉武帝时期的始役年龄是 20 岁，止役年龄如定为 56 岁，则 1400 万适龄服役男子在 37 年中（20 ~ 56 岁）需每人担任郡国兵一年，平均每年约有 42 万人为郡国兵"。③ 此次左将军荀彘统率燕代兵五万，又以辽东兵为先锋，在一定程度上反映了辽东兵在东北防务中具备一定的战斗力。然而由卒正多统率的这支先锋军，在与卫氏朝鲜的首战中就"败散"，随后"左将军击朝鲜浿水西军，未能破"，陆路汉军之所以未能取胜，应该是统帅在指挥上存在问题。左将军荀彘虽向来受到亲幸，又多次从大将军卫青出征，但是对于卫氏朝鲜的军力并不熟悉，临阵指挥不力，因此未

① 《汉书》卷 95《朝鲜传》，中华书局点校本，1996，第 3865 页。
② 《汉书》卷 24《食货志下》，中华书局点校本，1996，第 1157 页。
③ 胡宏起：《汉代兵力论考》，《历史研究》1996 年第 3 期。

能发挥辽东兵的战斗力，反而导致辽东兵"败散"。最终，燕代兵与齐兵合击王险城，取得东伐的胜利，而陆路、海路两军统帅皆获罪，使臣卫山、济南太守公孙遂被汉武帝诛杀，都在表明当时的将帅在临阵指挥时都犯下一定的过失。从涉何任辽东东部都尉被朝鲜击杀，以及辽东兵出塞被朝鲜击溃败散，反映出辽东兵的力量在应对朝鲜全力攻击时尚不足以独当一面，这应该也是汉武帝在前期谋划中就决定以燕齐郡国兵之合力进攻卫氏朝鲜的重要原因，也是短暂经营苍海郡时吸取的重要经验。

同样，军队出征的给养转运也需要通过辽东郡经陆路送抵前线。在左将军集结燕代大军时，辽东郡作为前线，积极备战。在汉王朝遣使招降时，辽东郡既要为使臣出行提供保障，又要为接待招降入朝的朝鲜太子做准备，还要配合左将军荀彘严守边塞。在汉军攻入朝鲜后，辽东郡成为两路大军的重要后方，全力支援前线。最终大军返还，还要提供相应的保障。辽东郡的防务功能和作用不可谓不重要。

此外，汉四郡设置后，作为辽东郡在东北地区的主要防务对象的卫氏朝鲜已经不复存在，汉四郡开始承担治理卫氏朝鲜故地的职责，辽东郡原来戍防的东部边塞成为与汉四郡的分界线，转而以东北民族为主要防务对象。

第四章　西汉中后期辽东郡的防务问题

西汉中后期，与汉武帝时期相比，汉王朝在文政与武略上都有一定的调整，使得昭帝时期与王莽时期辽东郡的防务形势有所变化，以下分别对这几个时期的防务形势进行论述。

第一节　昭帝时期辽东郡北边的防务危机

汉武帝在其统治后期开始反省常年征战、经略边地所带来的问题，于是下《罢轮台诏》，"不复出军，而封丞相车千秋为富民侯，以明休息，思富养民也"。① 昭帝在霍光等大臣的辅佐下，积极恢复民生。昭帝时期，匈奴的衰落使中央王朝在北边获得了相对的安定，但是在出兵乌桓后，导致辽东郡防务形势相对紧张。

关于元凤三年（前78年）及之后汉王朝对乌桓的出兵，史书中多有记载，其文曰：

> （元凤三年——引者注）冬，辽东乌桓反，以中郎将范明友为度辽将军，将北边七郡郡二千骑击之。②

> （元凤四年——引者注）夏四月，诏曰："度辽将军明友前以羌骑校尉将羌王侯君长以下击益州反虏，后复率击武都反氐，今破乌桓，斩虏获生，有功。其封明友为平陵侯。平乐监傅介子持节使，诛斩楼兰王安，归首县北阙，封益阳侯。"③

> （元凤五年——引者注）六月，发三辅及郡国恶少年吏有告劾亡

---

① 《汉书》卷96《西域传下》，中华书局点校本，1996，第3914页。
② 《汉书》卷7《昭帝纪》，中华书局点校本，1996，第229页。
③ 《汉书》卷7《昭帝纪》，中华书局点校本，1996，第230页。

者，屯辽东。①

（元凤——引者注）六年春正月，募郡国徒筑辽东玄菟城。②

（元凤六年——引者注）乌桓复犯塞，遣度辽将军范友明击之。③

其明年，匈奴三千余骑入五原，略杀数千人，后数万骑南旁塞猎，行攻塞外亭（障），略取吏民去。是时汉边郡烽火候望精明，匈奴为边寇者少利，希复犯塞。汉复得匈奴降者，言乌桓尝发先单于冢，匈奴怨之，方发二万骑击乌桓。大将军霍光欲发兵（邀）击之，以问护军都尉赵充国。充国以为"乌桓间数犯塞，今匈奴击之，于汉便。又匈奴希寇盗，北边幸无事。蛮夷自相攻击，而发兵要之，招寇生事，非计也。"光更问中郎将范明友，明友言可击。于是拜明友为度辽将军，将二万骑出辽东。匈奴闻汉兵至，引去。初，光诚明友："兵不空出，即后匈奴，遂击乌桓。"乌桓时新中匈奴兵，明友既后匈奴，因乘乌桓敝，击之，斩首六千余级，获三王首，还，封为平陵侯。④

昭帝时，乌桓渐强，乃发匈奴单于冢墓，以报冒顿之怨。匈奴大怒，乃东击破乌桓。大将军霍光闻之，因遣度辽将军范明友将二万骑出辽东邀匈奴，而虏已引去。明友乘乌桓新败，遂进击之，斩首六千余级，获其三王首而还。由是乌桓复寇幽州，明友辄破之。⑤

"至匈奴壹衍鞮单于时，乌丸转强，发掘匈奴单于冢，将以报冒顿所破之耻。壹衍鞮单于大怒，发二万骑以击乌丸。大将军霍光闻之，遣度辽将军范明友将三万骑出辽东追击匈奴。比明友兵至，匈奴已引去。乌丸新被匈奴兵，乘其衰弊，遂进击乌丸，斩首六千余级，获三王首还。后数复犯塞，明友辄征破之。⑥

---

① 《汉书》卷7《昭帝纪》，中华书局点校本，1996，第231页。
② 《汉书》卷7《昭帝纪》，中华书局点校本，1996，第232页。
③ 《汉书》卷7《昭帝纪》，中华书局点校本，1996，第232页。
④ 《汉书》卷94《匈奴传上》，中华书局点校本，1996，第3784页。
⑤ 《后汉书》卷85《乌桓列传》，中华书局点校本，2001，第2981页。
⑥ 《三国志》卷30《东夷传》注引《魏书》，中华书局点校本，2000，第833页。

根据上文，我们可以从三个方面分析辽东郡的防务问题。

一　防务对象

乌桓势力由弱变强，成为辽东郡的主要防务对象。关于乌桓势力的由弱变强，史书中主要有两条记载，一是赵充国所言"乌桓间数犯塞",[①]二是史家范晔记载乌桓敢于"发匈奴单于冢墓，以报冒顿之怨"。[②] 也就是说，乌桓内迁北边边塞后，与汉王朝、与匈奴的关系在昭帝时期都出现了新的变化。从与汉王朝的关系来看，汉武帝时期刻意扶持乌桓用以抵御匈奴，乌桓因此臣属汉王朝。但是从赵充国的言论中，反映出乌桓在汉王朝的扶持下，于昭帝时期在边地发展壮大，在边塞出现了乌桓间或侵扰边郡的事件，但是史书中并未详细记载，可以推断这类事件的后果尚不严重，无须汉王朝出兵解决。从与匈奴的关系来看，乌桓与匈奴积怨已久，昭帝时期是"匈奴始衰"[③] 的转折阶段，乌桓报复匈奴一事，为汉王朝发兵击乌桓提供了借口。乌桓被安置在包括辽东郡在内的北边边郡之外，乌桓的兴起，虽然尚未构成像匈奴一样严重的威胁，但是辽东郡的北部边地，防务对象却由匈奴转而变化成为势力开始兴起的乌桓。汉武帝内徙乌桓于边郡的隐患在昭帝时期开始显现，辽东郡的防务对象逐渐变化，乌桓对边地的防务威胁由弱转强。

二　"匈奴始衰"

"匈奴始衰"是辽东郡防务变化的关键。据《汉书·匈奴传》记载，昭帝时期，正值"匈奴始衰"，匈奴对汉的态度前后有三次主要的变化。一是新旧单于更迭时期，谋求和亲。史书记载，昭帝即位之初，"前此者，汉兵深入穷追二十余年，匈奴孕重堕殰，罢极苦之。自单于以下常有欲和亲计",[④] 这表明汉武帝时期中央王朝对匈奴的攻伐为昭帝时期进一步巩固对匈奴的优势奠定了坚实的基础。且鞮侯单于病亡，壶衍鞮单于在始元二年（前85年）即位，同样试图与汉王朝恢复和亲。与此同时，左贤王、右谷蠡王有归汉之心，匈奴内部因争夺单于之位而失和，

---

① 《汉书》卷94《匈奴传上》，中华书局点校本，1996，第3784页。
② 《后汉书》卷85《东夷列传》，中华书局点校本，2001，第2981页。
③ 《资治通鉴》卷23《汉纪十五》，"昭帝始元二年"，中华书局，2011，第764页。
④ 《汉书》卷94《匈奴传上》，中华书局点校本，1996，第3781页。

史家称:"匈奴始衰。"① 二是匈奴通过多次寇边、善待汉使等方式谋求和亲。《汉书·匈奴传》载:"后二年秋,匈奴入代,杀都尉。单于年少初立,母阏氏不正,国内乖离,常恐汉兵袭之。于是卫律为单于谋'穿井筑城,治楼以藏谷,与秦人守之。汉兵至,无奈我何。'即穿井数百,伐材数千。或曰胡人不能守城,是遗汉粮也,卫律于是止,乃更谋归汉使不降者苏武、马宏等。马宏者,前副光禄大夫王忠使西国,为匈奴所遮,忠战死,马宏生得,亦不肯降。故匈奴归此二人,欲以通善意。是时,单于立三岁矣。"② 根据这条史料,壶衍鞮单于即位后的前三年,除了解决左贤王、右谷蠡王胁迫卢屠王"欲与西降乌孙,谋击匈奴"以"率其众欲归汉"的图谋之外,③ 在如何谋求与汉和亲上进行了多种方式的尝试。其中,攻入代地斩杀都尉,应该是以武力谋求汉朝通使和亲的方式;"穿井筑城"则是尝试增强匈奴给养储备和戍防力量,从而使汉王朝无计可施,以谋求和亲的方式;放归汉朝使臣苏武、马宏等,是在上述方式都不能达到目的后,采取的较为直接的方式,向汉王朝统治者示好。此后,匈奴虽多次袭扰汉边,但均未能取得进展。元凤元年④(前80年),匈奴寇边,"发左右部二万骑,为四队,并入边为寇"。⑤ 汉王朝追击,不仅"斩首获虏九千人,生得瓯脱王,汉无所失亡",而且迫使匈奴向西北远徙,"不敢南逐水草,发人民屯瓯脱"。⑥ 元凤二年⑦(前79年),匈奴"复遣九千骑屯受降城以备汉,北桥余吾,令可度,以备奔走",在国贫兵困的情势下,以左谷蠡王为首的匈奴贵族"欲和亲而恐汉不听,故不肯先言,常使左右风汉使者",匈奴与汉之间形成新的默契,即匈奴一方"侵盗益希,遇汉使愈厚,欲以渐致和亲",汉一方"亦羁縻之"。⑧ 三是匈奴先试探汉王朝边郡守备的情况,又进击乌桓、乌孙,试图扩张势力。匈奴先是对汉王朝边郡张掖、五原发动两次战事,都以失利告终。《汉书·匈奴传》记载了两次战事的情况,其文如下:

① 《资治通鉴》卷23《汉纪十五》,"昭帝始元二年",中华书局,2011,第764页。
② 《汉书》卷94《匈奴传上》,中华书局点校本,1996,第3782页。
③ 《汉书》卷94《匈奴传上》,中华书局点校本,1996,第3782页。
④ 《资治通鉴》卷23《汉纪十五》,"昭帝元凤元年,中华书局,2011,第777页。
⑤ 《汉书》卷94《匈奴传上》,中华书局点校本,1996,第3783页。
⑥ 《汉书》卷94《匈奴传上》,中华书局点校本,1996,第3783页。
⑦ 《资治通鉴》卷23《汉纪十五》,"昭帝元凤元年",中华书局,2011,第778页。
⑧ 《汉书》卷94《匈奴传上》,中华书局点校本,1996,第3783页。

明年，单于使犁汙王窥边，言酒泉、张掖兵益弱，出兵试击，冀可复得其地。时汉先得降者，闻其计，天子诏边警备。后无几，右贤王、犁汙王四千骑分三队，入日勒、屋兰、番和。张掖太守、属国都尉发兵击，大破之，得脱者数百人。属国千长义渠王骑士射杀犁汙王，赐黄金二百斤，马二百匹，因封为犁汙王。属国都尉郭忠封成安侯。自是后，匈奴不敢入张掖。①

其明年，匈奴三千余骑入五原，略杀数千人，后数万骑南旁塞猎，行攻塞外亭（障），略取吏民去。是时汉边郡烽火候望精明，匈奴为边寇者少利，希复犯塞。②

昭帝时期，汉王朝减免租赋，屯田边塞，并且在始元五年（前82年）"罢天下亭母马及马弩关"③"罢儋耳、真番郡"④，次年又"议罢盐铁榷酤"⑤，国政围绕恢复民生展开，只是在解决西南夷的反叛以及鄂邑长公主、燕王旦与左将军上官桀、上官桀之子骠骑将军上官安、御史大夫桑弘羊的谋反时采取坚决镇压的态度。尽管昭帝君臣并不致力于开疆拓土，但是在边地守备方面政令严明。在事先获知匈奴攻袭张掖郡的军情后，积极部署，大破匈奴，使匈奴再不敢派兵入张掖；在匈奴骑兵侵入五原，掠杀民众，缘边进攻边塞掠取吏民时，边郡以烽火传递军情，严密守备，使匈奴难以获利，只能"希复犯塞"。这就进一步证明，昭帝时期西汉王朝的统治者虽无意武力经略，但在戍守边地上成效显著。尽管匈奴在汉边郡无所作为，但是其军事实力尚存，对乌桓发掘单于墓冢的报复行为，采取了大规模的军事行动。与向汉王朝发骑兵不过数千相比，匈奴发兵乌桓，用兵规模达到两万骑，重创乌桓。在汉王朝出击乌桓，"斩首六千余级，获三王首"后，匈奴一方的反应是"由是恐，不能出兵"，显然是被汉王朝军队的战斗力震慑。随后，匈奴向乌孙用兵，"求欲得汉公主"，攻取车延、恶师，乌孙公主向汉求救，因昭帝驾崩未

① 《汉书》卷94《匈奴传上》，中华书局点校本，1996，第3783页。
② 《汉书》卷94《匈奴传上》，中华书局点校本，1996，第3784页。
③ 《汉书》卷7《昭帝纪》，中华书局点校本，1996，第222页。
④ 《汉书》卷7《昭帝纪》，中华书局点校本，1996，第223页。
⑤ 《汉书》卷7《昭帝纪》，中华书局点校本，1996，第223页。

能朝议。① 至汉宣帝时,最终以武力解决了匈奴对乌桓、乌孙的袭扰。从匈奴发动的这些战事的结果分析,匈奴在侵扰汉王朝边郡时保留实力,在用兵乌桓、乌孙时仍具有较强的战斗力。因此,汉武帝时期在对匈奴进行大规模武力征伐的同时,对乌桓的招抚和对西域的经营是非常有远见的,也是对后世非常有利的战略布局。昭帝时期,统治者尽管在对乌桓用兵上急功近利,但是在防御匈奴方面取得了积极的成果,并且自始至终没有给匈奴和亲的机会,反而迫使匈奴返还汉使,"希复犯边",从而维护了北方边地的相对稳定。辽东郡是北方边郡之一,这一时期在戍防匈奴势力上的防务压力相对减弱,迎来一个非常难得的时机,得以致力于发展边地经济、民生。

三 用兵乌桓

昭帝君臣对乌桓的用兵,使辽东郡防务形势再度严峻。根据《汉书·匈奴传》中的记载,汉王朝在元凤三年(前78年)出击乌桓之前,乌桓只有小规模的侵扰边塞的行为,并未对边郡构成军事威胁。但是面对攻击乌桓可能带来的军功,在大将军霍光迟疑之际,护军都尉赵充国和中郎将范明友却给出了不同的答案。赵充国根据北边的局势,提出对于汉王朝而言匈奴击乌桓是一件有利的事,相反在北边无事的形势下汉王朝贸然出击乌桓是无事生非之举,很可能招致北边的战事。范明友在霍光的支持下,官拜度辽将军,统率二万骑,由辽东出塞。这次战役并未直接派遣边郡的郡国兵出战,也未发护乌桓校尉参与战事,而是由中央临时任命的度辽将军,以出击匈奴为名,统领北边七郡,各郡均派遣二千骑,合力攻击乌桓,从而达到"兵不空出,即后匈奴,遂击乌桓"的战略目的。根据史书记载,当时度辽将军统率的大军选择从辽东出塞,重兵集结在辽东郡边地,充分表明辽东郡既是西汉王朝抵御北方民族袭击的边防重镇,又是西汉王朝大军出塞征讨反叛的战略前沿,是极其重要的军事重镇。这场战事以中央王朝的获胜而告终。《汉书·昭帝纪》中称元凤三年(前78年)以中郎将范明友为度辽将军平定辽东乌桓的反叛,战事胜利后,范明友于元凤四年(前77年)四月受封平陵侯,以表彰其在昭帝朝的累累战功。元凤五年(前76年)、六年(前75年),西

---

① 《汉书》卷94《匈奴传上》,中华书局点校本,1996,第3785页。

汉王朝在辽东开始大规模的屯戍和城防建设。此次屯戍征发的是三辅和郡国"恶少年吏有告劾亡者"。如淳注曰："告者，为人所告也。劾者，为人所劾也。"师古曰："恶少年谓无赖子弟也。告劾亡者，谓被告劾而逃亡。"① 根据注释，征发的对象应指三辅和郡国内被告劾至官府而逃亡的子弟，必须符合三种情况：一是"恶少年"应该属于国家征发的戍卒之外的编户齐民，因此年龄应当低于征发戍卒的法定年龄；二是被征发者都是官府中被告劾而逃亡者，属于刑事犯罪逃亡的范畴。② 有学者指出，"汉代，为了彻底打击亡命者和'恶少年'，这些人成为历次征发戍边的对象"，昭帝元凤五年（前 76 年）的诏令，"通过征发戍边，来减少逃亡者、恶少年对地方治安的破坏，不失为一种有效的措施"。③ 与秦汉时期推行的谪戍和罪人徙边相比，征发这些"恶少年"屯戍辽东，不仅能够增加一定数量的边民，而且由于其年富力强，在戍防方面可以发挥一定的作用。随后，元凤六年（前 75 年）春正月，又招募郡国徒修筑辽东、玄菟城。这显然又是在正常征发郡国徭戍之外，在全国郡国范围内招募人员进行大规模的城邑修建。不论是"恶少年"屯戍辽东，还是"募郡国徒筑辽东玄菟城"，都以保证戍卒、徭役的正常征发为前提，表明汉王朝这一时期坚持恢复民力、不与民争利的指导方针。更为重要的是，屯戍和筑城的地点都集中在辽东，一方面反映出汉王朝统治者加强辽东戍防力量的目的，另一方面也是开发辽东地区经济的重要举措。这样看来，昭帝于始元五年（前 82 年）将东北的真番、临屯郡撤销后，对东北地区的经济开发和管理仍然相当关注。正是由于昭帝君臣在进击乌桓后，着力加强东北戍防和经济建设，在乌桓再度侵犯边塞时，辽东地区并未受到较大的影响。从元凤五年（前 76 年）、六年（前 75 年）加强辽东郡戍防力量的举措，也反映出这一地区的防务形势已经受到乌桓"犯边"的影响。另据《汉书·天文志》记载，"元凤四年九月，客星在紫宫中斗枢极间。占曰：'为兵。'其五年六月，发三辅郡国少年诣北军。五年四月，烛星见奎、娄间。占曰'有土功，胡人死，边城和。'其六年正月，筑辽东、玄菟城。二月，度辽将军范明友击乌桓还"。④ 这进一步

---

① 《汉书》卷 7《昭帝纪》，中华书局点校本，1996，第 231 页。
② 张功：《秦汉逃亡犯罪研究》，湖北人民出版社，2006，第 57 页。
③ 张功：《秦汉逃亡犯罪研究》，湖北人民出版社，2006，第 61 页。
④ 《汉书》卷 26《天文志》，中华书局点校本，1996，第 1307 页。

证明，在辽东的屯戍、筑城与击乌桓之间有着密切的联系。正是由于西汉王朝在元凤三年（前78年）击败乌桓之后采取了积极的防御举措，才使辽东郡的防御能力得以维持，并且在元凤六年（前751年）乌桓再度侵犯幽州边郡时，能够派遣度辽将军范明友击破乌桓，以至于宣帝时，乌桓"乃稍保塞降附"。①

第二节　宣、元时期辽东郡的防务局势

宣帝、元帝时期，随着匈奴的内附，北边的防务形势较为平稳，辽东郡的防务形势随之缓解，获得较长时期的稳定发展。其间，影响辽东郡的防务形势的事件主要有以下两件。

一　乌桓保塞与匈奴内附

据《汉书·匈奴传》，宣帝即位之初，匈奴单于率领万骑出击乌孙，归途遭遇大雨雪，损失惨重，丁令、乌桓、乌孙分别自北、东、西攻击匈奴，造成匈奴伤亡惨重而且属国瓦解，汉军又分三路进击，匈奴无力还击，"边境少事矣"。② 此后，神爵四年（前58年）乌桓曾出击匈奴东边姑夕王，"颇得人民"，姑夕王与匈奴贵族共立呼韩邪单于。③ 这样看来，宣帝时期以乌桓保塞的同时，择机进击匈奴，在一定程度上削弱了匈奴的实力。宣帝甘露三年（前51年），呼韩邪单于朝汉为藩臣，"郅支单于远遁"，"匈奴遂定"。④ 根据史书记载，宣帝、元帝与匈奴订有旧约，其内容大致为："自长城以南天子有之，长城以北单于有之。有犯塞，辄以状闻；有降者，不得受。"⑤ 在匈奴与乌桓的关系问题上，西汉王朝与匈奴也达成了一定的默契。据《汉书·匈奴传》记载，王莽向匈奴颁布汉"四条"，而后护乌桓校尉的属官护乌桓使者诏告乌桓，不再向匈奴缴纳皮布税，并且乌桓民众拒绝与匈奴进行贸易。⑥ 这就是说，宣、

---

① 《后汉书》卷90《乌桓列传》，中华书局点校本，2001，第2981页。
② 《汉书》卷94《匈奴传上》，中华书局点校本，1996，第3787页。
③ 《汉书》卷94《匈奴传上》，中华书局点校本，1996，第3790页。
④ 《汉书》卷8《宣帝纪》，中华书局点校本，1996，第271页。
⑤ 《汉书》卷94《匈奴传下》，中华书局点校本，1996，第3818页。
⑥ 《汉书》卷94《匈奴传下》，中华书局点校本，1996，第3820页。

元以来，乌桓仍然需要向匈奴缴纳皮布税，并且在匈奴使者征税时与之进行贸易。乌桓一方面为汉王朝驻防边塞，另一方面又受到匈奴的盘剥，与匈奴为敌也在情理之中。

对于辽东郡而言，由于乌桓阻隔匈奴，其北边防务基本上以戍边、屯戍为常务，并无战事之忧。江娜博士在博士学位论文《汉代边防体系研究》中，曾对汉代边防体系的功能做出了界定，提出："汉代边防体系也同时具有外防和内治两种功能：所谓'外防'即防御外敌入侵，是初期边防以防卫为主体的内涵；'内治'即维护本地区政治稳定，社会发展。"① 尽管辽东郡远非内郡，但是北边有乌桓内附，东北有玄菟太守承担东北民族事务，因而在防御外族入侵上的防务功能在弱化，而在对内维护郡县稳定发展上的防务功能在加强，这应该是西汉中后期辽东郡防务功能的重要变化所在。

尽管如此，用于对外防御的辽东郡的防务建制并未被完全废置，对外防御功能仍然发挥重要的作用。史书记载，宣帝神爵元年（前61年）汉王朝出兵征讨反叛的西羌，其秋，后将军赵充国上书"言屯田之计"。② 在奏报宣帝时，赵充国指出："窃见北边自敦煌至辽东万一千五百余里，乘塞列隧有吏卒数千人，虏数大众攻之而不能害。"③ 又言："且匈奴不可不备，乌桓不可不忧。"④ 在后将军赵充国的上书中，反映了宣帝时期与西汉王朝设在北部疆域的其他边郡一样，辽东郡的边地派遣数千吏卒守卫边塞，并且有效地抵御外敌。赵充国还强调在平定西羌反叛的同时，西汉王朝还要防备匈奴、乌桓，不能放松警惕。在汉王朝与匈奴关系最为和睦且有乌桓保塞的宣帝时期，辽东郡的北边防务建制不仅没有废弃，仍然常驻吏卒，有效戍卫边地。与此同时，君臣时刻警惕匈奴、乌桓，平定西羌叛乱，坚决维护主权，积极治理边地。辽东郡的防务形势虽然有了明显的变化，但是其防务建制仍然具备对外防御的功能，尤其在守备匈奴、乌桓上并未放松警惕。

---

① 江娜：《汉代边防体系研究》，博士学位论文，华中师范大学历史文化学院，2013，第13页。
② 《汉书》卷8《宣帝纪》，中华书局点校本，1996，第261页。
③ 《汉书》卷69《赵充国传》，中华书局点校本，1996，第2989页。
④ 《汉书》卷69《赵充国传》，中华书局点校本，1996，第2990页。

二　边地戍防政策的讨论

《汉书·匈奴传》记载，元帝竟宁元年（前 33 年），呼韩邪单于入朝，上书请求撤去边郡驻防边塞的吏卒，朝臣对此进行了一番讨论。其文如下：

> 郅支既诛，呼韩邪单于且喜且惧，上书言曰："常愿谒见天子，诚以郅支在西方，恐其与乌孙俱来击臣，以故未得至汉。今郅支已伏诛，愿入朝见。"竟宁元年，单于复入朝，礼赐如初，加衣服锦帛絮，皆倍于黄龙时。单于自言愿婿汉氏以自亲。元帝以后宫良家子王墙字昭君赐单于。单于欢喜，上书愿保塞上谷以西至敦煌，传之无穷，请罢边备塞吏卒，以休天子人民。天子令下有司议，议者皆以为便。郎中侯应习边事，以为不可许。上问状，应曰："周秦以来，匈奴暴桀，寇侵边境，汉兴，尤被其害。臣闻北边塞至辽东，外有阴山，东西千余里，草木茂盛，多禽兽，本冒顿单于依阻其中，治作弓矢，来出为寇，是其苑囿也。至孝武世，出师征伐，斥夺此地，攘之于幕北。建塞徼，起亭隧，筑外城，设屯戍，以守之，然后边境得用少安。幕北地平，少草木，多大沙，匈奴来寇，少所蔽隐，从塞以南，径深山谷，往来差难。边长老言匈奴失阴山之后，过之未尝不哭也。如罢备塞戍卒，示夷狄之大利，不可一也。今圣德广被，天覆匈奴，匈奴得蒙全活之恩，稽首来臣。夫夷狄之情，困则卑顺，强则骄逆，天性然也。前以罢外城，省亭隧，今裁足以候望通烽火而已。古者安不忘危，不可复罢，二也。中国有礼义之教，刑罚之诛，愚民犹尚犯禁，又况单于，能必其众不犯约哉！三也。自中国尚建关梁以制诸侯，所以绝臣下之觊欲也。设塞徼，置屯戍，非独为匈奴而已，亦为诸属国降民，本故匈奴之人，恐其思旧逃亡，四也。近西羌保塞，与汉人交通，吏民贪利，侵盗其畜产妻子，以此怨恨，起而背畔，世世不绝。今罢乘塞，则生嫚易分争之渐，五也。往者从军多没不还者，子孙贫困，一旦亡出，从其亲戚，六也。又边人奴婢愁苦，欲亡者多，曰'闻匈奴中乐，无奈候望急何！'然时有亡出塞者，七也。盗贼桀黠，群辈犯法，如其窘急，亡走北出，则不可制，八也。起塞以来百有余年，非皆以土垣

也，或因山岩石，木柴僵落，溪谷水门，稍稍平之，卒徒筑治，功费久远，不可胜计。臣恐议者不深虑其终始，欲以壹切省徭戍，十年之外，百岁之内，卒有它变，障塞破坏，亭隧灭绝，当更发屯缮治，累世之功不可卒复，九也。如罢戍卒，省候望，单于自以保塞守御，必深德汉，请求无已。小失其意，则不可测。开夷狄之隙，亏中国之固，十也。非所以永持至安，威制百蛮之长策也。"

对奏，天子有诏："勿议罢边塞事。"使车骑将军口谕单于曰："单于上书愿罢北边吏士屯戍，子孙世世保塞。单于乡慕礼义，所以为民计者甚厚，此长久之策也，朕甚嘉之。中国四方皆有关梁障塞，非独以备塞外也，亦以防中国奸邪放纵，出为寇害，故明法度以专众心也。敬谕单于之意，朕无疑焉。为单于怪其不罢，故使大司马车骑将军嘉晓单于。"单于谢曰："愚不知大计，天子幸使大臣告语，甚厚！"①

根据上文，呼韩邪单于提出"罢边塞吏卒"之请，既有远因，又有近因。远因有三：一是宣帝甘露二年（前52年）呼韩邪单于归附汉朝，并于甘露三年（前51年）入朝称臣，受宣帝礼遇；二是宣帝、元帝都曾转运边地粮谷供给塞外匈奴民众；三是汉朝车骑都尉韩昌、光禄大夫张猛与匈奴呼韩邪单于订立盟约，曰"自今以来，汉与匈奴合为一家，世世毋得相诈相攻。有窃盗者，相报，行其诛，偿其物；有寇，发兵相助。汉与匈奴敢先背约者，受天不祥。令其世世子孙尽如盟"②，元帝诏令"勿解盟"，承认盟约有效。近因有二：一是元帝发兵诛斩郅支单于；二是呼韩邪单于上书入朝，元帝许其入朝，礼遇有加，还同意和亲，将王昭君赏赐单于为阏氏。

元帝令朝臣讨论呼韩邪单于的提议，不谙边地情况的朝臣多以为可行，唯有任郎中的侯应提出反对意见。侯应列出十项理由，说服元帝，使其最终拒绝了呼韩邪单于。这十项理由中，前九项都在阐明边塞设置的必要性，只有第十项是防止匈奴贪得无厌、索求无度。其中，九项必要性分别是：其一，守备夷狄；其二，居安思危；其三，防止匈奴背约反叛；其四，防止降民逃亡；其五，防止吏民与外族结怨导致反叛；其六，防止被俘军属逃亡；其七，防止奴婢逃亡；其八，防止盗贼逃亡；

---

① 《汉书》卷94《匈奴传下》，中华书局点校本，1996，第3803～3805页。
② 《汉书》卷94《匈奴传下》，中华书局点校本，1996，第3801页。

其九，修缮之功一旦弃之难以恢复。上述九项基本符合辽东郡等边郡的驻防功能，既有对塞内边民的防范管理，又有对塞外民族的防御。由此阐明边塞的功能，以及守卫边地的必要性。

第三节　王莽时期辽东郡的防务隐患

昭帝时期，"汉四郡"的调整表明西汉王朝在东北地区的统治面临相当大的挑战，而主要的问题聚焦在东北秽貊民族的兴起。西汉后期，东北地区秽貊民族先后建立了夫余、高句丽两个民族政权。王莽当政后，对东北民族采取的"高压"政策，造成西汉王朝在东北的统治形势急转直下，辽东郡的防务隐患随之愈发严重。

一　东夷民族的兴起

汉武帝以武力经略朝鲜，"灭朝鲜，分置乐浪、临屯、玄菟、真番四(郡)"。[1] 昭帝以来，西汉王朝对"汉四郡"进行两次大规模的调整：第一次，是昭帝始元五年（前82年）裁撤临屯、真番二郡，并入乐浪、玄菟，将玄菟郡治迁至句骊县，以单单大领为乐浪、玄菟的分界，其东包括沃沮、秽貊皆分属乐浪郡；第二次，设置乐浪东部都尉，划分领属东部七县。[2] 其中，沃沮在归属问题上变化显著。史书记载："武帝灭朝鲜，以沃沮地为玄菟郡。后为夷貊所侵，徙郡于高句骊西北，更以沃沮为县，属乐浪东部都尉。"[3] 根据这一记载，沃沮由玄菟郡改属乐浪东部都尉，其间玄菟郡向西北方向内迁，表明自武帝设置"汉四郡"至两次郡县调整，沃沮一直受郡县统治，郡县调整后，沃沮作为单单大领以东地区，其置县由乐浪东部都尉领属。西汉末年，沃沮备受周边民族欺凌，反映了东夷民族发展的新变化，而乐浪东部都尉的设置，在一定程度上就是要加强对郡县的守卫力量。"汉四郡"的建制调整，反映了西汉末年东北地区局势的变化，即在朝鲜灭亡后秽貊民族力量重新整合，这就成为西汉王朝统治集团面临的新问题。

---

① 《后汉书》卷85《东夷列传》，中华书局点校本，2001，第2817页。
② 《后汉书》卷85《东夷列传》，中华书局点校本，2001，第2817页。
③ 《后汉书》卷85《东夷列传》，中华书局点校本，2001，第2816页。

据史书记载，西汉后期，夫余、高句丽先后在东北地区建立民族政权，并且向中央王朝称臣，由玄菟郡进行相关事务的管理。夫余国由北夷索离国王子东明南逃至掩㴨水，"因至夫余而王之焉"。夫余国因地理位置在东夷中而具备得天独厚的条件，平敞的平原地区适宜五谷生长；物产丰富，有"名马、赤玉、貂豽，大珠如酸枣"；筑城，"以员栅为城，有宫室、仓库、牢狱"；有军队，"其人粗大强勇而谨厚，不为寇钞。以弓矢刀矛为兵"；设置职官，"以六畜名官，有马加、牛加、狗加，其邑落皆主属诸加"；在宴饮习俗上，"食饮用俎豆，会同拜爵洗爵，揖让升降。以腊月祭天，大会连日，饮食歌舞，名曰'迎鼓'"；在法制上，"是时断刑狱，解囚徒"；在军事上，"有军事亦祭天，杀牛，以蹄占其吉凶"；在风俗上，"行人无昼夜，好歌吟，音声不绝"，"其俗用刑严急，被诛者皆没其家人为奴婢"，"盗一责十二"，"男女淫皆杀之，尤治恶妒妇，既杀，复尸于山上"，"兄死妻嫂"，"死则有椁无棺"，"杀人殉葬，多者以百数"。① 其中，夫余国王用玉匣下葬，汉王朝为其制备玉匣，交由玄菟郡保管，在王死后迎取用以安葬。这就表明夫余国向汉王朝称臣，且接受朝廷印绶。与此同时，在夫余东北千余里的挹娄在汉兴以后"臣属夫余"。② 总而言之，夫余国在西汉时期建立地方民族政权，接受汉王朝印绶，在势力上最为强大。③

高句丽是东夷中重要的一支。高句丽建都丸都，户数多达三万，④"地方二千里"，"多大山深谷"，"少田业"，"故其俗节于饮食，而好修宫室"。⑤ 相传高句丽为夫余的一支，二者在言行上多有相同。据《后汉书·东夷列传》，高句丽分为五个部族，分别为消奴部、绝奴部、顺奴部、灌奴部和桂娄部；最初由消奴部首领为高句丽王，桂娄部后起，取而代之；置官主要包括相加、对卢、沛者、古邹大加、主簿、优台、使者和帛衣先人。⑥ 汉武帝灭朝鲜后，设高句丽县，属玄菟郡，并且颁赐鼓吹伎人。在风俗上，"其俗淫，皆洁净自喜，暮夜辄男女群聚为倡乐"；

---

① 《后汉书》卷85《东夷列传》，中华书局点校本，2001，第2811页。
② 《后汉书》卷85《东夷列传》，中华书局点校本，2001，第2812页。
③ 刘信君主编《中国古代治理东北边疆思想研究》，吉林人民出版社，2008，第41页。
④ 《三国志》卷30《东夷传》，中华书局点校本，2000，第843页。
⑤ 《后汉书》卷85《东夷列传》，中华书局点校本，2001，第2813页。
⑥ 《后汉书》卷85《东夷列传》，中华书局点校本，2001，第2813页。

在祭祀方面，"好祠鬼神、社稷、零星，以十月祭天大会，名曰'东盟'"，"其国东有大穴，号禭神，亦以十月迎而祭之"；在服饰上，"其公会衣服皆锦绣，金银以自饰"，"大加、主簿皆著帻，如冠帻而无后；其小加著折风，形如弁"；在法制上，"无牢狱，有罪，诸加评议便杀之，没入妻子为奴婢"；在婚俗上，"其昏姻皆就妇家，生子长大，然后将还，便稍营送终之具"；在丧葬上，"金银财币尽于厚葬，积石为封，亦种松柏"；在军事上，"其人性凶急，有气力，习战斗，好寇钞，沃沮、东秽皆属焉"。① 另外，高句丽建国，"依大水而居"，其中一支名为"小水貊"，在西安平县北有小水，南流入海，小水貊"依小水作国"，"出好弓，所谓貊弓是也"。② 根据史书记载，高句丽在西汉建国，自汉武帝灭朝鲜后向汉王朝臣属，属玄菟郡，作为地方民族政权，接受中央王朝的封号和印绶。③ 随着高句丽势力的发展，沃沮、东秽都向其臣属。

东夷民族并未如乌桓一样安置在辽东郡的缘边地区，不再由辽东郡统领。尽管如此，东夷民族的发展壮大势必影响中央王朝在东北地区的防务形势，从而在一定程度上对东北边郡的防务建制提出相应的要求。对于辽东郡而言，东夷民族兴起以来，东北郡县的调整导致辽东郡辖区缩小。尽管如此，辽东郡在王莽时期仍然是东夷民族攻击的目标，防务形势相当紧张，防务建制的压力逐渐显现出来。

二 王莽的边郡建制新政

据《汉书·王莽传》记载，天凤元年（14 年），王莽对官制进行了较大的改革。王莽在进行官制改革的同时，也注意在边郡的军事建制问题。史书记载："莽以《周官》、《王制》之文，置卒正、连率、大尹，职如太守；属令、属长，职如都尉。置州牧、部监二十五人，见礼如三公。监位上大夫，各主五郡。公氏作牧，侯氏卒正，伯氏连率，子氏属令，男氏属长，皆世其官。其无爵者为尹。分长安城旁六乡，置帅各一人。分三辅为六尉郡，河东、河内、弘农、河南、颍川、南阳为六队郡，置大夫，职如太守；属正，职如都尉。更名河南大尹曰保忠信卿。益河

---

① 《后汉书》卷 85《东夷列传》，中华书局点校本，2001，第 2813 页。
② 《三国志》卷 30《东夷传》，中华书局点校本，2000，第 844 页。
③ 刘信君主编《中国古代治理东北边疆思想研究》，吉林人民出版社，2008，第 42 页。

南属县满三十。置六郊州长各一人，人主五县。及它官名悉改。大郡至分为五。郡县以亭为名者三百六十，以应符命文也。缘边又置竟尉，以男为之。诸侯国闲田，为黜陟增减云。莽下书曰：'常安西都曰六乡，众县曰六尉。义阳东都曰六州，众县曰六队。粟米之内曰内郡，其外曰近郡。有鄣徼者曰边郡。合百二十有五郡。九州之内，县二千二百有三，公作甸服，是为惟城；诸在侯服，是为惟宁；在采、任诸侯，是为惟翰；在宾服，是为惟屏；在揆文教，奋武卫，是为惟垣；在九州之外，是为惟藩：各以其方为称，总为万国焉。'其后，岁复变更，一郡至五易名，而还复其故。吏民不能纪，每下诏书，辄系其故名，曰：'制诏陈留大尹、太尉：其以益岁以南付新平。新平，故淮阳。以雍丘以东付陈定。陈定，故梁郡。以封丘以东付治亭。治亭，故东郡。以陈留以西付祈隧。祈隧，故荥阳。陈留已无复有郡矣。大尹、太尉，皆诣行在所。'其号令变易，皆此类也。"① 其中，关于辽东郡的建置，新政主要体现在以下几个方面。

其一，明确了辽东郡为"边郡"。从燕秦至西汉，辽东郡皆设有鄣徼，符合王莽改制对于"边郡"的规定，即"有鄣徼者曰边郡"。

其二，郡守更名为大尹，都尉吏名太尉，并且设有治所，管理属县。县令、长改为县宰。② 学者指出，王莽改革地方官制，与汉代的区别有二："一是通过天凤元年重划行政区域，比汉代增加了二十二郡，六百一十五县，郡县的面积缩小，郡县官的权力也随之削弱"；二是"地皇元年，王莽令卒正、连率、大尹加号为将军，属令、长为裨将军，县宰为校尉，实行了文武合一的地方官制"。③ 对于辽东郡而言，前者由于史料不足而不可详考，后者应该得到了推行。

其三，在边郡设置竟尉，由"公、侯、伯、子、男"五等爵中的男爵担任。辽东郡是边郡之一，也应设置竟尉。光武帝精兵简政时，撤销内地都尉的同时又在边郡保留都尉的设置，表明都尉在边郡建制中具有不可替代的重要性。王莽改制，所设"竟尉"应该是地方职官，但是其与边郡的郡尉在职能上有较大的重合，是否取代郡尉尚不可得知，但是其由男爵出任，表明王莽改制时应该也是与光武帝时一样，肯定边地防务的重要性。

---

① 《汉书》卷99《王莽传中》，中华书局点校本，1996，第4136~4137页。
② 刘德增：《王莽官制述论》，《山东师大学报》1985年第4期。
③ 刘德增：《王莽官制述论》，《山东师大学报》1985年第4期。

其四，王莽推行世官，规定："公氏作牧，侯氏卒正，伯氏连率，子氏属令，男氏属长，皆世其官。"因此，在郡守、都尉的职官设置上将秩禄制与世袭制相结合，推行官职与爵位相统一的制度。据《后汉书·耿弇列传》，王莽时耿弇之父耿况被任用为朔调的连率，注曰："王莽改上谷郡曰朔调，守曰连率。"① 又《汉书·王莽传》记载，田谭为辽西大尹。② 在王莽时期较为混乱的官制改革之中，郡守的称谓各异，由此可见一斑。

其五，属县名称有所调整。据《汉书·地理志》，襄平改称"昌平"，望平改称"长说"，辽队改称"顺睦"，辽阳改称"辽阴"，武次改称"桓次"，西安平改称"北安平"，文改称"文亭"。③ 十八属县中，名称调整者为七县，几乎占总数的39%。从调整的名称上看，以"亭"命名者为一县，属于"郡县以亭为名者三百六十"的情况。

综上所述，尽管王莽地方官制改革名目多样，但是与西汉时期官制相比，缺少实质性变化，推行至辽东郡，在史书中相关的记载基本上都减省了。尤其是王莽改制未来得及触动郡县属吏和乡、亭、里，④ 因而变化更少。

三 王莽的民族政策

《中国东北史》将王莽时期的民族政策归纳为"高压"是非常准确的。王莽之所以推行这样的"高压"政策，是因为受到当时西汉士人的"华夷观"的影响。⑤《中国东北史》论述了王莽在东北推行的"高压"政策，包括："改换各少数民族的印绶和封号""滥征兵卒，实行民族高压政策""王莽还把东北郡县的名称肆意加以改变，有许多县是带有民族侮辱性的"。⑥ 对于王莽的"华夷观"，《中国古代治理东北边疆思想研究》又将其表现归纳为三个方面：一是"极端歧视少数民族，认为他们是低贱民族，可以任意支配、欺压、凌辱他们"；二是"强调华、夷对立，煽动民族仇恨"；三是"以'威'治边，轻启边衅"。⑦《两汉时期的

---

① 《后汉书》卷19《耿弇列传》，中华书局点校本，2001，第703页。
② 《汉书》卷99《王莽传中》，中华书局点校本，1996，第4130页。
③ 《汉书》卷28《地理志下》，中华书局点校本，1996，第1626页。
④ 刘德增：《王莽官制述论》，《山东师大学报》1985年第4期。
⑤ 刘信君主编《中国古代治理东北边疆思想研究》，吉林人民出版社，2008，第42页。
⑥ 佟冬主编《中国东北史》第一卷，吉林文史出版社，2006，第325~326页。
⑦ 刘信君主编《中国古代治理东北边疆思想研究》，吉林人民出版社，2008，第42~43页。

边政与边吏》探讨了"王莽的边政改革及评价",分别阐述"西汉王朝末至新朝初期的边疆民族概况"、"王莽的边政改革"和"王莽边疆政策的评价",文中强调王莽边疆政策以"改四夷诸王为侯"作为核心,指出"王莽边政改革的目的是加强中央集权"。[1] 对于辽东郡的防务而言,王莽时期的边政主要对周边民族造成影响,从而导致边地局势出现如下变化。

其一,对夫余。始建国元年(9 年),王莽策命"普天之下,迄于四表,靡所不至",东遣使者至夫余,[2] 推行"改四夷诸王为侯"的边政。[3] 夫余王接受王莽朝的印绶,表明夫余国正式臣属王莽朝。根据《汉书·王莽传》中严尤的进言,一旦高句丽叛乱,夫余也有叛乱的可能,表明当时中央对东北少数民族的管理和控制已经出现了较为严重的问题。正如李大龙先生在《两汉时期的边政与边吏》一书中对王莽边疆政策做出的评价,西汉王朝末年存在的政治弊病和社会矛盾已经积重难返,王莽改革只能是杯水车薪。[4] 这样看来,王莽新朝实际上无力加强对东北民族控制。

其二,对高句丽。始建国元年(9 年),王莽同样遣使者东至高句丽,[5] 推行"改四夷诸王为侯"的边政,对高句丽将王号改为"高句骊侯"。[6]《汉书·王莽传》记载:"初,五威将帅出,改句町王以为侯,王邯怨怒不附。莽讽牂柯大尹周歆诈杀邯。邯弟承起兵攻杀歆。先是,莽发高句骊兵,当伐胡,不欲行,郡强迫之,皆亡出塞,因犯法为寇。辽西大尹田谭追击之,为所杀。州郡归咎于高句骊侯骓。严尤奏言:'貉人犯法,不从骓起,正有它心,宜令州郡且慰安之。今猥被以大罪,恐其遂畔,夫余之属必有和者。匈奴未克,夫余、秽貉复起,此大忧也。'莽不慰安,秽貉遂反,诏尤击之。尤诱高句骊侯骓至而斩焉,传首长安。莽大说,下书曰:'乃者,命遣猛将,共行天罚,诛灭虏知,分为十二部,或断其右臂,或斩其左腋,或溃其胸腹,或绌其两胁。今年刑在东

①　李大龙:《两汉时期的边政与边吏》,黑龙江教育出版社,1996,第 42、47、52、53 页。
②　《汉书》卷 99《王莽传中》,中华书局点校本,1996,第 4115 页。
③　李大龙:《两汉时期的边政与边吏》,黑龙江教育出版社,1996,第 49 页。
④　李大龙:《两汉时期的边政与边吏》,黑龙江教育出版社,1996,第 56 页。
⑤　《汉书》卷 99《王莽传中》,中华书局点校本,1996,第 4115 页。
⑥　李大龙:《两汉时期的边政与边吏》,黑龙江教育出版社,1996,第 49 页。

方，诛貉之部先纵焉。捕斩虏骀，平定东域，虏知殄灭，在于漏刻。此乃天地群神社稷宗庙佑助之福，公卿大夫士民同心将率虓虎之力也。予甚嘉之。其更名高句骊为下句骊，布告天下，令咸知焉。'于是貉人愈犯边，东北与西南夷皆乱云。"① 根据史书，王莽时高句丽为侯国，② 王莽欲发高句丽兵征句町，由边郡负责征发。高句丽兵主观上"不欲行"，遭到边郡强制征发，于是逃亡出塞，成为叛军。值得一提的是，此次高句丽兵亡出塞外，负责追击的主帅为辽西大尹田谭。在田谭追击被杀后，州郡将责任推卸到高句丽侯骀身上。严尤在奏言中指出，州郡推卸责任的做法非常不可取，高句丽之所以发生叛逃事件，其责任不在高句丽侯骀身上，而是因为当时的中央王朝在管理上存在问题。他提示王莽，州郡应该抚慰招安高句丽兵，而不是挑起战乱，否则会导致夫余、秽貊起兵叛乱，东北局势彻底陷入混乱。但是坚持高压政策的王莽并没有接受严尤的建议，导致高句丽叛乱，王莽派遣严尤出兵诱斩高句丽侯骀，并以此为荣，传首长安，导致貉人犯边愈发严重，东北少数民族地区脱离中央的管控。

其三，对乌桓。史书中记载了王莽时期对乌桓影响较大的两件史事。《汉书·匈奴传》记载：

> 会西域车师后王句姑、去胡来王唐兜皆怨恨都护校尉，将妻子人民亡降匈奴，语在《西域传》。单于受置左谷蠡地，遣使上书言状曰："臣谨已受。"诏遣中郎将韩隆、王昌、副校尉甄阜、侍中谒者帛敞、长水校尉王歙使匈奴，告单于曰："西域内属，不当得受，今遣之。"单于曰："孝宣、孝元皇帝哀怜，为作约束，自长城以南天子有之，长城以北单于有之。有犯塞，辄以状闻；有降者，不得受。臣知父呼韩邪单于蒙无量之恩，死遗言曰：'有从中国来降者，勿受，辄送至塞，以报天子厚恩。'此外国也，得受之。"使者曰："匈奴骨肉相攻，国几绝，蒙中国大恩，危亡复续，妻子完安，累世相继，宜有以报厚恩。"单于叩头谢罪，执二虏还付使者。诏使中郎将王萌待西域恶都奴界上逆受。单于遣使送到国，因请其罪。使者以闻，有诏不听，会西域诸国王斩以示之。乃造设四条：中国人亡入

① 《汉书》卷99《王莽传中》，中华书局点校本，1996，第4130页。
② 《三国志》卷30《东夷传》，中华书局点校本，2000，第844页。

匈奴者，乌孙亡降匈奴者，西域诸国佩中国印绶降匈奴者，乌桓降匈奴者，皆不得受。遣中郎将王骏、王昌、副校尉甄阜、王寻使匈奴，班四条与单于，杂函封，付单于，令奉行，因收故宣帝所为约束封函还。时，莽奏令中国不得有二名，因使使者以风单于，宜上书慕化，为一名，汉必加厚赏。单于从之，上书言："幸得备藩臣，窃乐太平圣制，臣故名囊知牙斯，今谨更名曰知。"莽大说，白太后，遣使者答谕，厚赏赐焉。

汉既班四条，后护乌桓使者告乌桓民，毋得复与匈奴皮布税。匈奴以故事遣使者责乌桓税，匈奴人民妇女欲贾贩者皆随往焉。乌桓距曰："奉天子诏条，（不）当予匈奴税。"匈奴使怒，收乌桓酋豪，缚到悬之。酋豪昆弟怒，共（杀）匈奴使及其官属，收略妇女马牛。单于闻之，遣使发左贤王兵入乌桓责杀使者，因攻击之。乌桓分散，或走上山，或东保塞。匈奴颇杀人民，驱妇女弱小且千人去，置左地，告乌桓曰："持马畜皮布来赎之。"乌桓见略者亲属二千余人持财畜往赎，匈奴受，留不遣。①

汉"四条"是针对匈奴收降西域车师后王和去胡来王的部众而颁布的新约束，要求匈奴不得收降中国、乌孙、西域、乌桓等国家和地区逃亡匈奴的人，其中西域又限定为接受中国印绶的国家。这一约束条款，表明王莽执政期间对宣帝时期推行的政策有所调整，进一步加强对匈奴的控制，与对乌孙、西域辖区、乌桓的政策同样旨在加强管理。"四条"颁布后，由护乌桓校尉的属官护乌桓使者传达到乌桓，要求乌桓民众不得向匈奴缴纳皮布税。显然，在"四条"颁布之前，匈奴历来向乌桓收取税赋，名为"皮布税"之类，并且在收缴乌桓税的同时，匈奴民众随行前往，与乌桓进行边贸活动。"四条"中只规定匈奴不得收降乌桓逃亡匈奴者，并未明令禁止匈奴收缴乌桓税，更没有关于边民贸易活动的规定。护乌桓使者在传达"四条"的同时，已经向乌桓民众告知汉王朝禁止乌桓向匈奴缴税，应该是王莽加强对乌桓管理的政策。根据史书记载，"四条"与取消乌桓"皮布税"是汉王朝与匈奴、乌桓民族订立的不同约束，尤其是匈奴一方对后者应

---

① 《汉书》卷94《匈奴传下》，中华书局点校本，1996，第3818～3820页。

该并不知情。当匈奴使者率领民众前往乌桓征收"皮布税"并进行边贸活动时，遭到乌桓一方严词拒绝，其根据正是汉天子颁布的诏书，即"奉天子诏条，不当予匈奴税"。这一言辞激怒了匈奴使者，导致匈奴一方将乌桓的酋豪收捕，并且绑缚高悬示众。匈奴使者的举动同样激怒了乌桓酋豪的族人，他们合力击杀匈奴使者及其属官，并且抢夺匈奴前来进行边民贸易的妇女以及用于边民贸易的牲畜马牛。匈奴单于得知使者与乌桓之间的矛盾冲突后，派遣左贤王以问责乌桓斩杀匈奴使者一事为由发兵攻击乌桓。乌桓部众分散逃亡山林或东部边塞，匈奴杀戮乌桓民众，虏获妇女弱小达千人并置之匈奴左地，又告知乌桓用"皮布税"去赎还妇孺。乌桓被掳掠者家属二千余人送财物畜产去往匈奴，同样被匈奴扣押。因此，汉朝颁布的"四条"和取消乌桓的"皮布税"之举，挑起了匈奴、乌桓之间的民族矛盾，其结果是乌桓人财两失。

《后汉书·乌桓列传》记载："及王莽篡位，欲击匈奴，与十二部军，使东域将严尤领乌桓、丁令兵屯代郡，皆质其妻子于郡县。乌桓不便水土，惧久屯不休，数求谒去。莽不肯遣，遂自亡畔，还为抄盗，而诸郡尽杀其质，由是结怨于莽。匈奴因诱其豪帅以为吏，余者皆羁縻属之。"[1] 另据《三国志》注引《魏书》，"至王莽末，并与匈奴为寇"。[2] 又据《后汉书·鲜卑列传》记载，"光武初，匈奴强盛，率鲜卑与乌桓寇抄北边，杀略吏人，无有宁岁。"[3] 王莽征用乌桓兵出击匈奴，强横地将乌桓兵的妻子儿女收至郡县为质，不顾乌桓兵基于水土不服和担忧长期屯戍等主客观原因而提出的返还要求，甚至在拒绝乌桓兵的诉求后，因乌桓兵逃亡而设置埋伏，还尽杀安置在各郡的乌桓人质，导致与乌桓结怨。乌桓因此接受匈奴的统领，其豪帅入匈奴为官长，其部众接受匈奴的领属。两汉之际，乌桓成为匈奴为寇边郡的帮凶，至东汉初年与鲜卑一道为患北边。

王莽的民族政策，不仅未能强化中央王朝对东北地区的控制，相反激起高句丽、乌桓的反叛。东北民族的反叛导致中央王朝在北边和东北

① 《后汉书》卷90《乌桓列传》，中华书局点校本，2001，第2981页。
② 《三国志》卷30《东夷传》注引《魏书》，中华书局点校本，2000，第833页。
③ 《后汉书》卷90《鲜卑列传》，中华书局点校本，2001，第2985页。

都受到相当严峻的军事威胁，在辽东郡的统治受到新的挑战。这一时期，王莽政权已无力对东北民族进行统治，更为严重的是导致中央王朝在边郡的统治也岌岌可危，其直接的结果是在两汉之际形成地方势力对东北边郡短暂割据。直到东汉政权经过多年经略才重建辽东郡的统治秩序，恢复辽东郡的防务建制，并且重新与东北各族建立联系，争取乌桓、鲜卑、夫余、高句丽等民族的归附。

第五章　东汉初年辽东郡防务的重建

第一节　两汉之际辽东郡的短暂割据

公元 12 年，即王莽始建国四年，东北高句丽貊人反叛，中央王朝已失去对东北地区少数民族的控制。关于辽东郡的情况，史书中较少提及，只有几条相关的线索。王莽统治末期，"瓜田仪、吕母、绿林军相继起义"。[①] 据《后汉书·刘玄列传》，绿林军自地皇二年（21 年）大破荆州牧军，其势力"州郡不能制"，次年因疾疫大规模爆发，部众分散，入南郡者"号下江兵"，入南阳者"号新市兵"，又有"平林兵"聚众千余人。[②] 光武帝与其兄刘伯升起兵于春陵，诸部合兵并于地皇三年（22 年）推立刘玄为天子，建立更始政权。[③] 更始政权进攻洛阳，不仅"三辅震动"，而且"海内豪杰翕然响应，皆杀其牧守，自称将军，用汉年号，以待诏命，旬月之间，遍于天下"。[④] 据《后汉书·景丹列传》和《后汉书·耿弇列传》记载，在王莽政权衰败、更始政权建立之际，诸郡县在政治抉择上不尽相同。对于大多数郡县而言，"及王莽败，更始立，诸将略地者，前后多擅威权，辄改易守、令"。[⑤] 在上谷郡，"更始立，遣使者徇上谷"。[⑥] 面对更始政权的招降，被王莽任用为"朔调连率"的耿况"自以莽之所置，怀不自安"，[⑦] 与出任长史的景丹一道，选择投诚更始政权，恢复汉制，出任上谷太守、上谷长史之职。[⑧] 另据《后汉书·耿弇列传》，

---

① 王云度撰《秦汉史编年》，凤凰出版社，2011，第 639 页。
② 《后汉书》卷 11《刘玄列传》，中华书局点校本，2001，第 467 ~ 468 页。
③ 《后汉书》卷 11《刘玄列传》，中华书局点校本，2001，第 469 页。
④ 《后汉书》卷 11《刘玄列传》，中华书局点校本，2001，第 469 页。
⑤ 《后汉书》卷 19《耿弇列传》，中华书局点校本，2001，第 703 页。
⑥ 《后汉书》卷 22《景丹列传》，中华书局点校本，2001，第 772 页。
⑦ 《后汉书》卷 19《耿弇列传》，中华书局点校本，2001，第 703 ~ 704 页。
⑧ 《后汉书》卷 22《景丹列传》，中华书局点校本，2001，第 772 页。

耿况子耿弇当时二十一岁，积极促成耿况投向更始政权，"因赍贡献，以求自固之宜"。① 与上谷郡的情况不同，渔阳太守为更始政权所立。据《后汉书·彭宠列传》，彭宠为南阳宛人，父彭宏在哀帝时任渔阳太守，在边地有威名，但是在王莽居摄时与何武、鲍宣一并被害。同传记述了彭宠任渔阳太守的经过，文曰："宠少为郡吏，地皇中，为大司空士，从王邑东拒汉军。到洛阳，闻同产弟在汉兵中，惧诛，即与乡人吴汉亡至渔阳，抵父时吏。更始立，使谒者韩鸿持节徇北州，承制得专拜二千石已下。鸿至蓟，以宠、汉并乡闾故人，相见欢甚，即拜宠偏将军，行渔阳太守事，汉安乐令。"② 在赵国，赵缪王之子刘林拥立王郎为天子，建立王郎政权，一度割据东北地区。史书记载，更始政权建立的当年，刘秀在刘玄的授权下，开始平定北方政局，辽东地区的形势有了较大的波动。更始元年（23 年）十月，刘玄定都洛阳。③ 刘秀任破虏将军，兼行大司马事，"持节北度河，镇慰州郡"。④ 史书记载，刘秀"进至邯郸，故赵缪王子林说光武曰：'赤眉今在河东，但决水灌之，百万之众可使为鱼。'光武不答，去之真定。"同传注曰："赤眉贼帅樊崇等恐其众与王莽兵乱，皆朱其眉以相别，故曰赤眉。"《续汉书》又载："是时上平河北，过邯郸，林进见，言赤眉可破。上问其故，对曰：'河水从列人北流；如决河水灌之，皆可令为鱼。'上不然之。"⑤ 根据这些记载，刘林在刘秀到达邯郸时曾献计破赤眉军。显然，刘秀与刘林并非同道，他果断拒绝了刘林的主张，并引兵去往真定。又据《后汉书·王昌列传》，无功而返的刘林于是与赵国大豪李育、张参等共同谋划，约定立赵国邯郸人王昌（又名王郎）为天子。当时传言赤眉军即将渡过黄河，因此刘林等假借成帝之子的名义拥立王郎，意在争取民心。⑥ 更始元年（23 年），在赵缪王子林与赵国大豪李育、张参等人的谋划和支持下，在邯郸城的赵王宫立王郎为天子，刘林为丞相，李育为大司马，张参为大将军，"分遣将帅，徇下幽、冀"，颁布檄文，借助成帝的名号，假借翟义的声望，"于是赵

① 《后汉书》卷 19《耿弇列传》，中华书局点校本，2001，第 704 页。
② 《后汉书》卷 12《彭宠列传》，中华书局点校本，2001，第 502 页。
③ 《后汉书》卷 11《刘玄列传》，中华书局点校本，2001，第 470 页。
④ 《后汉书》卷 1《光武帝纪上》，中华书局点校本，2001，第 10 页。
⑤ 《后汉书》卷 1《光武帝纪上》，中华书局点校本，2001，第 11 页。
⑥ 《后汉书》卷 12《王昌列传》，中华书局点校本，2001，第 491 页。

国以北，辽东以西，皆从风而靡"。① 王郎势力迅速发展，达到东北地区，辽东地区以西都在其势力范围之内。

王郎政权的建立，对更始政权造成了一定的影响。据《后汉书·耿弇列传》，上谷太守耿况遣子耿弇赴更始政权的途中，其属吏孙仓、卫包，谋划投靠王郎。史书记载，"及至宋子，会王郎诈称成帝子子舆，起兵邯郸，弇从吏孙仓、卫包于道共谋曰：'刘子舆成帝正统，舍此不归，远行安之？'弇按剑曰：'子舆弊贼，卒为降虏耳。我至长安，与国家陈渔阳、上谷兵马之用，还出太原、代郡，反覆数十日，归发突骑以轥乌合之众，如摧枯折腐耳。观公等不识去就，族灭不久也。'仓、包不从，遂亡降王郎"。② 与此同时，对抗王郎政权的力量也在集结。《后汉书·景丹列传》记载，王郎起兵，归降更始政权的上谷太守耿况与上谷长史景丹"共谋拒之"。③ 另据《后汉书·光武帝纪》，光武帝也与王郎政权周旋，并最终取得了邯郸的控制权。史书记载：

> 二年正月，光武以王郎新盛，乃北徇蓟。王郎移檄购光武十万户。而故广阳王子刘接，起兵蓟中以应郎，城内扰乱，转相惊恐，言邯郸使者方到，二千石以下皆出迎。于是光武趣驾南辕，晨夜不敢入城邑，舍食道傍。至饶阳，官属皆乏食。光武乃自称邯郸使者，入传舍。传吏方进食，从者饥，争夺之。传吏疑其伪，乃椎鼓数十通，绐言邯郸将军至，官属皆失色。光武升车欲驰；既而惧不免，徐还坐，曰："请邯郸将军入。"久乃驾去。传中人遥语门者闭之。门长曰："天下讵可知，而闭长者乎？"遂得南出。晨夜兼行，蒙犯霜雪，天时寒，面皆破裂。至呼沱河，无船，适遇冰合，得过，未毕数车而陷。进至下博城西，遑惑不知所之。有白衣老父在道旁，指曰："努力！信都郡为长安守，去此八十里。"光武即驰赴之，信都太守任光开门出迎。世祖因发旁县，得四千人，先击堂阳、贳县，皆降之。王莽和（成）卒正邳彤亦举郡降。又昌城人刘植，宋子人耿纯，各率宗亲子弟，据其县邑，以奉光武。于是北降下曲阳，众稍合，乐附者至有数万人。

---

① 《后汉书》卷 12《王昌列传》，中华书局点校本，2001，第 492~493 页。
② 《后汉书》卷 19《耿弇列传》，中华书局点校本，2001，第 704 页。
③ 《后汉书》卷 22《景丹列传》，中华书局点校本，2001，第 772 页。

复北击中山，拔卢奴。所过发奔命兵，移檄边部，共击邯郸，郡县还复响应。南击新市、真定、元氏、防子，皆下之，因入赵界。

时王郎大将李育屯柏人，汉兵不知而进，前部偏将朱浮、邓禹为育所破，亡失辎重。光武在后闻之，收浮、禹散卒，与育战于郭门，大破之，尽得其所获。育还保城，攻之不下，于是引兵拔广阿。会上谷太守耿况、渔阳太守彭宠各遣其将吴汉、寇恂等将突骑来助击王郎，更始亦遣尚书仆射谢躬讨郎，光武因大飨士卒，遂东围钜鹿。王郎守将王饶坚守，月余不下。郎遣将倪宏、刘奉率数万人救钜鹿，光武逆战于南䜌，斩首数千级。四月，进围邯郸，连战破之。五月甲辰，拔其城，诛王郎。收文书，得吏人与郎交关谤毁者数千章。光武不省，会诸将军烧之，曰："令反侧子自安。"①

根据记载，刘秀平定王郎政权大致可以分为三个阶段。第一阶段，刘秀为避其锋芒而屡次陷入被动。刘秀先是转移至涿郡蓟县，被王郎以十万户购赏，与此同时广阳王刘嘉之子刘接在蓟县起兵响应王郎。刘秀的处境非常狼狈，不仅被悬赏通缉，而且身处王郎政权掌控之地，不敢进入城邑"舍食"，饥寒交迫，又遭天寒霜雪，侥幸遇冰封呼沱河得以过河，还有数车辎重未过而陷落河中。第二阶段，刘秀行至"下博城西"，惶惑不知何去何从之际，得到道旁老者指点，奔赴同样接受长安更始政权统领的信都太守任光处，并且补充四千人，夺取堂阳、贳县，王莽和成卒正邳彤率郡投诚，昌城人刘植和宋子人耿纯率领宗亲子弟举县投靠刘秀，刘秀收降巨鹿郡的下曲阳，已经有数万人之众。随后，刘秀又夺取中山、卢奴，征发奔命兵，下发檄书征讨邯郸，得到响应。在向南进兵夺取新市、真定、元氏、防子诸县后，进入赵国范围。第三阶段，刘秀与王郎决战取胜。刘秀的前锋朱浮、邓禹率军攻击柏人，失利后收编散卒击破李育。在久攻柏人不下时，发兵攻下广阿。此时，上谷、渔阳突骑与更始帝所遣尚书仆射谢躬，赶赴刘秀军中，一同讨伐王郎。先是围攻巨鹿，然后取得南䜌之战的胜利，最后围攻邯郸，诛杀王郎。为了安定军心，刘秀将所收缴的王郎与己方吏人交结的文书一并烧毁。

刘秀争取到上谷、渔阳两郡的支持，并且剿灭王郎，都与耿弇在其

---

① 《后汉书》卷1《光武帝纪上》，中华书局点校本，2001，第12~15页。

间发挥的作用有着密切关系。《后汉书·耿弇列传》记载：

> 弇道闻光武在卢奴，乃驰北上谒，光武留署门下吏。弇因说护
> 军朱祐，求归发兵，以定邯郸。光武笑曰："小儿曹乃有大意哉！"
> 因数召见加恩慰。弇因从光武北至蓟。闻邯郸兵方到，光武将欲南
> 归，召官属计议。弇曰："今兵从南来，不可南行。渔阳太守彭宠，
> 公之邑人；上谷太守，即弇父也。发此两郡，控弦万骑，邯郸不足
> 虑也。"光武官属腹心皆不肯，曰："死尚南首，奈何北行入囊中？"
> 光武指弇曰："是我北道主人也。"会蓟中乱，光武遂南驰，官属各
> 分散。弇走昌平就况，因说况使寇恂东约彭宠，各发突骑二千匹，
> 步兵千人。弇与景丹、寇恂及渔阳兵合军而南，所过击斩王郎大将、
> 九卿、校尉以下四百余级，得印绶百二十五，节二，斩首三万级，
> 定涿郡、中山、钜鹿、清河、河间凡二十二县，遂及光武于广阿。
> 是时光武方攻王郎，传言二郡兵为邯郸来，众皆恐。既而悉诣营上
> 谒。光武见弇等，说，曰："当与渔阳、上谷士大夫共此大功。"乃
> 皆以为偏将军，使还领其兵。加况大将军、兴义侯，得自置偏裨。
> 弇等遂从拔邯郸。①

根据史书，耿弇为刘秀出谋划策，说服上谷、渔阳两郡太守发兵进
击王郎，攻取二十二县，又与刘秀会合，共同击败王郎。更为重要的是，
耿弇随后说服刘秀称帝，由刘秀平定王郎的功臣进而成为建立东汉王朝
的股肱。

同样，吴汉也是东汉王朝的开国功臣，参与促成渔阳太守彭宠投靠
刘秀。《后汉书·吴汉列传》记载：

> 吴汉字子颜，南阳宛人也。家贫，给事县为亭长。王莽末，以
> 宾客犯法，乃亡命至渔阳。资用乏，以贩马自业，往来燕、蓟间，
> 所至皆交结豪杰。更始立，使使者韩鸿徇河北。或谓鸿曰："吴子
> 颜，奇士也，可与计事。"鸿召见汉，甚悦之，遂承制拜为安乐令。
> 会王郎起，北州扰惑。汉素闻光武长者，独欲归心，乃说太守
> 彭宠曰："渔阳、上谷突骑，天下所闻也。君何不合二郡精锐，附刘

① 《后汉书》卷19《耿弇列传》，中华书局点校本，2001，第704～705页。

公击邯郸，此一时之功也。"宠以为然，而官属皆欲附王郎，宠不能夺。汉乃辞出，止外亭，念所以谲众，未知所出。望见道中有一人似儒生者，汉使人召之，为具食，问以所闻。生因言刘公所过，为郡县所归；邯郸举尊号者，实非刘氏。汉大喜，即诈为光武书，移檄渔阳，使生赍以诣宠，令具以所闻说之，汉复随后入。宠甚然之，于是遣汉将兵与上谷诸将并军而南，所至击斩王郎将帅。及光武于广阿，拜汉为偏将军。既拔邯郸，赐号建策侯。①

根据史书，吴汉避祸渔阳，得到更始政权使者韩鸿举荐，出任安乐令。在王郎起事后，吴汉要归附刘秀，于是用计说服渔阳太守彭宠出兵，襄助刘秀出击王郎，从而成为刘秀麾下的大将。

据《后汉书·光武帝纪》和《后汉书·耿弇列传》，平定王郎政权之后，刘秀对北方的控制得到加强，更始帝与刘秀对北方的争夺也随之展开。前者记载："更始遣侍御史持节立光武为萧王，悉令罢兵诣行在所。光武辞以河北未平，不就征。自是始二于更始。"② 又载"长安政乱"，"光武将击之，先遣吴汉北发十郡兵。幽州牧苗曾不从，汉遂斩曾而发其众"。③ 后者记载稍详，其文曰：

> 时更始征代郡太守赵永，而况劝永不应召，令诣于光武。光武遣永复郡。永北还，而代令张晔据城反畔，乃招迎匈奴、乌桓以为援助。光武以弇弟舒为复胡将军，使击晔，破之。永乃得复郡。时五校贼二十余万北寇上谷，况与舒连击破之，贼皆退走。
>
> 更始见光武威声日盛，君臣疑虑，乃遣使立光武为萧王，令罢兵与诸将有功者还长安；遣苗曾为幽州牧，韦顺为上谷太守，蔡充为渔阳太守，并北之部。时光武居邯郸宫，昼卧温明殿。弇入造床下请间，因说曰："今更始失政，君臣淫乱，诸将擅命于畿内，贵戚纵横于都内。天子之命，不出城门，所在牧守，辄自迁易，百姓不知所从，士人莫敢自安。掳掠财物，劫掠妇女，怀金玉者，至不生归。元元叩心，更思莽朝。又铜马、赤眉之属数十辈，辈数十百万，

① 《后汉书》卷18《吴汉列传》，中华书局点校本，2001，第675~676页。
② 《后汉书》卷1《光武帝纪上》，中华书局点校本，2001，第15页。
③ 《后汉书》卷1《光武帝纪上》，中华书局点校本，2001，第16、17页。

圣公不能办也。其败不久。公首事南阳，破百万之军；今定河北，据天府之地。以义征伐，发号响应，天下可传檄而定。天下至重，不可令它姓得之。闻使者从西方来，欲罢兵，不可从也。今吏士死亡者多，弇愿归幽州，益发精兵，以集大计。"光武大说，乃拜弇为大将军，与吴汉北发幽州十郡兵。弇到上谷，收韦顺、蔡充斩之；汉亦诛苗曾。于是悉发幽州兵，引而南，从光武击破铜马、高湖、赤眉、青犊，又追尤来、大枪、五幡于元氏，弇常将精骑为军锋，辄破走之。光武乘胜战（顺）水上，虏危急，殊死战。时军士疲弊，遂大败奔还，壁范阳，数日乃振，贼亦退去，从追至容城、小广阳、安次，连战破之。光武还蓟，复遣弇与吴汉、景丹、盖延、朱祐、邳彤、耿纯、刘植、岑彭、祭遵、坚镡、王霸、陈俊、马武十三将军，追贼至潞东，及平谷，再战，斩首万三千余级，遂穷追于右北平无终、土垠之间，至（俊）靡而还。贼散入辽西、辽东，或为乌桓、貊人所钞击，略尽。①

此外，《后汉书·吴汉列传》又载："光武将发幽州兵，夜召邓禹，问可使行者。禹曰：'间数与吴汉言，其人勇鸷有智谋，诸将鲜能及者。'即拜汉大将军，持节北发十郡突骑。更始幽州牧苗曾闻之，阴勒兵，敕诸郡不肯应调。汉乃将二十骑先驰至无终。曾以汉无备，出迎于路，汉即捉兵骑，收曾斩之，而夺其军。北州震骇，城邑莫不望风弭从。遂悉发其兵，引而南，与光武会清阳。"② 由是观之，更始帝为了牵制刘秀，选派苗曾出任幽州牧，韦顺出任上谷太守，蔡充出任渔阳太守。这样，早在更始二年（24年），辽东郡名义上就由幽州牧苗曾统辖。刘秀为了夺取幽州所辖十郡的兵权，派遣吴汉斩杀苗曾，耿弇斩杀上谷太守韦顺、渔阳太守蔡充，并最终平定幽州。

又《后汉书·朱浮列传》记载："朱浮字叔元，沛国萧人也。初从光武为大司马主簿，迁偏将军，从破邯郸。光武遣吴汉诛更始幽州牧苗曾，乃拜浮为大将军幽州牧，守蓟城，遂讨定北边。建武二年，封舞阳侯，食三县。"③ 根据朱浮的经历，刘秀派吴汉诛杀更始帝所置幽州牧苗曾，

---

① 《后汉书》卷19《耿弇列传》，中华书局点校本，2001，第705～706页。
② 《后汉书》卷18《吴汉列传》，中华书局点校本，2001，第676页。
③ 《后汉书》卷33《朱浮列传》，中华书局点校本，2001，第1137页。

委派朱浮出任幽州牧。但是,《后汉书·光武帝纪》载,建武二年(26年)二月"渔阳太守彭宠反,攻幽州牧朱浮于蓟",次年"彭宠陷蓟城,宠自立为燕王",同年"涿郡太守张丰反"。[①]《后汉书·朱浮列传》也记载,"尚书令侯霸奏浮败乱幽州,构成宠罪,徒劳军师,不能死节,罪当伏诛。帝不忍,以浮代贾复为执金吾,徙封父城侯。后丰、宠并自败"。[②]虽然朱浮镇守幽州不利,但是仍然是光武帝的亲信,后至永平中被告发,为明帝赐死。[③]彭宠之败在《后汉书·彭宠列传》中有较为详细的记载。彭宠"自负其功",但是未能得到光武帝的重用,与幽州牧朱浮"不相能",起兵亲自攻击朱浮驻守的蓟县,又分兵广阳、上谷、右北平,击败游击将军邓隆。值得一提的是,彭宠在攻下右北平、上谷多县后,"遣使以美女缯彩赂遗匈奴,要结和亲。单于使左南将军七八千骑,往来为游兵以助宠。又南结张步及富平获索诸豪杰,皆与交质连衡。遂攻拔蓟城,自立为燕王"。[④]最终,建武五年(29年),"彭宠为其苍头所杀,渔阳平"。[⑤]

《后汉书·循吏列传》记载王景之父王闳时,言:"更始败,土人王调杀郡守刘宪,自称大将军、乐浪太守。建武六年,光武遣太守王遵将兵击之。至辽东,闳与郡决曹史杨邑等共杀调迎遵,皆封为列侯,闳独让爵。帝奇而征之,道病卒。"[⑥]又《后汉书·光武帝纪》记载,"初,乐浪人王调据郡不服",建武六年(30年)"秋,遣乐浪太守王遵击之,郡吏杀调降",又"秋九月庚子,赦乐浪谋反大逆殊死已下"。[⑦]另据《后汉书·王霸列传》,建武九年(33年),"霸与吴汉及横野大将军王常、建义大将军朱祐、破奸将军侯进等五万余人,击卢芳将贾览、闵堪于高柳。匈奴遣骑助芳,汉军遇雨,战不利。吴汉还洛阳,令朱祐屯常山,王常屯涿郡,侯进屯渔阳。玺书拜霸上谷太守,领屯兵如故,捕击胡虏,无拘郡界。明年,霸复与吴汉等四将军六万人出高柳击贾览,诏霸与渔阳太守陈䜣将兵为诸军锋",又"十三年,增邑户,更封向侯。是时,卢芳与匈奴、乌桓连兵,寇盗尤数,缘边愁苦。诏霸将弛刑徒六千

① 《后汉书》卷1《光武帝纪上》,中华书局点校本,2001,第28、34、35页。
② 《后汉书》卷33《朱浮列传》,中华书局点校本,2001,第1141页。
③ 《后汉书》卷33《朱浮列传》,中华书局点校本,2001,第1145页。
④ 《后汉书》卷12《彭宠列传》,中华书局点校本,2001,第504页。
⑤ 《后汉书》卷1《光武帝纪上》,中华书局点校本,2001,第38页。
⑥ 《后汉书》卷76《循吏列传》,中华书局点校本,2001,第2464页。
⑦ 《后汉书》卷1《光武帝纪下》,中华书局点校本,2001,第49页。

余人，与杜茂治飞狐道，堆石布土，筑起亭障，自代至平城三百余里。凡与匈奴、乌桓大小数十百战，颇识边事，数上书言宜与匈奴结和亲，又陈委输可从温水漕，以省陆转输之劳，事皆施行。后南单于、乌桓降服，北边无事。霸在上谷二十余岁"。[①] 根据史书所记，更始时，乐浪人名王调者割据乐浪郡，自立为乐浪太守。至建武六年（30 年），光武帝派遣王遵为乐浪太守击之，郡吏王闳、杨邑杀王调，归附光武帝。而上谷、渔阳，至建武九年（33 年）更置太守，王霸在上谷任太守二十余年。关于辽东郡守的选派，据《后汉书·光武帝纪》，建武十七年（41 年）光武帝拜祭肜为辽东太守。[②] 但是根据由光武帝委派乐浪、上谷、渔阳三郡太守的时间，辽东郡收归东汉王朝应该远早于建武十七年（41 年）。

根据上述记载，更始政权建立之初，上谷郡、渔阳郡和乐浪郡经由三种不同的途径，脱离王莽政权。尽管右北平、辽西、辽东、玄菟四郡，在史书中记载不详，但是在更始帝遣使招降时，辽东郡地处上谷郡、渔阳郡与乐浪郡之间，其归属应该也不会例外。特别是王郎政权建立时，实际波及的地区应该是赵国以东至辽东以西，右北平、辽西、辽东都受其影响。至王郎政权终结，更始政权应该已经取得对辽东郡的控制。随后由更始帝委任的苗曾出任幽州牧，并拥有十郡的发兵权，辽东郡也在其中。光武帝斩杀了幽州牧和上谷、渔阳两郡太守后，幽州的控制权重新回到光武帝手中。朱浮出任幽州牧时，因处置彭宠、张丰反叛不当而离职。建武四年（28 年），张丰被祭遵击灭，[③] 次年彭宠死，光武帝又在建武六年（30 年）夺取乐浪郡。可见，在刘秀击败王郎后，辽东郡一度由更始政权控制，之后才由朱浮统领，至建武六年（30 年）前后应该已设郡守统领，其间多次出现短暂割据，并最终收归东汉王朝统治之下。

第二节　辽东太守祭肜与东北民族的归附

据《后汉书·祭遵列传》记载，祭肜自建武十七年（41 年）被光武帝拜为辽东太守，至明帝永平十二年（69 年）入为太仆，祭肜坐镇辽东

---

① 《后汉书》卷 20《王霸列传》，中华书局点校本，2001，第 737 页。
② 《后汉书》卷 20《祭遵列传》，中华书局点校本，2001，第 744 页。
③ 《后汉书》卷 20《祭遵列传》，中华书局点校本，2001，第 739～740 页。

近30年之久。论曰："祭肜武节刚方，动用安重，虽条侯、穰苴之伦，不能过也。且临守偏海，政移犷俗，徼人请符以立信，胡貊数级于郊下，至乃卧鼓边亭，灭烽幽障者将三十年。古所谓'必世而后仁'，岂不然哉！"赞曰："肜抗辽左，边廷怀和。"① 又《后汉书·东夷列传》记载："建武之初，复来朝贡。时辽东太守祭肜威詟北方，声行海表，于是濊、貊、倭、韩万里朝献，故章、和已后，使聘流通。"② 辽东太守祭肜治辽东时声名远播，多次击败东北民族的袭边，促成东北民族内附。尤其是其亡故后，"乌桓、鲜卑追思肜无已，每朝贺京师，常过冢拜谒，仰天号泣乃去"，"辽东吏人为立祠，四时奉祭焉"。③ 东汉初年，辽东郡周边的东北民族主要为高句丽、鲜卑、乌桓。祭肜为辽东太守期间，得到了这些民族的尊敬，死后得到辽东吏民的纪念，这些充分反映了祭肜不仅治理辽东得法，而且为边地东北民族的归附做出了积极的贡献。

一　祭肜与乌桓、鲜卑的归附

祭肜上任辽东太守时，正值防务形势危急之际。史书记载："当是时，匈奴、鲜卑及赤山乌桓连和强盛，数入塞杀略吏人。朝廷以为忧，益增缘边兵，郡有数千人，又遣诸将分屯障塞。帝以肜为能，建武十七年，拜辽东太守。"④ 此时辽东的防务对象是匈奴、鲜卑、赤山乌桓。这是王莽统治时期东北少数民族叛亡的进一步发展。据《后汉书·乌桓列传》，载，"光武初，乌桓与匈奴连兵为寇，代郡以东尤被其害。居止近塞，朝发穹庐，暮至城郭，五郡民庶，家受其辜，至于郡县损坏，百姓流亡。其在上谷塞外白山者，最为强富"。⑤ 大概也是由于上谷受害最深，因此光武帝于建武九年（33 年）派遣王霸为上谷太守。王霸主要的防务对象是匈奴和乌桓，其中上谷塞外的白山乌桓显然是防务重点。上谷的防务问题至建武十二年（37 年）基本得以解决。为了加强对乌桓的防卫，建武十五年（39 年）"二月，徙雁门、代郡、上谷三郡民，置常（山）关、居庸关以东"，中央王朝大规模迁移雁门、代郡、上谷郡的边民，将

① 《后汉书》卷20《祭遵列传》，中华书局点校本，2001，第747页。
② 《后汉书》卷85《东夷列传》，中华书局点校本，2001，第2809～2810页。
③ 《后汉书》卷20《祭遵列传》，中华书局点校本，2001，第746页。
④ 《后汉书》卷20《祭遵列传》，中华书局点校本，2001，第744页。
⑤ 《后汉书》卷90《乌桓列传》，中华书局点校本，2001，第2982页。

其安置到常山关、居庸关以东。注曰："《前书》曰代郡有常山关,上谷郡居庸县有关。时胡寇数犯边,故徙之。"① 此后,《后汉书·乌桓列传》记载:

> 建武二十一年,遣伏波将军马援将三千骑出五阮关掩击之。乌桓逆知,悉相率逃走,追斩百级而还。乌桓复尾击援后,援遂晨夜奔归,比入塞,马死者千余匹。
>
> 二十二年,匈奴国乱,乌桓乘弱击破之,匈奴转北徙数千里,漠南地空,帝乃以币帛赂乌桓。二十五年,辽西乌桓大人郝旦等九百二十二人率众向化,诣阙朝贡,献奴婢牛马及弓虎豹貂皮。
>
> 是时四夷朝贺,络驿而至,天子乃命大会劳飨,赐以珍宝。乌桓或愿留宿卫,于是封其渠帅为侯王君长者八十一人,皆居塞内,布于缘边诸郡,令招来种人,给其衣食,遂为汉侦候,助击匈奴、鲜卑。时司徒掾班彪上言:"乌桓天性轻黠,好为寇贼,若久放纵而无总领者,必复侵掠居人,但委主降掾史,恐非所能制。臣愚以为宜复置乌桓校尉,诚有益于附集,省国家之边虑。"帝从之。于是始复置校尉于上谷宁城,开营府,并领鲜卑,赏赐质子,岁时互市焉。
>
> 及明、章、和三世,皆保塞无事。②

由是观之,乌桓为患北边,东汉王朝在马援出击不利的情况下,转而支持乌桓攻击匈奴,赢得辽西乌桓的内附,又安置乌桓内迁边郡,恢复设置乌桓校尉,乌桓至明帝、章帝、和帝三朝都能够起到保塞的作用。

这一时期,鲜卑开始为患辽东地区。《后汉书·光武帝纪》载,建武二十一年(45年)"秋,鲜卑寇辽东,辽东太守祭肜大破之"。③ 据《后汉书·鲜卑列传》,"汉初,亦为冒顿所破,远窜辽东塞外,与乌桓相接,未常通中国焉。光武初,匈奴强盛,率鲜卑与乌桓寇抄北边,杀略吏人,无有宁岁。建武二十一年,鲜卑与匈奴入辽东,辽东太守祭肜击破之,斩获殆尽,事已具《肜传》,由是震怖。及南单于附汉,北虏孤弱,二十五年,鲜卑始通驿使"。④《后汉书·光武帝纪》又载,"是岁,乌桓大人

---

① 《后汉书》卷1《光武帝纪下》,中华书局点校本,2001,第64页。
② 《后汉书》卷90《乌桓列传》,中华书局点校本,2001,第2982~2983页。
③ 《后汉书》卷1《光武帝纪下》,中华书局点校本,2001,第73页。
④ 《后汉书》卷90《鲜卑列传》,中华书局点校本,2001,第2985页。

率众内属，诣阙朝贡"。①

《后汉书·祭肜列传》中记述了辽东太守祭肜治理鲜卑边患的情况。其文曰：

> 当是时，匈奴、鲜卑及赤山乌桓连和强盛，数入塞杀略吏人。朝廷以为忧，益增缘边兵，郡有数千人，又遣诸将分屯障塞。帝以肜为能，建武十七年，拜辽东太守。至则励兵马，广斥候。肜有勇力，能贯三百斤弓。虏每犯塞，常为士卒（前）锋，数破走之。二十一年秋，鲜卑万余骑寇辽东，肜率数千人迎击之，自被甲陷陈，虏大奔，投水死者过半，遂穷追出塞，虏急，皆弃兵裸身散走，斩首三千余级，获马数千匹。自是后鲜卑震怖，畏肜不敢复窥塞。肜以三虏连和，卒为边害，二十五年，乃使招呼鲜卑，示以财利。其大都护偏何遣使奉献，愿得归化，肜慰纳赏赐，稍复亲附。其异种满离、高句骊之属，遂骆驿款塞，上貂裘好马，帝辄倍其赏赐。其后偏何邑落诸豪并归义，愿自效。肜曰："审欲立功，当归击匈奴，斩送头首乃信耳。"偏何等皆仰天指心曰："必自效！"即击匈奴左伊（秩）訾部，斩首二千余级，持头诣郡。其后岁岁相攻，辄送首级受赏赐。自是匈奴衰弱，边无寇警，鲜卑、乌桓并入朝贡。
>
> 肜为人质厚重毅，体貌绝众。抚夷狄以恩信，皆畏而爱之，故得其死力。初，赤山乌桓数犯上谷，为边害，诏书设购赏，（切）责州郡，不能禁。肜乃率励偏何，遣往讨之。永平元年，偏何击破赤山，斩其魁帅，持首诣肜，塞外震詟。肜之威声，畅于北方，西自武威，东尽玄菟及乐浪，胡夷皆来内附，野无风尘。乃悉罢缘边屯兵。②

根据史书所载，祭肜在应对鲜卑时循序渐进地采取不同的方式，大致分为四个阶段。其一，迎击痛歼。建武十七年（41 年）至二十一年（45 年），祭肜厉兵秣马，加强边塞管理，坚决反击侵犯边塞的匈奴、鲜卑、赤山乌桓，并且在二十一年（45 年）鲜卑大举进攻时迎击、出塞，大获全胜，遏制了鲜卑发展壮大的势头。其二，主动与鲜卑交好，对东

---

① 《后汉书》卷 1《光武帝纪下》，中华书局点校本，2001，第 77 页。
② 《后汉书》卷 20《祭遵列传》，中华书局点校本，2001，第 744 ~ 745 页。

北民族区别对待，赢得鲜卑部众的归附，并由此带动东夷民族与中央王朝加强往来。其三，分化鲜卑与匈奴的关系，激励鲜卑进击匈奴。在这一分化谋略下，匈奴无力寇边，鲜卑与乌桓一同向中央王朝朝贡。其四，激励鲜卑征讨赤山乌桓，并于永平元年（58年）取得胜利，从而平定北方边患，东胡部族都内附东汉王朝，于是东汉王朝得以取消缘边屯兵。

正是由于祭肜对鲜卑政策得当，自鲜卑归附后至明帝、章帝两朝都能实现"保塞无事"。

二 祭肜与高句丽、夫余的归附

据《后汉书·光武帝纪》，建武八年（32年）"十二月，高句丽王遣使奉贡"。[①] 高句丽和乌桓是王莽时期导致东北少数民族地区局势动荡的两个民族。高句丽王遣使朝贡光武帝，表明其在政治上支持已经夺取东北郡县统治权的东汉王朝政权。《后汉书·东夷列传》又载："建武八年，高句骊遣使朝贡，光武复其王号。"[②] 对于高句丽王的主动归附，光武帝做出回应，取消了王莽时期"下句骊侯"的封号，恢复西汉王朝的封号，因此《本纪》中直接记述其为"高句丽王"。这一举措，对于恢复东北少数民族地区的秩序建设有着积极意义。《后汉书·光武帝纪》又载，建武二十年（44年）"秋，东夷韩国人率众诣乐浪内附"，注曰："东夷有辰韩、卞韩、马韩，谓之三韩国也。"[③] "三韩"部族前往乐浪郡成为内属，表明东汉王朝对东北少数民族地区的影响力进一步扩大，东汉王朝对东夷地区的管理在逐步恢复。

《后汉书·东夷列传》又载："二十三年冬，句骊蚕支落大加戴升等万余口诣乐浪内属。二十五年春，句骊寇右北平、渔阳、上谷、太原，而辽东太守祭肜以恩信招之，皆复款塞。"[④] 《后汉书·光武帝纪》中亦载："二十五年春正月，辽东徼外貊人寇右北平、渔阳、上谷、太原，辽东太守祭肜招降之。乌桓大人来朝。"注曰："大人谓渠帅也。"[⑤] 同年，

---

① 《后汉书》卷1《光武帝纪下》，中华书局点校本，2001，第54页。
② 《后汉书》卷85《东夷列传》，中华书局点校本，2001，第2814页。
③ 《后汉书》卷1《光武帝纪下》，中华书局点校本，2001，第72页。
④ 《后汉书》卷85《东夷列传》，中华书局点校本，2001，第2814页。
⑤ 《后汉书》卷1《光武帝纪下》，中华书局点校本，2001，第76页。

"夫余王遣使奉献"。① 在太守祭肜的招降下，不仅句丽内附，而且夫余王亦遣使向中央王朝奉献，东夷从此归附东汉王朝统治。

第三节　辽东郡防务制度的变化

东汉光武帝精兵简政，对辽东郡的防务建制进行了诸多的调整。这一时期，辽东郡防务制度的变化主要表现在以下几个方面。

一　罢边郡太守丞

司马彪在《后汉书志·百官志》中记载："凡州所监都为京都，置尹一人，二千石，丞一人。每郡置太守一人，二千石，丞一人。郡当边戍者，丞为长史。"注引《古今注》曰："建武六年三月，令郡太守、诸侯相病，丞、长史行事。十四年，罢边郡太守丞，长史领丞职。"② 安作璋、熊铁基两位先生在《秦汉官制史稿》中提出"边郡既有丞又有长史，二者并置，分佐太守治军民"，又以卫宏《汉旧仪》"边郡置长史一人，治兵马；丞一人，治民；当兵行，长史领"进一步佐证。同时，文中又指出，郡丞、长史在东汉时出现新的变化，也就是上引《续汉书·百官志》中的内容，提出："这里说'罢'，证明原来是有丞的，此后仅有长史而无丞，以长史监领丞的职务。但边郡军务繁重，有时又不得不于长史之外另置将兵长史，以专门负责军事。"③ 此外，关于长史的职责，主要是"佐助郡守理事"和特殊情况下"代郡守行事"。④ 上引《古今注》中就明确记载，东汉光武帝建武六年（30 年）三月，颁布诏令，规定郡太守、诸侯相若生病，交由丞、长史代行郡守的职权。关于边郡长史的职责，《秦汉官制史稿》中考证有"带兵作战""主持屯田"等。

对于辽东郡而言，光武帝的改革缩减了郡丞编制，长史显然需要承担原来郡丞负责的治民事务，成为郡守的副贰。这与更始时期上谷、渔阳两郡长史带兵形成了鲜明的对比。这一改革举措在一定程度上要求长史由原来治军事转而具备相应的治民能力，否则难以代行郡守事。显然，

---

① 《后汉书》卷 1《光武帝纪下》，中华书局点校本，2001，第 77 页。
② 《后汉书志》卷 28《百官五》，中华书局点校本，2001，第 3621 页。
③ 安作璋、熊铁基：《秦汉官制史稿》，齐鲁书社，2007，第 569 ~ 570 页。
④ 安作璋、熊铁基：《秦汉官制史稿》，齐鲁书社，2007，第 570 页。

这是光武帝精兵简政的重要内容，同时也是旨在加强文官建设的一种特殊表现。

二 置边郡都尉、省关都尉

据司马彪《后汉书志·百官志》，"（尉一人），典兵禁，备盗贼，景帝更名都尉。武帝又置三辅都尉各一人，讥出入。边郡置农都尉，主屯田殖谷。又置属国都尉，主蛮夷降者。中兴建武六年，省诸郡都尉，并职太守，无都试之役。省关都尉，唯边郡往往置都尉及属国都尉，稍有分县，治民比郡"。[1] 注曰："《古今注》曰：'六年八月，省都尉官。'应劭曰：'每有剧（贼），郡临时置都尉，事讫罢之。'"[2]

《汉官仪》又载："都尉，秦官也。本名郡尉。掌佐太守，典其武职，秩比二千石。孝景时更名都尉。"又曰："秦郡有尉一人，典兵禁，补（备）盗贼。景帝更名都尉，建武六年省，惟边郡往往置都尉及属国都尉。"[3]

根据史书所载，光武帝建武六年（30 年）裁撤郡都尉和关都尉，并且取消了都试。由于辽东郡是边郡，因此得以保留了都尉。尽管如此，都尉的职责发生了重要的变化，改为分管属县，比照郡守之职，以治民为事。这样，辽东都尉的兵权被收归太守。值得一提的是，都试是保持郡国军事战斗力的重要制度。光武帝时期，祭肜为辽东太守，未尝败绩，这与祭肜个人的军事才能与治理才能，以及东汉统治者对祭肜委以重任，都不无关系。光武帝做出决策，取消都试，旨在解决地方兵权对中央的军事威胁。但是，这一举措导致郡国常备军的战斗力不再接受常规的考核，无疑为此后郡国军事战斗力的减弱埋下隐患。更为重要的是，东汉王朝推行募兵制度，郡守有权征集和统辖郡国兵，[4] 长此以往，最终导致汉末地方势力分裂王朝，割据一方。

三 罢边郡亭候吏卒

据《后汉书·光武帝纪》，建武二十二年（46 年），"匈奴薁鞬日逐

---

① 《后汉书志》卷 28《百官五》，中华书局点校本，2001，第 3621 页。
② 《后汉书志》卷 28《百官五》注，中华书局点校本，2001，第 3622 页。
③ 孙星衍等辑《汉官六种》，周天游点校，中华书局，2008，第 151 页。
④ 张鹤泉：《东汉时期的屯驻营兵》，《史学集刊》2006 年第 3 期。

王比遣使诣渔阳请和亲，使中郎将李茂报命。乌桓击破匈奴，匈奴北徙，幕南地空。诏罢诸边郡亭候吏卒"。① 此项政令是继建武六年（30 年）"初罢郡国都尉官"② 和建武九年（33 年）"省关都尉"③ 之后，又一项影响辽东郡防务的举措。《后汉书·祭遵列传》中曾记载，祭彤被任命辽东太守前，为了解决匈奴、鲜卑、赤山乌桓多次联合"入塞杀略吏人"的问题，中央王朝增加缘边郡兵数千人，分别屯戍障塞。祭彤赴任后，厉兵秣马的同时还"广斥候"，包含修治障塞，加强管理之意。显然，边郡亭候吏卒是守卫边地不可或缺的组成部分。乌桓将匈奴赶出幕南，又诏令边郡裁撤亭候吏卒，放弃了已有的边塞设施，不再屯戍吏卒。这一系列的举措，导致鲜卑势力得以进入匈奴故地，为其发展壮大提供了方便。这就为此后鲜卑成为北方边地防务对象埋下祸患。

　　总而言之，光武帝在辽东郡防务建制上所进行的调整，在当时并未引发较大的争议，但是为东汉中期以后的边郡防务留下诸多问题。随着东汉王朝政治走下坡路，这些隐患经过长期积累，逐步形成了实质性的危机。

---

① 《后汉书》卷 1《光武帝纪下》，中华书局点校本，2001，第 74 ~ 75 页。
② 《后汉书》卷 1《光武帝纪下》，中华书局点校本，2001，第 51 页。
③ 《后汉书》卷 1《光武帝纪下》，中华书局点校本，2001，第 55 页。

第六章　东汉中后期辽东郡的防务问题

明、章两朝，对东北地区的统治较为平稳，至和帝以来，进入东汉中后期，辽东郡的防务问题逐步显现。

第一节　和帝时期辽东郡的防务问题

一　辽东西部都尉官

据《后汉书·孝和帝纪》：永元十六年（104 年），"十二月，复置辽东西部都尉官"。注曰："西部都尉，安帝时以为属国都尉，在辽东郡昌黎城也。"[①] 史家一般将昌黎划归辽西郡，认为昌黎在西汉时为辽西郡属县，东汉时为辽东属国都尉的治所。《资治通鉴》中胡三省曰："昌黎，汉之交黎县，属辽西郡，东汉属辽东属国都尉。"[②] 王绵厚在《秦汉东北史》进一步提出："前汉之辽西郡交黎县，后汉称'昌黎'，为前汉辽西郡'东部都尉'和后汉'辽东属国'首县。"[③] 这样，辽东西部都尉官的设置和治所就悬疑难断了。

《汉书·地理志》记载：辽东郡地属幽州，设有二都尉，无虑为"西部都尉治"，武次为"东部都尉治"。[④] 自更始二年（24 年）刘玄与刘秀双方开始对幽州进行激烈争夺，虽然几经叛乱，至建武六年（30 年）秋平定王调在乐浪的叛乱，东汉王朝全面掌控包括辽东郡在内的幽州诸郡。这一年六月，汉光武帝颁布诏令，文曰："夫张官置吏，所以为人也。今百姓遭难，户口耗少，而县官吏职所置尚繁，其令司隶、州牧各实所部，

①　《后汉书》卷 4《孝和帝纪》，中华书局点校本，2001，第 193 页。
②　《资治通鉴》卷 81《晋纪三》，中华书局点校本，2011，第 2623 页。
③　王绵厚：《秦汉东北史》，辽宁人民出版社，1994，第 55 页。
④　《汉书》卷 28《地理志下》，中华书局点校本，1996，第 1626 页。

省减吏员。县国不足置长吏可并合者，上大司徒、大司空二府。"① 诏令下达后，东汉控制下的郡县一共裁撤四百余县，"吏职减损，十置其一"。② 同年，又"初罢郡国都尉官"。③ 东汉政权控制下的辽东郡，亦应推行此次官制的改革，但是辽东郡地处边地，可以设置边郡都尉。据《后汉书志·郡国五》，辽东郡的属县中已经不再有武次县。④ 这就表明东汉王朝在辽东郡的武次没有设县，不再设置辽东东部都尉。辽东郡西部都尉是"复置"，既可以仍设于无虑，也可以新设在"昌黎"。《汉书·地理志》记载，辽西郡下有交黎县，本注曰："渝水首受塞外，南入海。东部都尉治。莽曰禽虏。"应劭注曰："今昌黎。"⑤ 应劭为东汉时人，西汉时期辽西郡东部都尉所在地——交黎，至东汉时称昌黎，可以成为定说。这与胡三省、王绵厚的论说一致。在辽东属国设置前，辽东郡、辽西郡以医巫闾山为天然分界，辽西属县划入辽东的可能性不大。因此，辽东郡的东部都尉治所应该仍在"无虑"，但是不能排除将辽西郡的东部都尉用以护卫辽东郡的可能性。

值得注意的是，东汉时期辽东郡的属县数量远少于西汉时期。据《后汉书志·郡国志》，玄菟郡内属，安帝时原属辽东的高显、候城、辽阳三县分属玄菟郡；⑥ 安帝时置辽东属国，所领"六城"中的"无虑""险渎""房"都是西汉时期辽东郡的属县。⑦ 和帝时重置辽东郡西部都尉，在时间上早于安帝时将辽东郡的部分属县分置玄菟郡、辽东属国之前。辽东郡西部都尉的重置是中央王朝主动加强区域防务力量的重要举措。永元十六年（104 年）已经是汉和帝统治的末期，在这一时间节点上设置辽东郡西部都尉，对于辽东郡军力的整体部署而言，应该是非常有必要的。辽东郡西部都尉主要的防范对象应该是东胡，详见下文。当然，这一时期辽东郡的防范对象还有高句丽，元兴元年（105 年）辽东太守耿夔就击败了来自高句丽的侵扰。⑧ 随着乌桓内附，设置西部都尉的无虑应

---

① 《后汉书》卷 1《光武帝纪下》，中华书局点校本，2001，第 49 页。
② 《后汉书》卷 1《光武帝纪下》，中华书局点校本，2001，第 49 页。
③ 《后汉书》卷 1《光武帝纪下》，中华书局点校本，2001，第 51 页。
④ 《后汉书志》卷 23《郡国五》，中华书局点校本，2001，第 3529 页。
⑤ 《汉书》卷 28《地理志下》，中华书局点校本，1996，第 1625 页。
⑥ 《后汉书志》卷 23《郡国五》，中华书局点校本，2001，第 3529 页。
⑦ 《后汉书志》卷 23《郡国五》，中华书局点校本，2001，第 3530 页。
⑧ 《后汉书》卷 4《孝和帝纪》，中华书局点校本，2001，第 194 页。

该仍然是防备乌桓的军事重镇。辽东郡西部都尉设置在辽东郡的西部辖区，其军事要冲的地位不容小觑。辽东属国的设置，主要是维护乌桓内迁后辽东属国的地方戍防和治安。辽东郡西部都尉由辽东郡所辖，从而加强东北边郡整体的防务力量，用以应对来自边地东胡民族的军事威胁。这一时期，中央王朝对辽东郡防务力量的重视和对防务制度的适时调整，对于增强辽东郡的防御实力起到了重要的作用，维护了中央王朝对辽东郡边地的统治。

二　防务对象

《后汉书·鲜卑列传》记载："和帝永元中，大将军窦宪遣右校尉耿夔击破匈奴，北单于逃走，鲜卑因此转徙据其地。匈奴余种留者尚有十余万落，皆自号鲜卑，鲜卑由此渐盛。九年，辽东鲜卑攻肥如县，太守祭参坐沮败，下狱死。十三年，辽东鲜卑寇右北平，因入渔阳，渔阳太守击破之。延平元年，鲜卑复寇渔阳，太守张显率数百人出塞追之。兵马掾严授谏曰：'前道险阻，贼执难量，宜且结营，先令轻骑侦视之。'显意甚锐，怒欲斩之。因复进兵，遇虏伏发，士卒悉走，唯授力战，身被十创，手杀数人而死。显中流矢，主簿卫福、功曹徐咸皆自投赴显，俱殁于阵。邓太后策书褒叹，赐显钱六十万，以家二人为郎；授、福、咸各钱十万，除一子为郎。"[1] 和帝时期，鲜卑成为辽东郡的主要防务对象。这一时期，由于北匈奴被汉军击败而远走，鲜卑占据其地，并且匈奴余留的十余万部众也加入鲜卑，鲜卑势力由此逐渐强盛。永元九年（97年），辽东鲜卑开始大规模侵扰边郡。又据《后汉书·孝和帝纪》，永元九年（97年）"八月，鲜卑寇肥如，辽东太守祭参下狱死"。注曰："肥如，县，属辽西郡。"又注曰："《东观记》曰：'鲜卑千余骑攻肥如城，杀略吏人，祭参坐沮败，下狱诛。'"[2] 另据《后汉书·祭遵列传》，"肜既葬，子参遂诣奉车都尉窦固，从军击车师有功，稍迁辽东太守"，"永元中，鲜卑入郡界，参坐沮败，下狱死"。[3] 上述史料相互对照，永元九年（97年）千余鲜卑骑兵进攻辽西郡的肥如县，杀掠吏人，进入辽东

① 《后汉书》卷90《鲜卑列传》，中华书局点校本，2001，第2986页。
② 《后汉书》卷4《孝和帝纪》，中华书局点校本，2001，第183页。
③ 《后汉书》卷20《祭遵列传》，中华书局点校本，2001，第746页。

郡境内。时任辽东太守的祭参，曾参加窦固的军队，在征讨车师时立下战功，后迁任辽东太守，是行伍出身的封疆大吏。但是，原本显赫一时的祭参，军政生涯却在此次抵御鲜卑进攻的战事上戛然而止。《后汉书·梁统列传》注曰："沮，坏也。"① 显然，辽东太守祭参，作为辽东郡的军政统帅，在鲜卑犯境时犯下了严重的错误，战败后被下狱，定罪名为"坐沮败"，应该指的是由他承担战败的主要责任，并因此被诛杀。随后，辽东鲜卑又向西袭扰右北平、渔阳，延平元年（106 年）渔阳郡官吏在迎击鲜卑时遭到重创，自太守至兵马掾、主簿、功曹等全部战殁。这一系列的战事，反映了辽东鲜卑的军事力量相当强劲，对辽东郡等北部边郡构成了严重的军事威胁。中央王朝经过此役，在军事上损兵折将，尤其是辽东郡的防务问题最为突出。统治者对此强烈不满，斩杀太守，以示严惩。

《后汉书·东夷列传》记载，"句骊王宫"多次侵犯汉边境，其中"和帝元兴元年春，复入辽东，寇略六县，太守耿夔击破之，斩其渠帅"。②《后汉书·孝和帝纪》又载，元兴元年（105 年），"高句骊寇郡界"，"秋九月，辽东太守耿夔击貊人，破之"。③ 和帝末年，高句丽也成为辽东郡防务的对象，特别是高句丽王宫"生而开目能视，国人怀之"，④ 可以说，他成为此后东汉王朝在东北的主要对手之一。尽管如此，高句丽对辽东郡的侵扰，被辽东太守耿夔击退，并未造成严重的防务危机。

值得一提的是，据《后汉书志·天文志》和帝元兴元年（105 年），"辽东貊人反，钞六县，发上谷、渔阳、右北平、辽西乌桓讨之"。⑤ 辽东貊人当指高句丽。此次高句丽反叛，危及辽东郡六个县，中央王朝为了平乱，派遣上谷、渔阳、右北平、辽西四郡的乌桓军队，协同辽东郡太守耿夔作战。这一记载表明，中央王朝为了解决辽东郡的防务问题，也征发乌桓协助辽东太守征讨进犯边地的高句丽部族。乌桓兵为中央王朝所用，对辽东郡防务发挥了积极作用，这应该是东汉王朝几代统治者经略东北取得的重要成果。同时，也从一个侧面反映出辽东郡兵力的不足，

① 《后汉书》卷 34《梁统列传》，中华书局点校本，2001，第 1186 页。
② 《后汉书》卷 85《东夷列传》，中华书局点校本，2001，第 2814 页。
③ 《后汉书》卷 4《孝和帝纪》，中华书局点校本，2001，第 193、194 页。
④ 《后汉书》卷 85《东夷列传》，中华书局点校本，2001，第 2814 页。
⑤ 《后汉书志》卷 11《天文中》，中华书局点校本，2001，第 3238 页。

这也是光武帝时期边地军事改革弊端的缩影。这一问题并未引起统治者的足够重视，在东汉统治力衰落时，就由防务隐患发展成为边疆统治的祸患。

第二节　安帝时期辽东郡的防务问题

一　辽东郡防务建制的变化

《后汉书志·郡国志》记载：

> 玄菟郡：武帝置。洛阳东北四千里。六城，户一千五百九十四，口四万三千一百六十三。　高句骊：辽山，辽水出。　西盖（马）
> 上殷台　高显：故属辽东。候城：故属辽东。辽阳：故属辽东。①

关于高显、候城、辽阳由辽东分属玄菟，注引《东观书》曰："安帝即位之年，分三县来属。"② 安帝时，由辽东郡分出三县划归玄菟郡管辖。

《后汉书·孝安帝纪》记载：元初二年（115年），"八月，辽东鲜卑围无虑县。九月，又攻夫犁营，杀县令"。注"无虑县"曰："属辽东郡。虑音闾。有医无闾山，因以为名焉。"又注曰："夫犁，县名，属辽东属国。"③ 又《后汉书·鲜卑列传》，"元初二年秋，辽东鲜卑围无虑县，州郡合兵固保清野，鲜卑无所得。复攻扶黎营，杀长吏"。注曰："无虑县属辽东郡。"又注曰："清野谓收敛积聚，不令寇得之也。"再注曰："扶黎，县，属辽东属国，故城在今营州东（南）。"④ 据《后汉书志·郡国志》，辽东属国的治所为"故邯乡"，"西部都尉，安帝时以为属国都尉，别领六城。洛阳东北三千二百六十里"；属县有六，自辽西郡划分三县，分别是昌辽、宾徒、徒河，自辽东郡划分三县，分别是无虑、险渎和房。⑤ 安帝时设置辽东属国，下设扶黎（夫犁）营，置长吏。辽东郡的辖区随之调整，涉及无虑、险渎、房三个县。

---

① 《后汉书志》卷23《郡国五》，中华书局点校本，2001，第3529页。
② 《后汉书志》卷23《郡国五》注，中华书局点校本，2001，第3529页。
③ 《后汉书》卷5《孝安帝纪》，中华书局点校本，2001，第223页。
④ 《后汉书》卷90《鲜卑列传》，中华书局点校本，2001，第2986~2987页。
⑤ 《后汉书志》卷23《郡国五》，中华书局点校本，2001，第3530页。

王钟翰先生、陈连开先生据惠栋、钱大昕的考证认为"无虑"应改为"扶黎"。① 谭其骧等也指出："无虑原属辽东郡误入辽东属国下，实为扶黎之讹。"② 辽西郡下辖扶黎，谭其骧等考证其地在朝阳市东南的郭家窝铺村。③ 王绵厚先生考证昌黎在辽宁省锦县大业堡古城。④ 我们认为，扶黎与交黎、昌黎诸称谓同时并出，且无虑分属辽东郡、辽东属国，由此反映了史家对东北郡县调整在记述上存在减省和莫衷一是。据《汉书·地理志》，交黎县为辽西郡东部都尉的治所，王莽时改成禽虏，应劭为东汉人，注"交黎"为"今昌黎"，⑤ 二者实为一地，只是在西汉、东汉时期的称谓不同。胡三省与王绵厚先生之说可从。从东北防务的角度分析，西汉时期辽西郡西部都尉的治所在交黎，辽东郡东部都尉的治所在无虑；辽东属国设置后，东北边郡设有扶黎（夫犁）营，为辽东属国的郡县兵营，而辽东郡的军事重镇仍为无虑；辽东属国以"昌辽"为首县，以扶黎（夫犁）为军事重镇，应该与交黎县在西汉时期军事重镇的地位相当；在军事上辽东属国都尉应该是扶黎（夫犁）营的长吏。因此，属国都尉设置后，"无虑"为辽东郡的军事重镇，"交黎"作为西汉时期辽西郡的西部都尉的所在地更名为昌辽，成为辽东属国的首县，扶黎（夫犁）营为辽东属国的兵营。东汉和帝时期辽东郡西部都尉的治所为"昌黎"，可能有两种解释：一是昌黎作为辽东郡西部都尉的新治所，从无虑分属辽东属国，成为东北新的军事重镇；二是昌黎为"昌辽"与"交黎"的合称或与王莽时辽东郡首县襄平所更"昌平"⑥ 之名对称，"昌辽"是辽东属国治所，扶黎（夫犁）营为辽东属国的兵营，同在原辽西郡西部都尉的所在地——交黎县。比较而言，后者的可能性更大。

由于光武帝时先后罢"关都尉"和"边郡亭候吏卒"，加之东北乌桓入塞内安置以及鲜卑南下接近边塞，⑦ 州郡已无边塞可守，改为采取坚壁

① 王钟翰、陈连开：《战国秦汉辽东辽西郡县考略》，《社会科学辑刊》1979 年第 4 期。
② 谭其骧主编《〈中国历史地图集〉释文汇编·东北卷》，中央民族学院出版社，1988，第 6 页。
③ 谭其骧主编《〈中国历史地图集〉释文汇编·东北卷》，中央民族学院出版社，1988，第 6 页。
④ 王绵厚：《秦汉东北史》，辽宁人民出版社，1994，第 288 页。
⑤ 《汉书》卷 28《地理志下》，中华书局点校本，1996，第 1625 页。
⑥ 《汉书》卷 28《地理志下》，中华书局点校本，1996，第 1626 页。
⑦ 佟冬主编《中国东北史》第一卷，吉林文史出版社，2006，第 332 页。

清野的战术。显然，当时鲜卑虽然多次侵扰边地，但是其实不过以掠夺人口、财物为主要目的。因此，州郡的坚壁清野战术只能导致鲜卑转战军事力量较为薄弱的地区。安帝元初二年（115 年），辽东郡的无虑在防御鲜卑时采用坚壁清野战术，一无所获的辽东鲜卑转攻辽东属国的扶黎（夫犁）营。辽东属国的设置，不仅具有安置东北少数民族内附民众的功能，在防务功能上也因将昌黎这样的军事重镇纳入其中而具备相当强大的防御实力。尽管如此，扶黎（夫犁）营在应对元初二年（115 年）鲜卑的进攻中，还是损兵折将。这就表明壮大的东北少数民族，对于包括辽东郡在内的东北地区而言已经形成严重威胁。

总而言之，这一时期辽东郡的辖区得到重要调整，军事重镇无虑在边地防务中发挥了非常重要的作用，而辽东属国的扶黎（夫犁）营也成为东北地区一支著名的劲旅。

二 永初年间的海贼

《后汉书·法雄列传》记载："永初三年，海贼张伯路等三千余人，冠赤帻，服绛衣，自称'将军'，寇滨海九郡，杀二千石令长。初，遣侍御史庞雄督州郡兵击之，伯路等乞降，寻复屯聚。明年，伯路复与平原刘文河等三百余人称'使者'，攻厌次城，杀长吏，转入高唐，烧官寺，出系囚，渠帅皆称'将军'，共朝谒伯路。伯路冠五梁冠，佩印绶，党众浸盛。乃遣御史中丞王宗持节发幽、冀诸郡兵，合数万人，乃征雄为青州刺史，与王宗并力讨之。连战破贼，斩首溺死者数百人，余皆奔走，收器械财物甚众。会赦诏到，贼犹以军甲未解，不敢归降。于是王宗召刺史太守共议，皆以为当遂击之。雄曰：'不然。兵，凶器；战，危事。勇不可恃，胜不可必。贼若乘船浮海，深入远岛，攻之未易也。及有赦令，可且罢兵，以慰诱其心，执必解散，然后图之，可不战而定也。'宗善其言，即罢兵。贼闻大喜，乃还所略人。而东莱郡兵独未解甲，贼复惊恐，遁走辽东，止海岛上。五年春，乏食，复抄东莱间，雄率郡兵击破之，贼逃还辽东，辽东人李久等共斩平之，于是州界清静。"[①] 根据文意，永初三年（109 年）海贼作乱，次年由幽州、冀州合诸郡兵数万人将其击败，但是由于东莱郡兵没有及时解除兵禁，导致漏网余众逃至辽东

---

① 《后汉书》卷 38《法雄列传》，中华书局点校本，2001，第 1277 页。

海岛。这些海贼于次年因给养匮乏再度袭扰东莱周边，青州刺史法雄率郡兵将其击败。海贼再度逃回辽东，最终被辽东人李久等一并斩灭，青州恢复清静。此时，往来东莱郡与辽东郡的海上通道，成为海贼逃亡的交通路线。这些作乱的海贼，向辽东逃亡，表明包括辽东郡在内的辽东地区是内地逃亡的目的地之一。这一海上通道的存在，也为内地居民移民辽东地区提供了便利。从辽东郡防务的视角分析，辽东郡郡县内的治安防务，也会因为内地郡县逃亡吏民从海上通道进入辽东郡，而受到一定的影响。

三 辽东貊人反叛

安帝时期，辽东夫余、高句丽两支秽[①]貊人建立的地方政权都曾武力进击东北边郡。其中，"安帝永初五年，夫余王始将步骑七八千人寇钞乐浪，杀伤吏民，后复归附"。与夫余王为患乐浪郡不同，高句丽在王宫的统治下，尽管内属玄菟郡，但还是多次对辽东郡发动大规模的军事进攻。据《后汉书·东夷列传》记载：

> 安帝永初五年，宫遣使贡献，求属玄菟。元初五年，复与濊貊寇玄菟，攻华丽城。建光元年春，幽州刺史冯焕、玄菟太守姚光、辽东太守蔡讽等将兵出塞击之，捕斩濊貊渠帅，获兵马财物。宫乃遣嗣子遂成将二千余人逆光等，遣使诈降；光等信之，遂成因据险阸以遮大军，而潜遣三千人攻玄菟、辽东，焚城郭，杀伤二千余人。于是发广阳、渔阳、右北平、涿郡属国三千余骑同救之，而貊人已去。夏，复与辽东鲜卑八千余人攻辽队，杀略吏人。蔡讽等追击于新昌，战殁，功曹耿耗、兵曹掾龙端、兵马掾公孙酺以身扞讽，俱没于陈，死者百余人。秋，宫遂率马韩、濊貊数千骑围玄菟。夫余王遣子尉仇台将二万余人，与州郡并力讨破之，斩首五百余级。
>
> 是岁宫死，子遂成立。姚光上言欲因其丧发兵击之，议者皆以为可许。尚书陈忠曰："宫前桀黠，光不能讨，死而击之，非义也。宜遣吊问，因责让前罪，赦不加诛，取其后善。"安帝从之。明年，遂成还汉生口，诣玄菟降。诏曰："遂成等桀逆无状，当斩断菹醢，

---

① "秽"，也作"濊"，指活跃在古代东北地区的一支少数民族，现在多称"秽"，故本书以"秽"指称（引文除外）。——笔者注

以示百姓，幸会赦令，乞罪请降。鲜卑、濊貊连年寇钞，驱略小民，动以千数，而裁送数十百人，非向化之心也。自今已后，不与县官战斗而自以亲附送生口者，皆与赎直，缣人四十四，小口半之。"①

此外，《后汉书·孝安帝纪》记载，元初五年（118 年）"夏六月，高句骊与秽貊寇玄菟"，② "建光元年春正月，幽州刺史冯焕率二郡太守讨高句骊、秽貊，不克"，③ 同年"夏四月，秽貊复与鲜卑寇辽东，辽东太守蔡讽追击，战殁"，④ "延光元年春二月，夫余王遣子将兵救玄菟，击高句骊、马韩、秽貊，破之，遂遣使贡献"，⑤ 同年"高句骊降"。⑥

上述纪传相互对照，可以大致梳理辽东貊人对辽东郡防务的影响。其一，夫余国兴起，高句丽为了与夫余国相抗衡，采取向东汉王朝称臣的政策，并且主动要求接受玄菟郡的行政管辖，东北地区在七八年间保持了安定的态势，辽东郡的防务形势因而得到缓解。其二，元初五年（118 年）开始，高句丽统率马韩、沃沮等秽貊民族，对玄菟郡发起侵略行动。《中国东北史》中记述了高句丽王对辽东地区的企图和由此采取的军事行动。其文曰："从 118 年起，太祖王进攻汉玄菟华丽城，打破了与东汉暂时和平的气氛，又屡袭玄菟，杀掠吏民，企图夺取辽东地区。121年，汉幽州刺史冯焕、玄菟太守姚光、辽东太守蔡讽等，为扼制高句丽势力向辽东地区发展，发起讨伐高句丽的战役。战争伊始，汉兵得势，高句丽损失较重，兵马财物被汉兵掠去很多。此时太祖王一面命其弟遂成迎战冯焕、姚光，一面密遣三千兵马攻玄菟、辽东二郡，焚烧城郭，杀获二千余人，使汉兵后方告急，停止进击，结果高句丽兵转败为胜。于是，东汉继续增援，以三千余骑驰救，迫使高句丽兵撤退。同年夏，太祖王又与鲜卑八千多人进攻辽东，杀掠吏民，太守蔡讽等战殁。秋，太祖王率数千人马围攻玄菟，汉兵联合扶余两万多援兵，并力讨破，高句丽兵大败。122 年，太祖王再次进犯辽东，又遭到东汉与扶余联军的沉

---

① 《后汉书》卷 85《东夷列传》，中华书局点校本，2001，第 2814～2815 页。
② 《后汉书》卷 5《孝安帝纪》，中华书局点校本，2001，第 228 页。
③ 《后汉书》卷 5《孝安帝纪》，中华书局点校本，2001，第 232 页。
④ 《后汉书》卷 5《孝安帝纪》，中华书局点校本，2001，第 232 页。
⑤ 《后汉书》卷 5《孝安帝纪》，中华书局点校本，2001，第 234～235 页。
⑥ 《后汉书》卷 5《孝安帝纪》，中华书局点校本，2001，第 235 页。

重打击。"① 在短短几年间，辽东郡都是高句丽进军的目标，甚至辽东太守蔡讽及其属吏功曹耿耗、兵曹掾龙端、兵马掾公孙酺都以身殉国。其三，在高句丽的频繁进攻下，东汉王朝选择扶持夫余国，夫余国王遣其子尉仇台与州郡联兵击破围攻玄菟郡的以高句丽为首、马韩与秽貊的联军，并且取得胜利，迫使高句丽臣服。其四，高句丽王宫死后，东汉朝臣对于是否出兵高句丽进行了一番争辩，玄菟太守姚光主张进攻，而尚书陈忠提出应该采取安抚政策，并获得安帝支持。又《后汉书·东夷列传》记载，"遂成死，子伯固立。其后秽貊率服，东垂少事"。② 安帝末年东汉王朝终于基本平定高句丽的军事进击，辽东郡也随之解除了由秽貊带来的防务危机。

四　辽东鲜卑寇边

安帝时期，辽东郡县多次受到辽东鲜卑的侵扰。《后汉书·鲜卑列传》记载了这一时期鲜卑的状况。其中，安帝永初年间，"鲜卑大人燕荔阳诣阙朝贺，邓太后赐燕荔阳王印绶，赤车参驾，令止乌桓校尉所居宁城下，通胡市，因筑南北两部质馆。鲜卑邑落百二十部，各遣人质。是后或降或畔，与匈奴、乌桓更相攻击"；元初年间，"二年秋，辽东鲜卑围无虑县，州郡合兵固保清野，鲜卑无所得。复攻扶黎营，杀长吏"，"四年，辽西鲜卑连休等遂烧塞门，寇百姓。乌桓大人於秩居等与连休有宿怨，共郡兵奔击，大破之，斩首千三百级，悉获其生口牛马财物"，"五年秋，代郡鲜卑万余骑遂穿塞入寇，分攻城邑，烧官寺，杀长吏而去。乃发缘边甲卒、黎阳营兵，屯上谷以备之。冬，鲜卑入上谷，攻居庸关，复发缘边诸郡、黎阳营兵、积射士步骑二万人，屯列冲要"，"六年秋，鲜卑入马城塞，杀长吏，度辽将军邓遵发积射士三千人，及中郎将马续率南单于，与辽西、右北平兵马会，出塞追击鲜卑，大破之，获生口及牛羊财物甚众。又发积射士三千人，马三千匹，诣度辽营屯守"；③ 永宁年间，"元年，辽西鲜卑大人乌伦、其至鞬率众诣邓遵降，奉贡献。诏封乌伦为率众王，其至鞬为率众侯，赐彩缯各有差"；④ 建光年间，"元

---

① 佟冬主编《中国东北史》第一卷，吉林文史出版社，2006，第 587 页。

② 《后汉书》卷 85《东夷列传》，中华书局点校本，2001，第 2815 页。

③ 《后汉书》卷 90《鲜卑列传》，中华书局点校本，2001，第 2986～2987 页。

④ 《后汉书》卷 90《鲜卑列传》，中华书局点校本，2001，第 2987 页。

年秋，其至鞬复畔，寇居庸，云中太守成严击之，兵败，功曹杨穆以身捍严，与俱战殁。鲜卑于是围乌桓校尉徐常于马城。度辽将军耿夔与幽州刺史庞参发广阳、渔阳、涿郡甲卒，分为两道救之；常夜得潜出，与夔等并力并进，攻贼围，解之。鲜卑既累杀郡守，胆意转盛，控弦数万骑"；[①] 延光年间，"元年冬，复寇雁门、定襄，遂攻太原，掠杀百姓"，"二年冬，其至鞬自将万余骑入东领候，分为数道，攻南匈奴于曼柏，薁鞬日逐王战死，杀千余人"，"三年秋，复寇高柳，击破南匈奴，杀渐将王"。[②]

中央王朝与鲜卑的关系可以分三个阶段加以考察。首先，邓太后执政期间，鲜卑分为百余部落，东汉王朝采取招抚政策，赐封号、开胡市、建南北两部质馆。在中央王朝的积极扶持下，鲜卑各部降、叛不定，但是由于鲜卑与匈奴为敌，实际上起到了分化、瓦解各民族的目的。其次，元初年间，鲜卑势力逐渐由辽东向西推进，东汉边郡兵与度辽将军多次击败辽东鲜卑与辽西鲜卑的犯边行动。与此同时，鲜卑与乌桓发生矛盾，乌桓加入到东汉州郡兵之中，协同作战，击败辽西鲜卑的进犯。最后，安帝后期，鲜卑势力转强，不仅造成东汉边郡吏民伤亡，甚至在对匈奴的军事行动中也取得胜利。从这一时期的防务形势上看，辽东郡只有在第一阶段受到辽东鲜卑的大举进犯，其后由于鲜卑的西迁，由鲜卑带来的防务压力逐渐减弱。尽管如此，由于鲜卑的强盛及其对东汉北边的侵犯，作为东汉北边防务体系的重要组成部分，辽东郡仍然发挥着联防与支援的防务作用。

第三节　东汉后期辽东郡的防务对象

一　高句丽

据《三国志·魏书·东夷传》，高句丽在东汉末年的史事中，"顺、桓之间，复犯辽东，寇新安、居乡，又攻西安平，于道上杀带方令，略得乐浪太守妻子"，"灵帝建宁二年，玄菟太守耿临讨之，斩首虏数百级，

---

① 《后汉书》卷90《鲜卑列传》，中华书局点校本，2001，第 2987～2988 页。
② 《后汉书》卷90《鲜卑列传》，中华书局点校本，2001，第 2988 页。

伯固降，属辽东。熹平中，伯固乞属玄菟。公孙度之雄海东也，伯固遣
大加优居、主簿然人等助度击富山贼，破之。"① 《后汉书·东夷列传》
同样记载："质、桓之间，复犯辽东西安平，杀带方令，掠得乐浪太守妻
子。建宁二年，玄菟太守耿临讨之，斩首数百级，伯固降服，乞属玄菟
云。"② 此外，据《三国志·魏书·东夷传》，"自伯固时，数寇辽东，又
受亡胡五百余家。"③ 从顺帝至桓帝、灵帝，高句丽在伯固的率领下，继
续对辽东地区进行军事攻击，辽东郡的吏民往往处于被动防守的境地，
辽东郡属县往往成为高句丽的攻击目标，辽东郡的防务形势一度相当严
峻。尽管如此，东汉王朝尚能维持对东北的统治，辽东地区的防务建制
仍发挥强有力的守卫功能，因此高句丽在战事不利的情势下，选择归降，
继续归附玄菟郡，接受其统领。值得一提的是，胡人亡归高句丽，反映
了高句丽在东北地区影响力向西扩展，成为东胡民族迁徙的目的地，东
北地区的民族融合因此达到新的水平。

　　建安时期，高句丽与中央王朝又出现新的战事，其中也涉及辽东郡
的防务问题。《三国志·魏书·东夷传》记载："伯固死，有二子，长子
拔奇，小子伊夷模。拔奇不肖，国人便共立伊夷模为王。自伯固时，数
寇辽东，又受亡胡五百余家。建安中，公孙康出军击之，破其国，焚烧
邑落。拔奇怨为兄而不得立，与涓奴加各将下户三万余口诣康降，还住
沸流水。降胡亦叛伊夷模，伊夷模更作新国，今日所在是也。拔奇遂往
辽东，有子留句丽国，今古雏加驳位居是也。其后复击玄菟，玄菟与辽
东合击，大破之。"④ 根据史书，东汉末年在公孙康割据政权的攻击下，
高句丽国被击败，高句丽内部的王权之争由此加剧，出现了较为严重的
分裂事件。伯固长子拔奇与涓奴部首领率领六万余人，归附割据辽东的
公孙康政权；此外，伯固时期逃亡归附高句丽的胡人，发动反叛。伯固
次子伊夷模即位后，在公孙康破其国、拔奇率部出逃并降胡反叛等沉重
打击下，只得南下重新立国，建立新的高句丽政权。留在原高句丽国的
余部，一度重整旗鼓进攻玄菟郡，在玄菟郡与辽东的合击下，最终溃败。

　　由此可知，高句丽虽然能征善战，但是面对塞内割据势力的全力反

　　① 《三国志》卷30《东夷传》，中华书局点校本，2000，第845页。
　　② 《后汉书》卷85《东夷列传》，中华书局点校本，2001，第2815页。
　　③ 《三国志》卷30《东夷传》，中华书局点校本，2000，第845页。
　　④ 《三国志》卷30《东夷传》，中华书局点校本，2000，第845页。

击，仍然难以依靠武力取得胜利。相反，在割据政权的攻势下，最终灭国。

二　乌桓

顺帝时期，乌桓对北边发动两次大规模军事行动。一是阳嘉四年（135 年）对云中的侵犯。《后汉书·乌桓列传》记载："阳嘉四年冬，乌桓寇云中，遮截道上商贾车牛千余两，度辽将军耿晔率二千余人追击，不利，又战于沙南，斩首五百级。乌桓遂围晔于兰池城，于是发积射士二千人，度辽营千人，配上郡屯，以讨乌桓，乌桓乃退。"① 二是永和五年（140 年）乌桓大人的反叛。《后汉书·乌桓列传》记载："永和五年，乌桓大人阿坚、羌渠等与南匈奴左部句龙吾斯反畔，中郎将张耽击破斩之，余众悉降。"②

桓帝时期，乌桓也发动了两次大规模军事行动。一是永寿年间的叛乱。《后汉书·乌桓列传》记载："永寿中，朔方乌桓与休著屠各并畔，中郎将张奂击平之。"③ 二是延熹九年（166 年）与鲜卑、南匈奴合兵的寇边行动。《后汉书·乌桓列传》记载："延熹九年夏，乌桓复与鲜卑及南匈奴寇缘边九郡，俱反，张奂讨之，皆出塞去。"④

灵帝时期，乌桓形成四个部落政权。《后汉书·乌桓列传》记载："乌桓大人上谷有难楼者，众九千余落，辽西有丘力居者，众五千余落，皆自称王；又辽东苏仆延，众千余落，自称峭王；右北平乌延，众八百余落，自称汗鲁王：并勇健而多计策。"⑤ 四部分别为上谷难楼部、辽西丘力居部、辽东苏仆延部、右北平乌延部，各部不仅自称王，而且"勇健而多计策"。中平四年（187 年）发生了张纯反叛事件，乌桓在张纯的统领下对北边发动了大规模的军事进攻。刘虞临危受命为幽州牧，斩杀张纯，平定这次边疆危机。史书记载："中平四年，前中山太守张纯畔，入丘力居众中，自号弥天安定王，遂为诸郡乌桓元帅，寇掠青、徐、幽、

---

① 《后汉书》卷 90《乌桓列传》，中华书局点校本，2001，第 2983 页。
② 《后汉书》卷 90《乌桓列传》，中华书局点校本，2001，第 2983 页。
③ 《后汉书》卷 90《乌桓列传》，中华书局点校本，2001，第 2983 页。
④ 《后汉书》卷 90《乌桓列传》，中华书局点校本，2001，第 2983 页。
⑤ 《后汉书》卷 90《乌桓列传》，中华书局点校本，2001，第 2984 页。

冀四州。五年，以刘虞为幽州牧，虞购募斩纯首，北州乃定。"①

献帝初平年间，蹋顿成为统领三郡乌桓的首领。据史书记载："献帝初平中，丘力居死，子楼班年少，从子蹋顿有武略，代立，总摄三郡，众皆从其号令。"②建安初年，袁绍争取乌桓的支持，"建安初，冀州牧袁绍与前将军公孙瓒相持不决，蹋顿遣使诣绍求和亲，遂遣兵助击瓒，破之。绍矫制赐蹋顿、难楼、苏仆延、乌延等，皆以单于印绶。后难楼、苏仆延率其部众奉楼班为单于，蹋顿为王，然蹋顿犹秉计策"。③其后，阎柔获取鲜卑的支持，"广阳人阎柔，少没乌桓、鲜卑中，为其种人所归信，柔乃因鲜卑众，杀乌桓校尉邢举而代之"，④袁绍优抚阎柔，使北边获得短暂的安定。之后袁绍之子袁尚败亡蹋顿，而阎柔归附曹操，建安十二年（207年）曹操亲征乌桓。史书记载："及绍子尚败，奔蹋顿。时幽、冀吏人奔乌桓者十万余户，尚欲凭其兵力，复图中国。会曹操平河北，阎柔率鲜卑、乌桓归附，操即以柔为校尉，建安十二年，曹操自征乌桓，大破蹋顿于柳城，斩之，首虏二十余万人。袁尚与楼班、乌延等皆走辽东，辽东太守公孙康并斩送之。其余众万余落，悉徙居中国云。"⑤由于曹操大破蹋顿，最终平定乌桓，乌桓余部内徙，融入华夏民族。

三　鲜卑

顺帝时，鲜卑势力得到进一步发展，多次出兵东汉边郡，造成边疆危机。其中，永建年间，"元年秋，鲜卑其至鞬寇代郡，太守李超战死"，"明年春，中郎将张国遣从事将南单于兵步骑万余人出塞，击破之，获其资重二千余种。时辽东鲜卑六千余骑亦寇辽东玄菟，乌桓校尉耿晔发缘边诸郡兵及乌桓率众王出塞击之，斩首数百级，大获其生口牛马什物，鲜卑乃率种众三万人诣辽东乞降"，"三年，四年，鲜卑频寇渔阳、朔方"，"六年秋，耿晔遣司马将胡兵数千人，出塞击破之。冬，渔阳太守

① 《后汉书》卷90《乌桓列传》，中华书局点校本，2001，第2984页。
② 《后汉书》卷90《乌桓列传》，中华书局点校本，2001，第2984页。
③ 《后汉书》卷90《乌桓列传》，中华书局点校本，2001，第2984页。
④ 《后汉书》卷90《乌桓列传》，中华书局点校本，2001，第2984页。
⑤ 《后汉书》卷90《乌桓列传》，中华书局点校本，2001，第2984页。

又遣乌桓兵击之，斩首八百级，获牛马生口"。① 这一时期，"乌桓豪人扶漱官勇健，每与鲜卑战，辄陷敌，诏赐号'率众君'"。② 阳嘉年间，"元年冬，耿晔遣乌桓亲汉都尉戎朱廆率众王侯咄归等，出塞抄击鲜卑，大斩获而还，赐咄归等已下为率众王、侯、长，赐彩缯各有差。鲜卑后寇辽东属国，于是耿晔乃移屯辽东无虑城拒之"，"二年春，匈奴中郎将赵稠遣从事将南匈奴骨都侯夫沈等，出塞击鲜卑，破之，斩获甚众，诏赐夫沈金印紫绶及缣彩各有差。秋，鲜卑穿塞入马城，代郡太守击之，不能克"，此后直至其至鞬死后，才"抄盗差稀"。③

桓帝时期，檀石槐势力兴起，并统一鲜卑各部。关于檀石槐势力的兴起，史书记载："桓帝时，鲜卑檀石槐者，其父投鹿侯，初从匈奴军三年，其妻在家生子。投鹿侯归，怪欲杀之。妻言尝昼行闻雷震，仰天视而雹入其口，因吞之，遂妊身，十月而产，此子必有奇异，且宜长视。投鹿侯不听，遂弃之。妻私语家令收养焉，名檀石槐。年十四五，勇健有智略。异部大人抄取其外家牛羊，檀石槐单骑追击之，所向无前，悉还得所亡者，由是部落畏服。乃施法禁，平曲直，无敢犯者，遂推以为大人。檀石槐乃立庭于弹汗山歠仇水上，去高柳北三百余里，兵马甚盛，东西部大人皆归焉。因南抄缘边，北拒丁零，东却夫余，西击乌孙，尽据匈奴故地，东西万四千余里，南北七千余里，网罗山川水泽盐池。"④ 随后，檀石槐多次袭击北边，并实现对鲜卑各部的统一。史书记载："永寿二年秋，檀石槐遂将三四千骑寇云中。延熹元年，鲜卑寇北边。冬，使匈奴中郎将张奂率南单于出塞击之，斩首二百级。二年，复入雁门，杀数百人，大抄掠而去。六年夏，千余骑寇辽东属国。九年夏，遂分骑数万人入缘边九郡，并杀掠吏人，于是复遣张奂击之，鲜卑乃出塞去。朝廷积患之，而不能制，遂遣使持印绶封檀石槐为王，欲与和亲。檀石槐不肯受，而寇抄滋甚。乃自分其地为三部，从右北平以东至辽东，接夫余、濊貊二十余邑为东部，从右北平以西至上谷十余邑为中部，从上谷以西至敦煌、乌孙二十余邑为西部，各置大人主领之，皆属檀石槐。"⑤

---

① 《后汉书》卷90《鲜卑列传》，中华书局点校本，2001，第2988页。
② 《后汉书》卷90《鲜卑列传》，中华书局点校本，2001，第2988页。
③ 《后汉书》卷90《鲜卑列传》，中华书局点校本，2001，第2988~2989页。
④ 《后汉书》卷90《鲜卑列传》，中华书局点校本，2001，第2989页。
⑤ 《后汉书》卷90《鲜卑列传》，中华书局点校本，2001，第2989~2990页。

灵帝时期，幽州、并州、凉州深受鲜卑祸患。史书记载："灵帝立，幽、并、凉三州缘边诸郡无岁不被鲜卑寇抄，杀略不可胜数。熹平三年冬，鲜卑入北地，太守夏育率休著屠各追击破之。迁育为护乌桓校尉。五年，鲜卑寇幽州。六年夏，鲜卑寇三边。"① 面对鲜卑的大规模进攻，灵帝朝堂上出现了主张出击鲜卑的主战派。熹平六年（177 年），夏育进言出击鲜卑，上书言："鲜卑寇边，自春以来，三十余发，请征幽州诸郡兵出塞击之，一冬二春，必能禽灭。"② 这一建议没能获得朝廷的支持。但是想要立功的主战派最终说服灵帝出战，史书记载："先是护羌校尉田晏坐事论刑被原，欲立功自效，乃请中常侍王甫求得为将，甫因此议遣兵与育并力讨贼。帝乃拜晏为破鲜卑中郎将。"③ 此时，大臣中持不同意见者召集百官到朝堂，其中，议郎蔡邕提出如下建议：

《书》戒猾夏，《易》伐鬼方，周有猃狁、蛮荆之师，汉有阗颜、瀚海之事；征讨殊类，所由尚矣。然而时有同异，执有可否，故谋有得失，事有成败，不可齐也。

武帝情存远略，志辟四方，南诛百越，北讨强胡，西伐大宛，东并朝鲜。因文、景之蓄，藉天下之饶，数十年间，官民俱匮。乃兴盐铁酒榷之利，设告缗重税之令，民不堪命，起为盗贼，关东纷扰，道路不通。绣衣直指之使，奋铁钺而并出。既而觉悟，乃息兵罢役，（封）丞相为富人侯。故主父偃曰："夫务战胜，穷武事，未有不悔者也。"夫以世宗神武，将相良猛，财赋充实，所拓广远，犹有悔焉。况今人财并乏，事劣昔时乎！

自匈奴遁逃，鲜卑强盛，据其故地，称兵十万，才力劲健，意智益生。加以关塞不严，禁网多漏，精金良铁，皆为贼有；汉人逋逃，为之谋主，兵利马疾，过于匈奴。昔段颎良将，习兵善战，有事西羌，犹十余年。今育、晏才策，未必过颎，鲜卑种众，不弱于曩时。而虚计二载，自许有成，若祸结兵连，岂得中休？当复征发众人，转运无已，是为耗竭诸夏，并力蛮夷。夫边垂之患，手足之蚧搔；中国之困，胸背之瘭疽。方今郡县盗贼尚不能禁，况此丑虏

① 《后汉书》卷90《鲜卑列传》，中华书局点校本，2001，第2990 页。
② 《后汉书》卷90《鲜卑列传》，中华书局点校本，2001，第2990 页。
③ 《后汉书》卷90《鲜卑列传》，中华书局点校本，2001，第2990 页。

而可伏乎!

昔高祖忍平城之耻,吕后弃慢书之诟,方之于今,何者为甚?

天设山河,秦筑长城,汉起塞垣,所以别内外,异殊俗也。苟无蹙国内侮之患则可矣,岂与虫蚁(狡)寇计争往来哉!虽或破之,岂可殄尽,而方(今)本朝为之旰食乎!

夫专胜者未必克,挟疑者未必败,众所谓危,圣人不任,朝议有嫌,明主不行也。昔淮南王安谏伐越曰:"天子之兵,有征无战。言其莫敢校也。如使越人蒙死以逆执事厮舆之卒,有一不备而归者,虽得越王之首,而犹为大汉羞之。"而欲以齐民易丑虏,皇威辱外夷,就如其言,犹已危矣,况乎得失不可量邪!昔珠崖郡反,孝元皇帝纳贾捐之言,而下诏曰:"珠崖背畔,今议者或曰可讨,或曰弃之。朕日夜惟思,羞威不行,则欲诛之;通于时变,复忧万民。夫万民之饥与远蛮之不讨,何者为大?宗庙之祭,凶年犹有不备,况避不嫌之辱哉!今关东大困,无以相赡,又当动兵,非但劳民而已。其罢珠崖郡。"此元帝所以发德音也。夫恤民救急,虽成郡列县,尚犹弃之,况障塞之外,未尝为民居者乎!守边之术,李牧善其略,保塞之论,严尤中其要,遗业犹在,文章具存,循二子之策,守先帝之规,臣曰可矣。①

尽管蔡邕对当时东汉王朝是否应征讨鲜卑的分析颇为精到,但是无奈灵帝没有采纳,而是派遣主战派发兵出击。史书记载:"帝不从。遂遣夏育出高柳,田晏出云中,匈奴中郎将臧旻率南单于出雁门,各将万骑,三道出塞二千余里。檀石槐命三部大人各帅众逆战,育等大败,丧其节传辎重,各将数十骑奔还,死者十七八。三将槛车征下狱,赎为庶人。冬,鲜卑寇辽西。"②尽管主战派立功心切,但是一败涂地。鲜卑又在冬季发动进攻,进击辽西。光和元年(178 年),鲜卑又出兵酒泉,"缘边莫不被毒"。③至檀石槐死,虽然其子继承王位,但是势力稍弱。建安时,"太祖定幽州,步度根与轲比能等因乌丸校尉阎柔上贡献",④ 再度向汉朝

① 《后汉书》卷 90《鲜卑列传》,中华书局点校本,2001,第 2990~2993 页。
② 《后汉书》卷 90《鲜卑列传》,中华书局点校本,2001,第 2993~2994 页。
③ 《后汉书》卷 90《鲜卑列传》,中华书局点校本,2001,第 2994 页。
④ 《三国志》卷 30《鲜卑传》,中华书局点校本,2000,第 835 页。

称臣朝贡。

第四节　辽东太守及其防务事迹

严耕望先生在《两汉太守刺史表》中考证东汉辽东郡太守 16 人，其文如下：

祭肜（次孙）——颍川颍阳人，建武十七年匈奴鲜卑扰边，肜莅任离间诸部而抚以恩信，得其死力，郡民大安，威震塞外。逾二十八年迁太仆。（《肜本传》、《光武纪》、《明帝纪》）

宗京——南阳安众人。盖明章之世。（《宗意传》）〔宗传作宋，字伪〕

祭参——颍川颍阳人，肜之子。和帝永元九年坐不追鲜卑，下狱死。（《和帝纪》、《续天文志》、《祭肜传》、《鲜卑传》）

耿夔——扶风茂陵人。和帝元兴年已见在任，逾六年安帝永初五年左转云中守。（《夔本传》、《和帝纪》、《安帝纪》、《梁懂传》、《南匈奴传》、《东夷高勾丽传》）

蔡讽——建光元年夏击鲜卑战殁。（《安帝纪》、《东夷传》、《魏志·高勾丽传》）

陈禅（纪山）——巴郡安汉人。安帝建光元年任，匈奴畏服。（《禅本传》）

庞参（仲达）——河南缑氏人。顺帝永建元年迁度辽将军。（《参本传》、《南匈奴传》）

侯猛——顺桓之际或未到任。（《梁冀传》）

种暠（景伯）——河南洛阳人。桓帝世。（《暠本传》）

冯绲（皇卿）——巴郡宕渠人。延熹元年任，有声于边。（《绲本传》、《方术许曼传》、《隶释冯绲碑》）

孙谊——延熹六年或明年免。（《杨秉传》）

度尚（博平）——山阳湖陆人。延熹八九年时，破鲜卑兵，戎狄惮畏。（《尚本传》）

刘胤（元嗣）——河间成平人。盖灵帝末。（《隶续刘宽门生题名碑》）

杨终——中平四年为叛将张举所杀。（《灵帝纪》、《刘虞传》）
[《鲍丘水注》作杨纮]

公孙度——辽东襄平人。中平六年自据郡为守。（《魏志·度本传》）

公孙康——辽东襄平人。度之子。建安九年继度自立。（《公孙度传》）①

此外，靳宝在《汉代辽东太守考略》②一文中，又补充西汉初年与卫满订约且史佚其名的辽东太守一人，以及见于《绥德画像石》中的辽东太守左宫，文中还对辽东太守的籍贯、出身、任职缘由、辽东地区的形势发展、辽东太守的职掌等问题进行梳理和分析。

东汉中后期载入史籍的辽东太守共计14位，左宫和刘胤碑文中并未记载其为辽东太守时的具体事迹，公孙度、公孙康父子的事迹在下节中论述。因此本节从防务层面对东汉中后期12位载入史册的辽东太守及其与防务相关的事迹进行分析，求教于方家。

一　祭参

《后汉书·祭遵列传》中附录辽东太守祭参的生平。祭参为祭肜之子，祭肜死后祭参便从军，跟随奉车都尉窦固立下军功，以军功得稍迁为辽东太守。史书中对祭参的记载包括：

肜既葬，子参遂诣奉车都尉窦固，从军击车师有功，稍迁辽东太守。永元中，鲜卑入郡界，参坐沮败，下狱死。③

（永元九年——引者注）八月，鲜卑寇肥如，辽东太守祭参下狱死。④

鲜卑千余骑攻肥如城，杀略吏人。祭参坐沮败，下狱诛。⑤

结合《后汉书·祭遵列传》、《后汉书·孝和帝纪》、《后汉书》注引

---

① 严耕望撰《两汉太守刺史表》，上海古籍出版社，2007，第267~268页。
② 靳宝：《汉代辽东太守考略》，《北京史学论丛》2014年。
③ 《后汉书》卷20《祭遵列传》，中华书局点校本，2001，第746页。
④ 《后汉书》卷4《孝和帝纪》，中华书局点校本，2001，第183页。
⑤ 《后汉书》卷4《孝和帝纪》注引《东观记》，中华书局点校本，2001，第183页。

《东观记》以及《后汉书·鲜卑列传》等记载，祭参在辽东太守任上，正值鲜卑因北匈奴战败西迁而占据匈奴故地，收编匈奴余部而势力逐渐强盛，东北地区作为鲜卑兴起之地首当其冲。在鲜卑千余骑兵进攻辽西郡的肥如县后，也进入辽东郡地界。作为辽东郡的太守，祭参因未能击败入境的鲜卑骑兵，而下狱被诛。从祭参出身于武将世家且立有军功的经历看，和帝严惩祭参，究其原因应该是祭参防务失当，导致边地防务形势吃紧。史书中将这一事件分别多次记录，表明这是和帝时期一桩非常严重的军事防务失利事件，辽东太守因此遭到严惩，成为当时引以为戒的经典案例。

二　耿夔

耿夔的生平记载在《后汉书·耿弇列传》中。其文如下：

> 夔字定公。少有气决。永元初，为车骑将军窦宪假司马，北击匈奴，转（车）骑都尉。三年，宪复出河西，以夔为大将军左校尉。将精骑八百，出居延塞，直奔北单于廷，于金微山斩阏氏、名王已下五千余级，单于与数骑脱亡，尽获其匈奴珍宝财畜，去塞五千余里而还，自汉出师所未尝至也。乃封夔粟邑侯。会北单于弟左鹿蠡王於除鞬自立为单于，众八部二万余人，来居蒲类海上，遣使款塞。以夔为中郎将，持节卫护之。及窦宪败，夔亦免官夺爵土。

> 后复为长水校尉，拜五原太守，迁辽东太守。元兴元年，貊人寇郡界，夔追击，斩其渠帅。永初三年，南单于檀反畔，使夔率鲜卑及诸郡兵屯雁门，与车骑将军何熙共击之。熙推夔为先锋，而遣其司马耿溥、刘祉二千人与夔俱进。到属国故城，单于遣奠鞬日逐王三千余人遮汉兵。夔自击其左，令鲜卑攻其右，虏遂败走，追斩千余级，杀其名王六人，获穹庐车重千余两，马畜生口甚众。鲜卑马多羸病，遂畔出塞。夔不能独进，以不穷追，左转云中太守，后迁行度辽将军事。

> 夔勇而有气，数侵陵（使）匈奴中郎将郑戳。元初元年，坐征下狱，以减死论，笞二百。建光中，复拜度辽将军。时鲜卑攻杀云中太守成严，围乌桓校尉徐常于马城。夔与幽州刺史庞参救之，追

虏出塞而还。后坐法免，卒于家。①

根据史书所载，和帝永元初年耿夔就从军以假司马之职随车骑将军窦宪出击匈奴，后出任车骑都尉、大将军左校尉并以军功封粟邑侯，官至中郎将。因窦宪事败，耿夔受到牵连，一度"免官夺爵土"。再度出仕后，由长水校尉拜任五原太守，后迁任辽东太守。

耿夔任职辽东太守期间，参与两次著名的军事行动。其一是和帝元兴元年（105 年）击败貊人。《后汉书·孝和帝纪》记载，元兴元年（105 年），"高句骊寇郡界"，"秋九月，辽东太守耿夔击貊人，破之"。②《耿弇列传》记载，耿夔追击侵入辽东郡境内的貊人，将渠帅斩首。③《东夷列传》又补充，当时貊人由高句丽王宫统领，且多次入侵东北边郡，和帝元兴元年（105 年）再次进攻辽东地区，侵入六个属县。④ 辽东太守耿夔此次不仅击败高句丽的进攻，维护边郡安定，而且斩高句丽渠帅，予以重创。

其二是安帝永初年间击破南匈奴。据《后汉书·南匈奴列传》记载，和帝永元十年（98 年）檀立为万氏尸逐鞮单于。⑤ 又据《后汉书·梁慬列传》，安帝永初三年（109 年）冬，"南单于与乌桓大人俱反，以大司农何熙行车骑将军事，中郎将庞雄为副，将羽林五校营士，及发缘边十郡兵二万余人，又辽东太守耿夔率将鲜卑种众共击之，诏慬行度辽将军事"，"庞雄与耿夔共击匈奴奥鞬日逐王，破之"。⑥ 随后，单于围攻驻扎在美稷的中郎将耿种，⑦ 永初四年（110 年）"春，檀遣千余骑寇常山、中山，以西域校尉梁慬行度辽将军，与辽东太守耿夔击破之"，⑧《后汉书·孝安帝纪》又载"度辽将军梁慬、辽东太守耿夔讨破南单于于属国故城"。⑨ 由于鲜卑在协同攻击南匈奴时叛逃出塞，尽管辽东太守耿夔击破南匈奴有功，但是因为没能追讨叛逃的鲜卑而左转云中太守。此后，

① 《后汉书》卷 19《耿弇列传》，中华书局点校本，2001，第 718～719 页。
② 《后汉书》卷 4《孝和帝纪》，中华书局点校本，2001，第 194 页。
③ 《后汉书》卷 19《耿弇列传》，中华书局点校本，2001，第 719 页。
④ 《后汉书》卷 85《东夷列传》，中华书局点校本，2001，第 2814 页。
⑤ 《后汉书》卷 89《南匈奴列传》，中华书局点校本，2001，第 2957 页。
⑥ 《后汉书》卷 47《梁慬列传》，中华书局点校本，2001，第 1592 页。
⑦ 《后汉书》卷 47《梁慬列传》，中华书局点校本，2001，第 1592 页。
⑧ 《后汉书》卷 89《南匈奴列传》，中华书局点校本，2001，第 2957～2958 页。
⑨ 《后汉书》卷 5《孝安帝纪》，中华书局点校本，2001，第 214 页。

耿夔还出任度辽将军，击退鲜卑对云中郡的军事行动。

从耿夔任辽东太守期间的事迹分析，当时辽东郡一方面受到高句丽的军事威胁，另一方面联合鲜卑对匈奴作战，正值高句丽日渐强盛，鲜卑在东汉王朝的扶持下由弱转强时期。耿夔作为守边武将，功绩显著，成为东汉王朝继祭肜之后又一位功勋显赫的辽东太守。

三 蔡讽

蔡讽的事迹主要见于《后汉书·孝安帝纪》和《后汉书·东夷列传》。其文如下：

> （建光元年——引者注）夏四月，秽貊复与鲜卑寇辽东，辽东太守蔡讽追击，战殁。①

> 安帝永初五年，宫遣使贡献，求属玄菟。元初五年，复与濊貊寇玄菟，攻华丽城。建光元年春，幽州刺史冯焕、玄菟太守姚光、辽东太守蔡讽等将兵出塞击之，捕斩濊貊渠帅，获兵马财物。宫乃遣子遂成将二千余人逆光等，遣使诈降；光等信之，遂成因据险阸以遮大军，而潜遣三千人攻玄菟、辽东，焚城郭，杀伤二千余人。于是发广阳、渔阳、右北平、涿郡属国三千余骑同救之，而貊人已去。夏，复与辽东鲜卑八千余人攻辽队，杀略吏人。蔡讽等追击于新昌，战殁，功曹耿耗、兵曹掾龙端、兵马掾公孙酺以身扞讽，俱没于陈，死者百余人。秋，宫遂率马韩、濊貊数千骑围玄菟。夫余王遣子尉仇台将二万余人，与州郡并力讨破之，斩首五百余级。②

另据《后汉书·孝安帝纪》记载，元初五年（118 年）夏，高句丽就与秽貊勾结进攻玄菟郡，③ 建光元年（121 年）"春正月，幽州刺史冯焕率二郡太守讨高句骊、秽貊，不克"。④ 又据《后汉书·东夷列传》，幽州刺史冯焕征讨高句丽与秽貊时，玄菟太守姚光与辽东太守蔡讽一并出战，因此"二郡太守"即玄菟太守与辽东太守。出击之初，汉军取得

---

① 《后汉书》卷 5《孝安帝纪》，中华书局点校本，2001，第 232 页。
② 《后汉书》卷 85《东夷列传》，中华书局点校本，2001，第 2814~2815 页。
③ 《后汉书》卷 5《孝安帝纪》，中华书局点校本，2001，第 228 页。
④ 《后汉书》卷 5《孝安帝纪》，中华书局点校本，2001，第 232 页。

胜利,"捕斩秽貊渠帅,获兵马财物"。但是随后高句丽王宫诈降,乘汉军不备,暗中派遣三千人攻击玄菟、辽东二郡,使郡县遭受严重损失。当东汉王朝发动广阳、渔阳、右北平、涿郡属国三千余骑兵驰援时,高句丽已然撤兵。同年夏,高句丽与辽东鲜卑勾结,发动八千余人大举进攻辽东郡属县辽队,"杀略吏人"。辽东太守蔡讽等追击敌军,在辽东属县新昌进行激战,太守以身殉国,"功曹耿耗、兵曹掾龙端、兵马掾公孙酺"因守卫太守一同阵亡,战死者超过百人。直到次年二月,"延光元年春二月,夫余王遣子将兵救玄菟,击高句骊、马韩、秽貊,破之,遂遣使贡献",[1] 在汉与夫余的夹击下,"高句骊降"。[2]

蔡讽是史书记载中所见东汉时期第一位战死沙场的辽东太守。根据记载,当时辽东郡的防务形势相当危急。这一时期,高句丽兴起,开始大规模向辽东地区发起军事进攻,辽东郡、玄菟郡是其进击的主要目标。在抵御高句丽进攻中,东汉王朝一度损兵折将,损失大量人员和财产。最终,中央王朝通过扶持与高句丽为敌、深受其害的夫余政权,解除了防务危机。

四　陈禅

陈禅的事迹见于《后汉书·陈禅列传》,其文如下:

> 陈禅字纪山,巴郡安汉人也。仕郡功曹,举善黜恶,为邦内所畏。察孝廉,州辟治中从事。时刺史为人所上受纳臧赂,禅当传考,无它所赍,但持丧敛之具而已。及至,笞掠无算,五毒毕加,禅神意自若,辞对无变,事遂散释。车骑将军邓骘闻其名而辟焉,举茂才。时汉中蛮夷反畔,以禅为汉中太守。夷贼素闻其声,即时降服。迁左冯翊,入拜谏议大夫。
>
> 永宁元年,西南夷掸国王献乐及幻人,能吐火,自支解,易牛马头。明年元会,作之于庭,安帝与群臣共观,大奇之。禅独离席举手大言曰:"昔齐鲁为夹谷之会,齐作侏儒之乐,仲尼诛之。又曰:'放郑声,远佞人。'帝王之庭,不宜设夷狄之技。"尚书陈忠劾奏禅曰:"古者合欢之乐舞于堂,四夷之乐陈于门,故《诗》云'以雅以南,韎任朱离。'今掸国越流沙,逾县度,万里贡献,非郑卫之

---

① 《后汉书》卷5《孝安帝纪》,中华书局点校本,2001,第234~235页。
② 《后汉书》卷5《孝安帝纪》,中华书局点校本,2001,第235页。

声，佞人之比，而禅廷讪朝政，请劾禅下狱。"有诏勿收，左转为玄
菟候城障尉，诏"敢不之官，上妻子从者名"。禅既行，朝廷多讼
之。会北匈奴入辽东，追拜禅辽东太守。胡惮其威强，退还数百里。
禅不加兵，但使吏卒往晓慰之，单于随使还郡。禅于学行礼，为说
道义以感化之。单于怀服，遗以胡中珍货而去。

　　及邓骘诛废，禅以故吏免。复为车骑将军阎显长史。顺帝即位，
迁司隶校尉。明年，卒于官。①

　　根据史书，陈禅在担任辽东太守一职之前主要经历如下。其一，出仕
郡功曹，"举善黜恶"，有威名。其二，察举孝廉，被刺史辟为治中从事，
坦荡地接受刑狱拷问。其三，辟车骑将军邓骘府，举茂才。其四，任汉中
太守，降服蛮夷反叛。其五，迁左冯翊，拜谏议大夫，因直言极谏贬为玄
菟郡的候城障尉。由此可知，陈禅颇有才干，性格廉直，善于降服蛮夷。

　　陈禅任辽东太守，与当时匈奴为患不无关系。据本传，陈禅被贬官
为玄菟都尉，在赴任途中，辽东地区遭遇北匈奴进攻，陈禅临危受命出
任辽东太守。陈禅采取与对付汉中蛮夷反叛相似的方法，对于已经受到
威慑而退兵数百里的北匈奴，他放弃出兵，委派吏卒招安，单于与使者
一道返回边郡。陈禅又以道义感化单于，使其献重礼后离去。

　　尽管陈禅在任期间，做到睦邻友好，守卫边郡安定，但是本人受到
邓骘的牵连，免官离职。辽东郡因而损失了一位颇有政绩的太守。

五　庞参

　　据《后汉书·庞参列传》②与《后汉书·南匈奴列传》③，庞参永建
元年（126 年）由辽东太守迁任度辽将军。庞参在辽东太守任上，未有载
入史册的显著政绩。但是，从《后汉书·庞参列传》所载生平，庞参在
治理边郡上非常有才干。庞参"初仕郡"，被河南尹举为孝廉，"拜左校
令"，后"坐法输作若卢"；永初元年（107 年）于徒作期间得擢拜谒者，
"使西督三辅诸军屯"；在永初四年（110 年）"羌寇转盛，兵费日广，且
连年不登，谷石万余"的危急时刻，庞参积极向邓骘建言献策；任汉阳

---

① 《后汉书》卷 51《陈禅列传》，中华书局点校本，2001，第 1684～1686 页。
② 《后汉书》卷 51《庞参列传》，中华书局点校本，2001，第 1690 页。
③ 《后汉书》卷 89《南匈奴列传》，中华书局点校本，2001，第 2959 页。

太守时，"抑强助弱，以惠政得民"；"元初元年，迁护羌校尉，畔羌怀其恩信"；"明年，烧当羌种号多等皆降，始复得还都令居，通河西路"，"时先零羌豪僭号北地，诏参将降羌及湟中义从胡七千人，与行征西将军司马钧期会北地击之。参于道为羌所败。既已失期，乃称病引兵还，坐以诈疾征下狱"，校书郎中马融"上书请之"，得以赦免。① 随后，庞参再度被起用，出任辽东太守。庞参既有才学，又有实战经验，是难得的边郡太守人选。据《后汉书·孝安帝纪》，建光元年（121 年）辽东太守蔡讽"战殁"，② 同年五月特近邓骘自杀。③ 又据《后汉书·陈禅列传》，因受到邓骘牵连，陈禅被免去辽东太守之职。这样算来，庞参出任辽东太守的任期大致在安帝延光年间。至顺帝即位，则迁任度辽将军，后任大鸿胪、太尉等职。④

庞参在顺帝时得以升迁，既与他任辽东太守前较为出色的边郡治理有关，也应当与他任辽东太守期间的政绩得到中央王朝的认可有关。尽管史书中对其任辽东太守期间的政绩忽略未载，但是从其生平事迹以及此后较为顺利的仕途都足以判断，庞参较为圆满地完成了辽东郡太守之责。

六　侯猛

据《后汉书·梁统列传》，梁冀拥立汉桓帝有功，骄横跋扈，陷害朝臣。其中辽东太守侯猛因"初拜不谒"，"冀托以它事，乃腰斩之"。⑤ 在这一事件中，侯猛展现出耿直不阿的性格，不肯依附外戚梁冀，上任时没有如阿谀奉承者一样拜谒梁冀；反观梁冀，专权强横，以权谋私，肆意残害边郡太守。这一事件表明东汉末年外戚专权、政治昏暗，统治即将走向终结。更为重要的是，汉桓帝时期东北民族势力渐强，辽东郡的防务形势相当严峻。此时正值良将难得，正直的太守侯猛被害，对于辽东郡而言，无疑是一种损失。

七　种暠

种暠是桓帝时的名相，可谓资历丰富。出任辽东太守，为其资历增

① 《后汉书》卷 51《庞参列传》，中华书局点校本，2001，第 1686～1690 页。
② 《后汉书》卷 5《孝安帝纪》，中华书局点校本，2001，第 232 页。
③ 《后汉书》卷 5《孝安帝纪》，中华书局点校本，2001，第 233 页。
④ 《后汉书》卷 51《庞参列传》，中华书局点校本，2001，第 1690～1691 页。
⑤ 《后汉书》卷 34《梁统列传》，中华书局点校本，2001，第 1183 页。

添了浓墨重彩的一笔。《后汉书·种暠列传》记载，种暠任使匈奴中郎将，"时辽东乌桓反叛，复转辽东太守，乌桓望风率服，迎拜于界上"。① 当时辽东乌桓的反叛，导致辽东郡防务局势紧张，因而将种暠由使匈奴中郎将转任为辽东太守，乌桓对其颇为信服，由此解除了边地危机。

种暠之所以临危受命，与他此前曾出任益州刺史、凉州刺史、汉阳太守以及使匈奴中郎将诸职，且声望甚高有关。种暠为官，后世评价曰："种公自微，临官以威。"② 早在入仕之前，以家父余财三千万"赈恤宗族及邑里之贫者"，断绝与追名逐利者的往来；③ 由县廷门下史开始漫长的仕宦生涯，得到河南尹举孝廉，"辟太尉府，举高第"；④ 顺帝末年，出任侍御史，另据《后汉书·孝顺帝纪》记载，汉安元年（142 年）"丁卯，遣侍中杜乔、光禄大夫周举、守光禄大夫郭遵、冯羡、栾巴、张纲、周栩、刘班等八人分行州郡，班宣风化，举实臧否"，⑤ 而在梁冀与宦官的包庇下，"事皆被寝遏"，⑥ 于是种暠"以职主刺举，志案奸违"，劾举蜀郡太守等使其伏罪，并且"奏请敕四府条举近臣父兄及知亲为刺史、二千石尤残秽不胜任者，免遣按罪"；⑦ 顺帝擢升种暠负责监督太子，种暠严厉训斥中常侍高梵"从中单驾出迎太子"，⑧ 得到顺帝嘉奖；出任益州刺史，"暠素慷慨，好立功立事"，"在职三年，宣恩远夷，开晓殊俗，岷山杂落皆怀服汉德"，白狼、槃木、唐菆、邛、僰等国重新归附、向化，还严惩巴结梁冀的永昌太守，得罪梁冀，因平定巴蜀叛乱不力而遭到陷害，后得到太尉李固上疏相救，以免官了结；⑨ "后凉州羌动，以暠为凉州刺史，甚得百姓欢心"，吏人诣阙请求留任，"复留一年"；⑩ "迁汉阳太守"，"化行羌胡，禁止侵掠"；"迁使匈奴中郎将"；⑪ "转辽东太

---

① 《后汉书》卷56《种暠列传》，中华书局点校本，2001，第1828页。
② 《后汉书》卷56《种暠列传》，中华书局点校本，2001，第1835页。
③ 《后汉书》卷56《种暠列传》，中华书局点校本，2001，第1826页。
④ 《后汉书》卷56《种暠列传》，中华书局点校本，2001，第1827页。
⑤ 《后汉书》卷6《孝顺帝纪》，中华书局点校本，2001，第272页。
⑥ 《后汉书》卷56《种暠列传》，中华书局点校本，2001，第1827页。
⑦ 《后汉书》卷56《种暠列传》，中华书局点校本，2001，第1827页。
⑧ 《后汉书》卷56《种暠列传》，中华书局点校本，2001，第1827页。
⑨ 《后汉书》卷56《种暠列传》，中华书局点校本，2001，第1827~1828页。
⑩ 《后汉书》卷56《种暠列传》，中华书局点校本，2001，第1828页。
⑪ 《后汉书》卷56《种暠列传》，中华书局点校本，2001，第1828页。

守"，"坐事免归";① "后司隶校尉举暠贤良方正，不应"，"征拜议郎，迁南郡太守，入为尚书";② "会匈奴寇并凉二州，桓帝擢暠为度辽将军"，"暠到营所，先宣恩信，诱降诸胡，其有不服，然后加罚"，遣还虏获的羌人人质，"诚心怀抚，信赏分明，由是羌胡、龟兹、莎车、乌孙等皆来顺服"，"暠乃去烽燧，除候望，边方晏然无警";③ "入为大司农"，"延熹四年，迁司徒"，"为称职相"，"在位三年，年六十一薨"。④

纵观种暠的生平事迹，其曾任谏官、刺史、郡守，亦有驻守边地经历，由他出任辽东太守，是因为他具备忠直的个性、管理郡县的行政能力以及统率军队保卫边地的军事才能。但是种暠并未圆满卸任，而是被免官。种暠任职辽东太守期间被免官，虽然政绩不突出，但是才能未被埋没。种暠的仕途并未就此终结，相反他被选举为贤良方正，被中央王朝再度起用，由议郎升任南郡太守，再度进入权力中枢出任尚书，临危受命被任用为度辽将军并平定边地，随后出任大司农，最终任司徒，位列三公。

八 冯绲

东汉名将冯绲在桓帝延熹元年（158 年）出任辽东太守，征讨鲜卑，延熹五年（162 年）拜车骑都尉，在辽东太守任上的时间长达五年之久。⑤ 冯绲是幽州刺史冯焕之子，为名将之后。冯焕蒙冤病死狱中，安帝赐钱十万，任子冯绲为郎中。⑥ 顺帝末年，冯绲出任御史中丞，"持节督扬州诸郡军事，与中郎将滕抚击破群贼"。⑦ 另据何如月对冯绲碑的考证，平定东南叛乱中，冯绲"坐迫州郡进兵正法"，被降职，⑧ 后于桓帝延熹元年（158 年）由陇西太守迁任辽东太守。据《后汉书·冯绲列传》，"鲜卑寇边"应为冯绲调任辽东太守的动因，此前冯绲的军旅经历以及曾在边地陇西郡任太守符合任职辽东太守的要求。冯绲在辽东郡任职期间，

---

① 《后汉书》卷 56《种暠列传》，中华书局点校本，2001，第 1828 页。
② 《后汉书》卷 56《种暠列传》，中华书局点校本，2001，第 1828 页。
③ 《后汉书》卷 56《种暠列传》，中华书局点校本，2001，第 1828 页。
④ 《后汉书》卷 56《种暠列传》，中华书局点校本，2001，第 1828~1829 页。
⑤ 《后汉书》卷 82《方术列传下》，中华书局点校本，2001，第 2732 页。
⑥ 《后汉书》卷 38《冯绲列传》，中华书局点校本，2001，第 1280~1281 页。
⑦ 《后汉书》卷 38《冯绲列传》，中华书局点校本，2001，第 1281 页。
⑧ 何如月：《汉车骑将军冯绲碑志考释》，《考古与文物》2006 年第 1 期。

"晓喻降集，虏皆弭散"，显然稳定了边郡的政局。此后，延熹五年（162年）冯绲作为车骑将军再度南征，平定战乱，但是遭到宦官陷害而被免职。① 此后，冯绲任将作大匠、河南尹、廷尉，又遭宦官陷害罚作，免刑后迁任为屯骑校尉，复任廷尉后，再度因得罪宦官而遭贬，永康元年（167年）十二月病故。

冯绲是东汉末年的名将，出任辽东太守期间正值鲜卑作乱，边地形势严峻。冯绲驻守边地，戍卫有功，成为东汉后期较为有声望的辽东太守。桓帝时期，宦官专权，政治黑暗，士大夫虽屡遭迫害，但仍斗争不屈。② 冯绲屡建战功，也遭到荼毒，难以有所作为。

九　孙谊

据《后汉书·孝桓帝纪》记载，延熹五年（162年）"太尉刘矩免，太常杨秉为太尉"。③ 又据《后汉书·杨震列传》记载，杨秉接替刘矩任太尉，与司空周景致力于整顿吏治。史书记载：

> 五年冬，代刘矩为太尉。是时宦官方炽，任人及子弟为官，布满天下，竞为贪淫，朝野嗟怨。秉与司空周景上言："内外吏职，多非其人，自顷所征，皆特拜不试，致盗窃纵恣，怨讼纷错。旧典，中臣子弟不得居位秉执，而今枝叶宾客布列职署，或年少庸人，典据守宰，上下忿患，四方愁毒。可遵用旧章，退贪残，塞灾谤。请下司隶校尉、中二千石、二千石、城门五营校尉、北军中候，各实覈所部，应当斥罢，自以状言，三府廉察有遗漏，续上。"帝从之。于是秉条奏牧守以下匈奴中郎将燕瑗、青州刺史羊亮、辽东太守孙谊等五十余人，或死或免，天下莫不肃然。④

根据文意，桓帝时期宦官对官吏选任的介入造成了官僚队伍的严重腐败，其中辽东太守孙谊应当就是以宦官子弟得以"典据守宰"的典型。在此次官吏整治中，孙谊被纠举，不仅仅将辽东太守的位置换任能者居之，更为重要的是可以免去宦官子弟"贪淫"或"年少庸人"给边郡统

---

① 何如月：《汉车骑将军冯绲碑志考释》，《考古与文物》2006 年第 1 期。
② 何如月：《汉车骑将军冯绲碑志考释》，《考古与文物》2006 年第 1 期。
③ 《后汉书》卷 7《孝桓帝纪》，中华书局点校本，2001，第 311 页。
④ 《后汉书》卷 54《杨震列传》，中华书局点校本，2001，第 1772 页。

治造成混乱。显然，此次吏治整饬是士大夫与宦官的一场生死较量，在一定程度上打击了宦官的气焰，还政治以清明。

十 崔寔

据《后汉书·崔骃列传》，崔寔"少沉静，好典籍"，著作《政论》，"明于政体，吏才有余"。① 先除为郎，后又任议郎、大将军梁冀司马，著作东观。后外任五原太守，政绩显著，在民生方面，"五原土宜麻枲，而俗不知织绩，民冬月无衣，积细草而卧其中，见吏则衣草而出。寔至官，斥卖储峙，为作纺绩、织纴、練缊之具以教之，民得以免寒苦"；在防务上，"是时胡虏连入云中、朔方，杀略吏民，一岁至九奔命。寔整厉士马，严烽候，虏不敢犯，常为边最"。② 崔寔因病征还，官拜为议郎，修订《五经》，因受到梁冀的牵连，被禁锢多年。关于崔寔任辽东太守，史书记载："时鲜卑数犯边，诏三公举威武谋略之士，司空黄琼荐寔，拜辽东太守。行道，母刘氏病卒，上疏求归葬行丧。"③ 另据《后汉书·孝桓帝纪》，黄琼两度出任司空，第一次自元嘉元年（151 年）至次年十一月免官，④ 第二次自延熹四年（161 年）六月至九月。⑤ 又《后汉书·黄琼列传》记载，黄琼于元嘉元年（151 年）迁任司空时，与专权的梁冀进行坚决抗争。⑥ 此外，《后汉书·崔骃列传》记载，崔寔服丧期满，官拜尚书，免归后，于"建宁中病卒"。⑦ 因此，可以推断，崔寔被任命为辽东太守的时间在延熹四年（161 年）。他不仅"明于政体，吏才有余"，而且在任职到边郡为五原太守时政绩显著，尤其是崔寔还是一位史学家、经学家，先后参与《东观汉记》的编纂和《五经》的定稿，又是一位孝子，最终因为服丧而未能到任辽东太守。

十一 度尚

名将度尚在延熹年间任辽东太守。《后汉书·度尚列传》记载："尚

① 《后汉书》卷 52《崔骃列传》，中华书局点校本，2001，第 1725 页。
② 《后汉书》卷 52《崔骃列传》，中华书局点校本，2001，第 1730 页。
③ 《后汉书》卷 52《崔骃列传》，中华书局点校本，2001，第 1730 页。
④ 《后汉书》卷 7《孝桓帝纪》，中华书局点校本，2001，第 287、298 页。
⑤ 《后汉书》卷 7《孝桓帝纪》，中华书局点校本，2001，第 308 页。
⑥ 《后汉书》卷 61《黄琼列传》，中华书局点校本，2001，第 2035 ~ 2036 页。
⑦ 《后汉书》卷 52《崔骃列传》，中华书局点校本，2001，第 1731 页。

后为辽东太守。数月，鲜卑率兵攻尚，与战，破之，戎狄惮畏。"① 度尚
就任辽东太守仅数月就遭到鲜卑攻击，统率辽东吏卒击破鲜卑兵，缘边
的东北民族在其威慑下有所忌惮、畏惧。度尚的履历相当丰富，出仕的
经历较为特别，因家贫，"不修学行，不为乡里所推举"，通过为同郡宦
官侯览看管田宅，获得机会成为郡上计吏，于是"拜郎中，除上虞长"，
"为政严峻，明于发擿奸非，吏人谓之神明"；迁任文安令，"遇时疾疫，
谷贵人饥，尚开仓廪给，营救疾者，百姓蒙其济"，得到巡行的冀州刺史
朱穆的赏识。② 度尚在延熹五年（162年），得到时任尚书朱穆的举荐，
由右校令擢升为荆州刺史，负责领兵平定长沙、零陵等地发生的叛乱。③
史书记载，"尚出兵三年，群寇悉定"，"七年，封右乡侯，迁桂阳太守"，
"明年，征还京师"，又任中郎将"将幽、冀、黎阳、乌桓步骑二万六千
人"援救零陵太守陈球，"又与长沙太守抗徐等发诸郡兵，并执讨击，大
破之"，封赏百万钱。④ 度尚以军功再度出任荆州刺史，他诬陷交阯刺史
张磐下廷尉狱，被诏书征召廷尉，"以先有功得原"，没有被追究法律责
任。⑤ 其后，他被重新起用，任辽东太守。⑥ 另据《后汉书·孝桓帝纪》
记载：延熹八年（165年）六月，"桂阳胡兰、朱盖等复反，攻没郡县，
转寇零陵，零陵太守陈球拒之；遣中郎将度尚、长沙太守抗徐等击兰、
盖，大破斩之。苍梧太守张叙为贼所执，又桂阳太守任胤背敌畏懦，皆
弃市。"⑦ 又据《后汉书·度尚列传》记载，度尚在延熹九年（166年）
卒于辽东太守任上，⑧ 因此度尚为辽东太守只有一年左右的时间。在其任
辽东太守的数月间，就发生了"鲜卑率兵攻尚"的军事活动，反映当时
鲜卑的攻势相当密集，而度尚有平叛和出任太守的经历，能够胜任辽东
太守，在获得免罪处理后就任辽东太守一职。此次击败鲜卑，不仅威震
东北，而且守卫了辽东郡的安定。

---

① 《后汉书》卷38《度尚列传》，中华书局点校本，2001，第1287页。
② 《后汉书》卷38《度尚列传》，中华书局点校本，2001，第1284页。
③ 《后汉书》卷38《度尚列传》，中华书局点校本，2001，第1285页。
④ 《后汉书》卷38《度尚列传》，中华书局点校本，2001，第1286页。
⑤ 《后汉书》卷38《度尚列传》，中华书局点校本，2001，第1286~1287页。
⑥ 《后汉书》卷38《度尚列传》，中华书局点校本，2001，第1287页。
⑦ 《后汉书》卷7《孝桓帝纪》，中华书局点校本，2001，第315页。
⑧ 《后汉书》卷38《度尚列传》，中华书局点校本，2001，第1287页。

十二 杨终

关于辽东太守杨终的事迹，《后汉书·孝灵帝纪》和《后汉书·刘虞列传》中有所记载。其文如下：

> 渔阳人张纯与同郡张举举兵叛，攻杀右北平太守刘政、辽东太守杨终、护乌桓校尉公綦稠等。举（兵）自称天子，寇幽、冀二州。①

> 刘虞字伯安，东海郯人也。祖父嘉，光禄勋。虞初举孝廉，稍迁幽州刺史，民夷感其德化，自鲜卑、乌桓、夫余、秽貊之辈，皆随时朝贡，无敢扰边者，百姓歌悦之。公事去官。中平初，黄巾作乱，攻破冀州诸郡，拜虞甘陵相，绥抚荒余，以蔬俭率下。迁宗正。
>
> 后车骑将军张温讨贼边章等，发幽州乌桓三千突骑，而牢禀逋悬，皆畔还本国。前中山相张纯私谓前太山太守张举曰："今乌桓既畔，皆愿为乱，凉州贼起，朝廷不能禁。又洛阳人妻生子两头，此汉祚衰尽，天下有两主之征也。子若与吾共率乌桓之众以起兵，庶几可定大业。"举因然之。四年，纯等遂与乌桓大人共连盟，攻蓟下，燔烧城郭，虏略百姓，杀护乌桓校尉箕稠、右北平太守刘政、辽东太守阳终等，众至十余万，屯肥如。举称"天子"，纯称"弥天将军安定王"，移书州郡，云举当代汉，告天子避位，敕公卿奉迎。纯又使乌桓峭王等步骑五万，入青冀二州，攻破清河、平原，杀害吏民。朝廷以虞威信素著，恩积北方，明年，复拜幽州牧。虞到蓟，罢省屯兵，务广恩信。遣使告峭王等以朝恩宽弘，开许善路。又设赏购举、纯。举、纯走出塞，余皆降散。纯为其客王政所杀，送首诣虞。灵帝遣使者就拜太尉，封容丘侯。②

根据文意，灵帝中平之前，由于幽州刺史刘虞教化得当，不仅内部吏民受其德化，而且鲜卑、乌桓、夫余、秽貊等少数民族朝贡中央，边地安定。刘虞去官后，中平初年黄巾起义后任甘陵相，迁任为宗正。中平四年（187 年），时任辽东太守为杨终，即阳终。张纯、张举叛乱，先

① 《后汉书》卷 8《孝灵帝纪》，中华书局点校本，2001，第 354 页。
② 《后汉书》卷 73《刘虞列传》，中华书局点校本，2001，第 2353 页。

后攻杀右北平太守刘政、辽东太守杨终、护乌桓校尉公綦稠。此次叛乱波及颇广，辽东郡随之陷入叛乱之中。刘虞临危受命，出任幽州牧，平定叛乱。辽东太守杨终殉职一事，表明汉灵帝末年东汉王朝的统治已经每况愈下，郡县内部的叛乱已经成为影响防务的重要因素。

通过对东汉中后期辽东太守的考察，反映出当时影响辽东郡防务的原因是多方面的。其中，东北民族兴起，是辽东郡防务形势紧张的主要因素。根据上文，辽东太守的防务对象包括高句丽、鲜卑、北匈奴、乌桓，这些缘边的东北民族对辽东郡的入侵，成为导致辽东郡防务形势紧张的主要因素。对此，辽东太守的解决方式不尽相同，其中有坚决还击的积极防御者，有以声威震慑边郡者，有以教化改善民族关系者，均为辽东郡的安定做出积极贡献。当然也有被法律严惩的不胜任者和以身殉职者，因为东北民族的战事情况不一，失利的情况也不少见。与此同时，辽东郡或是有义军流寇进入郡界，或是受到叛乱影响，处在民族间的军事对抗之中，需要辽东郡守尉吏民应对。此外，东汉后期，外戚、宦官专政，也有打击报复辽东太守的现象，使边地失去良将。这就表明中央王朝在选任辽东太守时，虽然试图坚持选贤与能，但是朝堂上的政治斗争，也会导致忠良被陷害而丧命，从而不利于边郡守卫。

第五节 公孙氏对辽东的割据

东汉末年，东北地区出现了公孙氏的割据政权，辽东郡的防务问题又进入新的发展阶段。

一 公孙氏割据的出现

据《后汉书·袁绍列传》，公孙康为辽东人，其父公孙度"中平元年，还为本郡守"，[①] 也就是说汉献帝中平元年（184年）公孙度出任辽东太守，开启公孙氏割据辽东的先河。公孙氏割据辽东的过程，在《三国志·魏书·公孙度传》中有言，其文曰：

> 公孙度字升济，本辽东襄平人也。度父延，避吏居玄菟，任度

---

① 《后汉书》卷74《袁绍列传下》，中华书局点校本，2001，第2418页。

为郡吏。时玄菟太守公孙琙，子豹，年十八岁，早死。度少时名豹，又与琙子同年，琙见而亲爱之，遣就师学，为取妻。后举有道，除尚书郎，稍迁冀州刺史，以谣言免。同郡徐荣为董卓中郎将，荐度为辽东太守。度起玄菟小吏，为辽东郡所轻。先时，属国公孙昭守襄平令，召度子康为伍长。度到官，收昭，笞杀于襄平市。郡中名豪大姓田韶等宿遇无恩，皆以法诛，所夷灭百余家，郡中震栗。东伐高句骊，西击乌丸，威行海外。初平元年，度知中国扰攘，语所亲吏柳毅、阳仪等曰："汉祚将绝，当与诸卿图王耳。"时襄平延里社生大石，长丈余，下有三小石为之足。或谓度曰："此汉宣帝冠石之祥，而里名与先君同。社主土地，明当有土地，而三公为辅也。"度益喜。故河内太守李敏，郡中知名，恶度所为，恐为所害，乃将家属入于海。度大怒，掘其父冢，剖棺焚尸，诛其宗族。分辽东郡为辽西中辽郡，置太守。越海收东莱诸县，置营州刺史。自立为辽东侯、平州牧，追封父延为建义侯。立汉二祖庙，承制设坛墠于襄平城南，郊祀天地，藉田，治兵，乘鸾路，九旒，旄头羽骑。太祖表度为武威将军，封永宁乡侯，度曰："我王辽东，何永宁也！"藏印绶武库。度死，子康嗣位，以永宁乡侯封弟恭。是岁建安九年也。

根据史书，公孙度割据辽东经历了以下五个阶段：第一阶段，公孙度作为避居玄菟的公孙延之子，顺利仕宦为玄菟郡吏；第二阶段，在任郡吏期间，得到玄菟太守公孙琙的赏识，宦学、娶妻；第三阶段，获得举荐"有道"特科，任尚书郎，迁官为冀州刺史，因谣言免官；第四阶段，在中郎将徐荣的举荐下，出任辽东太守，其年为中平元年（184 年）；第五阶段，初平元年（190 年）以来，自立辽东侯、平州牧，得到曹操封号，建安九年（204 年）其子公孙康继立。

《中国东北史》分析了公孙氏政权割据辽东郡的三个内外条件：

第一、对于强大的曹魏，表面依附，仰其庇护，以求自安。

第二、辽东战乱相对较少，社会局势较为安定，公孙度又广为招徕流人，因此燕齐流民自海陆两路涌进辽东，为开发辽东，壮大公孙氏的力量创造了有利条件。

第三、公孙氏比较好地解决了同东北各少数民族间的关系，稳定了自己周围的形势。①

其说可从，不再赘言。

二　公孙氏对辽东郡的建置

据《后汉书·袁绍列传》，初平元年（189 年），公孙度对辽东地区的行政建置进行了新的创设："初平元年，乃分辽东为辽西、中辽郡，并置太守，越海收东莱诸县，为营州刺史，自立为辽东侯、平州牧，追封父延为建义侯。"② 这是东北地区营州建制的开端，辽东郡一分为二，由于增加了东莱诸县，其实际控制区域超过原辽东郡辖区。尽管公孙度割据辽东，但是在政治上沿用汉朝纪年，因此"立汉二祖庙"，在礼制上"承制设坛墠于襄平城南，郊祀天地，藉田理兵，乘鸾辂九旒旄头羽骑"。③ 史书又载："建安九年，司空曹操表为奋威将军，封永宁乡侯。度死，康嗣，故遂据辽土焉。"④ 由是观之，由曹操控制的东汉政权认可了公孙氏对辽东郡的割据，并赐封号。公孙度死后，其爵土由其子公孙康继承，割据得以延续。

三　公孙氏的东北防务问题

据《三国志·魏书·公孙度传》与《后汉书·袁绍列传》，公孙度为了割据辽东郡，对内、对外实施了一系列的强制措施和军事活动。

对内，一是笞杀襄平令，即"先时，属国公孙昭守襄平令，召度子康为伍长。度到官，收昭，笞杀于襄平市"；二是"诛杀郡中名豪大姓"，即"郡中名豪大姓田韶等宿遇无恩，皆以法诛，所夷灭百余家，郡中震栗"；三是诛杀李敏及其宗族，即"故河内太守李敏，郡中知名，恶度所为，恐为所害，乃将家属入于海。度大怒，掘其父冢，剖棺焚尸，诛其宗族"；四是"越海收东莱诸县"；五是斩杀袁绍余党，即"曹操征辽西，击乌桓。尚、熙与乌桓逆操军，战败走，乃与亲兵数千人奔公孙康于辽东"，"康亦心规取尚以为功，乃先置精勇于厩中，然后请尚、熙。熙疑

① 佟冬主编《中国东北史》第一卷，吉林文史出版社，2006，第 430～432 页。
② 《后汉书》卷 74《袁绍列传》，中华书局点校本，2001，第 2419 页。
③ 《后汉书》卷 74《袁绍列传》，中华书局点校本，2001，第 2419 页。
④ 《后汉书》卷 74《袁绍列传》，中华书局点校本，2001，第 2419 页。

不欲进，尚强之，遂与俱入。未及坐，康叱伏兵禽之，坐于冻地”，“遂斩首送之”。① 这一系列活动，不仅“郡中震栗”，而且扩大了统治区域，还挫败了袁绍余党企图取而代之的阴谋，从而将辽东郡牢牢控制在公孙氏政权手中。

对外，一是“东伐高句骊”②，二是“西击乌丸”③，三是“汉末，公孙度雄张海东，威服外夷，夫余王尉仇台更属辽东。时句丽、鲜卑强，度以夫余在二虏之间，妻以宗女”，④ “公孙度之雄海东也，伯固遣大加优居、主簿然人等助度击富山贼，破之”，⑤ 实现“威行海外（畔）”⑥。

《中国东北史》中对公孙氏政权的灭亡详加阐述，⑦ 此处毋庸赘言。随着曹魏对公孙氏割据的认可，东北大部分地区由曹魏政权掌控。其中，辽东郡为平州所辖，接受东夷校尉的管理，而东夷校尉的治所设在襄平，因此辽东郡仍然是东北防务的中心。

---

① 《后汉书》卷74《袁绍列传》，中华书局点校本，2001，第2418页。
② 《三国志》卷8《公孙度传》，中华书局点校本，2000，第252页。
③ 《三国志》卷8《公孙度传》，中华书局点校本，2000，第252页。
④ 《三国志》卷30《东夷传》，中华书局点校本，2000，第842页。
⑤ 《三国志》卷30《东夷传》，中华书局点校本，2000，第845页。
⑥ 《三国志》卷8《公孙度传》，中华书局点校本，2000，第252页；《后汉书》卷74《袁绍列传》，中华书局点校本，2001，第2418页。
⑦ 佟冬主编《中国东北史》第一卷，吉林文史出版社，2006，第438～440页。

第七章　辽东郡防务的作用与地位

第一节　防务建制、形式与对象

辽东郡的行政建制始于燕秦时期。早在战国时期，燕将秦开"袭破东胡，却千余里"，自上谷造阳至辽东襄平修筑长城，置上谷、渔阳、右北平、辽西、辽东郡"以距胡"。① 秦汉时期，辽东郡的地方行政管理日趋完善，通过防务建制较为有效地保障了辖区内的社会安定和经济发展。

一　防务建制

秦王朝的地方建制，是在商鞅变法提出的"集小乡邑聚为县"② 的基础上，发展而来的郡县制。秦始皇二十六年（前221年），"分天下以为三十六郡，郡置守、尉、监"，③ 辽东郡为三十六郡之一。秦汉之际，燕王韩广、臧荼先后占领旧燕之地，辽东郡被地方割据势力控制。西汉初年，推行郡国制，异姓诸侯王卢绾与受封燕地的刘姓诸侯王领有辽东郡。但是，由于文景时期中央逐步收回王国兵权，因而总体而言，秦汉时期辽东郡的地方防务主要是由郡守、都尉负责。据史料记载，辽东郡的太守领有地方兵权，统率郡兵，其中也包括步骑。虽然辽东郡守统领郡兵作战有胜负之分，但是其防务的职责却是相同的，都是为中央王朝镇守边地，死而后已。与此同时，在秦汉王朝发动的军事活动中，辽东郡的郡兵也参与出击任务。

西汉时，辽东郡下辖18个县，郡县建属官完备。④

《后汉书·光武帝纪》载，光武帝建武六年（30年），"初罢郡国都

---

① 《史记》卷110《匈奴列传》，中华书局点校本（修订本），2014，第3490页。
② 《史记》卷68《商君列传》，中华书局点校本（修订本），2014，第2712页。
③ 《史记》卷6《秦始皇本纪》，中华书局点校本（修订本），2014，第307页。
④ 《汉书》卷28《地理志下》，中华书局点校本，1996，第1625~1626页。

尉官"，① 而《后汉书志·百官志五》又补充"唯边郡往往置都尉"。② 尽管史书中对东汉时期辽东郡都尉设置一事语焉不详，但是《后汉书志·百官志五》载刘昭注引应劭言"每有剧职，郡临时置都尉，事讫罢之"。③ 据此，东汉时期辽东郡的边地多次受到匈奴、句丽、鲜卑侵犯，设置都尉的可能性较大。另据《后汉书·百官志五》，"郡当边戍者，丞为长史"，"边郡置农都尉，主屯田殖谷"，④ "边县有障塞尉"；⑤ 又注引《古今注》，建武十四年（38 年）"罢边郡太守丞，长史领丞职"。⑥ 作为汉代边郡的辽东郡，应当推行相关的边郡官制，以应对与边郡防务密切相关的军事征发、徭戍、转输、人口管理等事宜。在此基础上，辽东郡的地方管理机构，可以较为有效地承担地方守卫与追击寇贼的职责。

在郡县制的地方管理体制之下，辽东郡的防务制度可以分为以下几项。

其一，城邑制度。战国时期辽东郡是燕国边郡之一，已设有都邑，但是史书对其建制的记载并不翔实。据学者考证，秦代辽东郡置县有襄平、险渎、候城，计三县，其中襄平为郡治所在，候城为汉代中部都尉治所，秦封泥有"险渎丞印"⑦。西汉初年，周勃平定燕王卢绾时，辽西、辽东共计29 县。⑧ 西汉中后期，辽东郡的人口及行政建制发展为"户五万五千九百七十二，口二十七万二千五百三十九。县十八：襄平，新昌，无虑，望平，房，候城，辽队，辽阳，险渎，居就，高显，安市，武次，平郭，西安平，文，番汗，沓氏"，⑨ 并且平郭县设有铁官、盐官，无虑为西部都尉治所、候城为中部都尉治所、武次为东部都尉治所。⑩ 东汉时，郡县缩减，置 11 城——襄平、新昌、无虑、望平、候城、安市、平郭、西安平、汶、番汗、沓氏，户口数变化为"户六万四千一百五十八，口八万一千七百一十四"；原属辽东郡的属县无虑、险渎、房三城，别置

① 《后汉书》卷 1 下《光武帝纪下》，中华书局点校本，2001，第 51 页。
② 《后汉书志》卷 28《百官五》，中华书局点校本，2001，第 3621 页。
③ 《后汉书志》卷 28《百官五》注，中华书局点校本，2001，第 3622 页。
④ 《后汉书志》卷 28《百官五》，中华书局点校本，2001，第 3621 页。
⑤ 《后汉书志》卷 28《百官五》，中华书局点校本，2001，第 3625 页。
⑥ 《后汉书志》卷 28《百官五》注，中华书局点校本，2001，第 3621 页。
⑦ 后晓荣：《秦代政区地理》，社会科学文献出版社，2009 年，第 381 页。
⑧ 《史记》卷 57《绛侯周勃世家》，中华书局点校本（修订本），2014，第 2515 页。
⑨ 《汉书》卷 28《地理志下》，中华书局点校本，1996，第 1625～1626 页。
⑩ 《汉书》卷 28 下《地理志下》，中华书局点校本，1996，第 1626 页。

为辽东属国所领。① 郡县制是秦王朝加强中央集权的一项重要举措，辽东郡的设置不仅将其所辖地区纳入中央王朝的统一行政管理，而且县城的修建更强化了中央王朝对这一地区的实际控制力。西汉时期，属县的增加，表明中央对这一地区的控制进一步增强；东汉时期，属县的减少，则说明乌桓的兴起与内迁，以及安帝时辽东属国的设置、玄菟郡的内迁，逐步压缩了辽东郡的辖区，中央的控制力也受到影响，从而逐渐减弱。秦汉时期，辽东郡城邑制度的变化，尤其说明辽东郡地方军事部署的重要调整，也间接地表明秦汉时期辽东郡防务形势的发展及其应对方式的多样。

其二，烽燧制度。辽东烽燧的修筑始于战国时期，列于燕国北边军事防线的最东端。秦汉时期，为了抵御北方的匈奴，先后多次修葺北边的军事防线，辽东郡边塞也在其列：秦将蒙恬 "筑长城，因地形，用制险塞，起临洮，至辽东，延袤万余里"；② 汉武帝败匈奴，"建塞徼，起亭隧，筑外城，设屯戍"；③ 光武帝建武十二年（36 年），"遣骠骑大将军杜茂将众郡施刑屯北边，筑亭候，修烽燧"，④ 至建武二十二年（46 年）"乌桓击破匈奴，匈奴北徙，幕南地空"，而 "诏罢诸边郡亭候吏卒"。⑤ 在辽东郡所筑的长城防线上，设有城、塞、亭、候、烽、燧等一系列边塞设施，其中烽燧是最基层的防御设施。所谓烽燧，据《汉书》注，文颖曰："边方备胡寇，作高土橹，橹上作桔皋，桔皋头兜零，以薪草置其中，常低之，有寇即火然举之以相告，曰烽。又多积薪，寇至即燃之，以望其烟，曰燧"；师古曰："昼则燔燧，夜则举烽"。⑥ 经学者考证，秦汉时期的烽燧制度实则是一项边防预警机制。⑦ 辽东郡的古长城遗址，以今赤峰市为界，分为 "赤南" 长城与 "赤北" 长城。考古研究表明，"赤南" 长城对应为燕长城，为秦所袭用；"赤北" 长城则为秦长城，西

① 《后汉书志》卷 23 《郡国志五》，中华书局点校本，1996，第 3529、3530 页。
② 《史记》卷 88 《蒙恬列传》，中华书局点校本（修订本），2014，第 3114 页。
③ 《汉书》卷 94 《匈奴传下》，中华书局点校本，1996，第 3802 页。
④ 《后汉书》卷 1 《光武帝纪下》，中华书局点校本，2001，第 60 页。
⑤ 《后汉书》卷 1 《光武帝纪下》，中华书局点校本，2001，第 75 页。
⑥ 《汉书》卷 48 《贾谊传》注，中华书局点校本，1996，第 2241 页。
⑦ 陈梦家：《汉代烽燧制度》，载《汉简缀述》，中华书局，1980，第 153～177 页。

汉因之。① 此外，学者指出：汉武帝以前，沿袭燕秦长城；汉武帝以后增筑南线，南、北两道长城共同构成北部障塞，其中又以南线为基本防线。② 烽燧作为边塞守御系统中最基层的设施，制定有与其适应的人员编制、《烽火品约》、《功令》等配套制度，从而护卫辽东郡所辖城邑、县乡以至障塞。据赵充国上书所言，宣帝时"北边自敦煌至辽东万一千五百余里，乘塞列隧有吏卒数千人，虏数大众攻之而不能害"。③ 可见，辽东郡的缘边烽燧是北边防务体系的重要组成部分，起到了守卫郡县的积极作用。烽燧的修建由中央王朝统一部署，其管理机构仍然分属郡县。辽东郡的烽燧应在郡守尉治下，由"障塞尉"进行具体的行政管理。④

其三，屯戍制度。秦汉时期，在辽东郡修筑城邑、边塞需要巨大的人力与物力支持，戍边制度以及后起的屯田制度作为基本的防御保障，在辽东郡的防务体系中占据了重要的位置。在秦王朝统治时期，秦始皇遣蒙恬"将十万之众北击胡，悉收河南地，因河为塞，筑四十四县城临河，徙适戍以充之"，⑤ 还推行谪戍边郡之法。文景时期，西汉王朝在晁错的建议下，又实行"募民实边"的政策，在"遣将吏发卒以治塞"的基础上，"募罪人及免徒复作令居之；不足，募以丁奴婢赎罪及输奴婢欲以拜爵者；不足，乃募民之欲往者"以实边，从而"使屯戍之事益省，输将之费益寡"。⑥ 因而，汉代人认为"屯田内有亡费之利，外有守御之备"。⑦ 可见，秦汉时期，官府输入辽东郡的屯戍人员，除了戍守边郡的官兵，还包括谪发的官吏、居作或赎罪的刑徒、私奴婢、平民、迁黜的罪犯及其家属等。辽东郡下所设农都尉，具体负责管理屯田事务，屯戍人员的安置与管理由其统筹安排。

其四，乌桓保塞。秦代对边地部族采取征服后于郡下设道以主蛮夷的措施。燕秦时期，是在"北逐东胡"的基础上设置包括辽西郡在内的

① 项春松：《昭乌达盟燕秦长城遗址调查报告》，载文物编辑委员会编《中国长城遗迹调查报告集》，文物出版社，1981，第6~20页。
② 王绵厚：《秦汉东北史》，辽宁人民出版社，1994，第220页。
③ 《汉书》卷69《赵充国传》，中华书局点校本，1996，第2989页。
④ 辽西郡的烽燧行政建置大体同于居延地区，可参见陈梦家《汉简所见居延边塞与防御组织》，载《汉简缀述》，中华书局，1980，第153~177页。
⑤ 《史记》卷100《匈奴列传》，中华书局点校本（修订本），2014，第3490页。
⑥ 《汉书》卷49《晁错传》，中华书局点校本，1996，第2286、2288页。
⑦ 《汉书》卷69《赵充国传》，中华书局点校本，1996，第2989页。

五郡，在边郡修筑防御工事，使得辽东郡塞内的民族问题相对缓和，塞外长期处于较为和平的环境。秦汉之际，乘中原战乱，无暇北边之时，冒顿自立为单于，大破东胡王，又"西击走月氏，南并楼烦、白羊河南王，悉复收秦所使蒙恬所夺匈奴地者，与汉关故河南塞，至朝那、肤施，遂侵燕、代"。① 匈奴行两翼制，其中"诸左王将居东方，直上谷以东，接秽貉、朝鲜"，辽东郡塞外成为匈奴左翼的武力辐射区。② 史书记载：燕王卢绾叛降匈奴，"往来苦上谷以东，终高祖世"；文帝时，"匈奴日以骄，岁入边，杀略人民甚众，云中、辽东最甚，郡万余人"。辽东郡塞内的防务形势也随之紧张。至景帝推行和亲政策后，方才"时时小入盗边，无大寇"。汉武帝时期，多次对匈奴用兵，在元狩四年（前119年），由骠骑将军霍去病击败匈奴左贤王，③"击破匈奴左地"，"因徙乌桓于上谷、渔阳、右北平、辽西、辽东五郡塞外，为汉侦查匈奴动静"。④ 由此"乌桓保塞"成为汉代辽东郡防务的一项重要内容，而乌桓的盛衰对辽东郡的防务也产生了迥然不同的影响。

史称"乌桓者，本东胡也"，在汉初为冒顿单于所破，且臣服匈奴，"岁输牛马羊皮"，如果"过时不具"，"辄没其妻子"。⑤ 汉武帝时期，攻破匈奴左地，于是扶持乌桓。在任用乌桓保塞的同时，也设置护乌桓校尉对其进行监领，阻断乌桓与匈奴的往来。昭帝时，度辽将军范明友进击乌桓，引起乌桓侵扰攻击幽州，迅速被范明友率军击破。宣帝时，乌桓才"稍保塞降附"。王莽新朝时，王莽政权不顾及民族情绪征发乌桓兵，导致乌桓反叛，其豪帅被匈奴招附。至建武二十二年（46年），乌桓乘匈奴势力减弱而击败之，光武帝因此羁縻乌桓，促使辽西乌桓于建武二十五年（49年）"诣阙朝贺"。光武帝内徙乌桓，迁往缘边的诸郡塞内，复置乌桓校尉于宁城加以约束。明、章、和帝时期，乌桓"皆保塞无事"。此后，安帝永初时，渔阳、雁门两地乌桓先后作乱，被汉将平定。从安帝元初四年（117年）辽西郡兵与乌桓共同击破来犯的鲜卑⑥一

① 《史记》卷100《匈奴列传》，中华书局点校本（修订本），2014，第3494～3495页。
② 《汉书》卷94《匈奴传上》，中华书局点校本，1996，第3750、3751页。
③ 《汉书》卷6《武帝纪》，中华书局点校本，1996，第178页。
④ 《后汉书》卷90《乌桓列传》，中华书局点校本，2001，第2980页。
⑤ 《后汉书》卷90《乌桓列传》，中华书局点校本，2001，第2979、2981页。
⑥ 《后汉书》卷5《孝安帝纪》，中华书局点校本，2001，第226页。

事来看，乌桓不仅自东汉初年较早内属中央王朝，而且在抵御边患时也起到了"保塞"的作用，对东北边郡的防务具有积极的意义。此后，安帝时设辽东属国，将原辽东郡无虑、险渎、房三县划入其中，但是对辽东乌桓、鲜卑的实际控制力并未因此而有实质性的提升。随着东汉王朝的江河日下，辽东郡塞内的乌桓从"保塞"的防御力量转而与辽东鲜卑一道，不定时地成为辽东郡的防务威胁。建安二十年（215 年），曹操亲征，在平城击败蹋顿，平定三郡乌桓。此时东汉政权的统治也几近尾声。

由此可知，辽东郡的防务体系建立在郡县制基础上，推行中央王朝的边郡防务制度，以郡县城邑为防务核心，由郡守都尉统领兵卒，并且修筑障塞、屯田守御，加之羁縻边塞乌桓，形成了较为有效的防御机制，拱卫中原王朝。

二 防务形式与对象

从秦汉时期辽东郡的防务对象来看，匈奴、乌桓、鲜卑、高句丽等东北民族在不同历史阶段下成为边患的主要制造者，辽东郡的防务形式与内容有必要从时间和空间上加以区分。

其一，燕秦时期，辽东郡以及防御工事的建置，有效地将辽东郡所辖地区纳入中原王朝治下，并起到护卫中原王朝的作用。辽东郡是由战国时期燕国拓边而设置的郡县之一。燕国将东胡势力阻隔在长城防线以北，较为有效地护卫了辽东郡，巩固了燕国在古代东北的疆域。秦王朝建立时，辽东郡被列为三十六郡之一。但是，与战国燕时不同，秦始皇不是针对东胡而加强辽西郡的防御工事，而是在山东六国局势基本稳定的基础上，以辽西郡所辖碣石作为巡视北边的起点，又以"亡秦者胡也"而发兵斥逐匈奴，修筑从临洮至辽东的万里长城。据此可知，对于秦王朝的统治者而言，辽东郡的防务建制承担了对燕人进行有效统治与对北边匈奴加以守备的双重功能。

其二，秦汉之际至西汉初年，在地方割据势力与匈奴兴起等诸因素的影响下，辽东郡的防务形势出现了新的变化。秦汉之际，辽东郡被韩广、臧荼先后割据，"诸侯畔秦，中国扰乱，诸秦所徙适边者皆复去"，[①]辽东郡的防御力量也随之下降。汉初，推行郡国制，先后分封卢绾、皇

---

① 《汉书》卷 94 上《匈奴传上》，中华书局点校本，1996，第 3749 页。

子刘建、吕通、高祖同族刘泽为燕王。《二年律令·贼律》简 1～2 规定："以城邑亭障反，降诸侯，及守乘城亭障，诸侯人来攻盗，不坚守而弃去之若降之，及谋反者，皆要斩"。① 此条汉律文反映出西汉初年中央辖区与诸侯国之间对立的态势。据此可知，在燕王为汉王朝镇守边地的情况下，中央王朝对诸侯国还是严加防范。至景帝平定吴楚七国之乱，"燕、代无北边郡"，"诸侯稍微"，② 这一形势才基本得以扭转。与此同时，匈奴先后击破乌桓、鲜卑，匈奴势力的兴起对辽东郡的防务构成了一定的威胁。但是，在和亲政策与郡国制不断完善的条件下，加之文景时期募民实边政策的推行，辽东郡的防务并未出现较为明显的错漏。这一时期辽东郡的防务作用较为有限，其防务功能侧重于对中央王朝的拱卫。

其三，汉武帝时期，辽东郡的防务建制得到了加强。西汉王朝与匈奴之间的战事几乎绵延整个北边，辽东郡也不能幸免。随着骠骑将军霍去病击败匈奴左贤王，中央王朝将乌桓迁至边郡塞外，并且这一时期还对边地的防线进行了集中的修葺，辽东郡的防务形势由此转危为安。除推行城邑、障塞、屯戍制度之外，乌桓作为侦查匈奴动静的前哨，从而为辽东郡防御匈奴增添了新的防御力量，辽东郡的防御能力得到很大的加强。元封二年（前 109 年），汉王朝由水、陆两路发兵出击朝鲜。辽东郡正当陆路交通要道，理所当然为进击朝鲜提供交通运输保障。因此，辽东郡也成为中央王朝经略东北的重要交通枢纽。

其四，昭、宣以降，辽东郡的防务对象从北边的匈奴转向东胡即辽东乌桓与东部鲜卑。乌桓在昭帝时期迅速兴起，中央王朝对其进行了较为有效的军事打击，确保至西汉末年，可以"保塞无事"。王莽时，征发乌桓与句丽出击匈奴，导致乌桓的上层势力与匈奴连横，高句丽为患东北，辽东郡的防务形势一度紧张。王莽所设辽西郡长官辽西大尹在征讨句丽时战死，最后王莽派遣将军严尤诱杀句丽侯驺，平定了此次发生在东北疆域的危机。而乌桓则不服从严尤的统领，与匈奴为患北边。至东汉初年，乌桓与鲜卑虽相继臣服中央王朝，对辽东郡的防务仍然产生了重要的影响。其中，乌桓移居塞内，而鲜卑则叛服不定，尤其是明、章

---

① 张家山二四七号汉墓竹简整理小组编著《张家山汉墓竹简〔二四七号墓〕（释文修订本）》，文物出版社，2006，第 7 页。

② 《史记》卷 17《汉兴以来诸侯王年表序》，中华书局点校本（修订本），2014，第 969 页。

二世之后，二者袭扰北边诸郡的情况日益增多。乌桓、鲜卑兴起的同时，中央王朝又对边疆经略采取"不图进取"的态度，[①] 从而使乌桓、鲜卑与匈奴为患北边的局面长期存在。辽东郡是北边防御体系的重要环节，虽然得益于乌桓保塞，但也间接承受一定的防务压力。

秦汉时期，在牵涉辽东郡的割据叛乱中，中央王朝都予以全力打击，以确保对辽东郡的行政管辖。同样，辽东郡的地方防务体系，经受住了来自北边与东北地区的双重边患，在守卫地方辖区的同时，起到了拱卫中央王朝的作用。影响辽东郡防务内容与形式的因素中，防务对象的实力与中央王朝的实力、态度占主导地位，而突发的民族矛盾及中央王朝、边郡应对矛盾的能力和准备也直接影响防御行为的效果。

第二节　防务作用

辽东郡的防务建制与防务内容经历秦汉时期近四个半世纪的发展与演变，其间防务的作用大致可以归纳为以下五个方面。

其一，抵御边患。辽东郡处在北边与东北地区两个防线交会处，多次抵御来自匈奴、乌桓、鲜卑以至句丽等民族的袭击。在抵御边患的征战中，辽东郡的太守作为地方行政长官与军事统帅，带领郡兵进行了殊死激战，可以说辽东郡是抵御边患的防线上不可或缺的一环。

其二，积极防御。辽东郡城邑、边塞的修筑，体现了中央王朝对辽东郡进行管辖的坚定信念，是针对边患进行积极防御的重要手段。迁乌桓于塞外，实际上是中央王朝通过扶植乌桓势力，较为有效地对北边进行积极防御的重要方式。上述举措，在秦始皇与汉武帝时期都发挥了积极的防御作用。但是东汉初期，光武帝不仅停建障塞，而且将乌桓迁至塞内，无疑都是比较消极的举措，削弱了辽东郡应对来自辽东乌桓、东部鲜卑的防御能力。因此，积极的防御手段与防御方式，对于辽东郡的防务体系发挥积极的防御作用而言是必不可少的。

其三，防务保障。辽东郡所设的农都尉以及推行的屯戍制度，为防御提供了重要的物资保障。秦汉统治者深谙"兵马未动，粮草先行"的道理，又通过推行募民实边的政策，使辽东郡的人口一度激增。这些举

---

① 刘信君主编《中国古代治理东北边疆思想研究》，吉林人民出版社，2008，第 49 页。

措能够保证辽东郡军民正常的生产和生活，足见辽东郡的防务体系发挥了基本的防务保障作用。此外，辽东郡是秦汉王朝经略辽东的前哨，多次抵御了来自句丽、乌桓、鲜卑的侵袭，为东北政局的稳定提供了防务保障。

其四，屏障与缓冲。乌桓移居辽东郡塞内、外，得到辽东郡地方机构的妥善安置，在一定时期内为辽东郡构筑了一道屏障与隔离匈奴、鲜卑侵袭的缓冲带。东汉中后期，正是乌桓与鲜卑势力的兴起，打破了防务力量的平衡，才使辽东郡不得不应付各种突发的防务状况。可见，辽东郡安置乌桓内属所具有的屏障与缓冲作用是非常重要的。

其五，安定与交往。《史记·货殖列传》称："夫燕亦勃、碣之间一都会也。南通齐、赵，东北边胡。上谷至辽东，地踔远，人民希，数被寇，大与赵、代俗相类，而民雕捍少虑，有鱼盐枣粟之饶。北临乌桓、夫余，东绾秽貉、朝鲜、真番之利"。① 秦汉王朝对辽东郡的经略，其目的是实现地区的安定，进而与东北各民族互利。辽东郡的防务建制，在抵御边患的同时，也增进了中央王朝与东北民族的交流。尤其是辽东属国的设立，使边民与乌桓的接触更为密切。加之，汉代设置盐官，而有效的防务是辽东郡获取鱼盐之利的根本保障。辽东郡防务对社会的安定与经济的发展无疑起到了促进作用。

由此可知，秦汉时期在辽东郡构建了包括地方管理机构、防御工事、军事保障制度以及羁縻政策在内的防御体系，防务的内容与形式集中体现在对北边与东北防线的守卫。在中央王朝的集权统治下，辽东郡的防务发挥了较为积极的作用。

第三节　防务地位

辽东郡首设于战国时期，燕将秦开"北却东胡"，"筑长城，自造阳至襄平，置上谷、渔阳、右北平、辽西、辽东郡以距胡"。② 秦并六国，"分天下以为三十六郡"，③ 其中就有辽东郡，置"守、尉、监"加强地方管理，又遣蒙恬北筑长城，征发士卒戍边抵御匈奴。汉代"上谷至辽

① 《史记》卷 129《货殖列传》，中华书局点校本（修订本），2014，第 3962 页。
② 《汉书》卷 94《匈奴传上》，中华书局点校本，1996，第 3748 页。
③ 《史记》卷 6《秦始皇本纪》，中华书局点校本（修订本），2014，第 307 页。

东，地广民希，数被胡寇"，① 辽东郡地处北边，不能免于边患。秦汉时期，辽东郡的防务地位不仅局限于防御北边，而且体现了统一王朝在东北地区的统治力。因此，辽东郡的防务地位不容小觑。

一 北边防线

公元前221年，秦灭六国，建立了统一的中央集权制国家。秦王朝占据战国时期秦、赵、燕三国的北部疆域，并且设置郡县，"收天下兵"，②"堕坏城郭，决通川防，夷去险阻"，③ 实行统一的行政管理。秦始皇三十二年（前215年），嬴政巡北边，经由碣石，取道上郡而还。在中原地区的统治基本稳定的形势下，遣将军蒙恬发兵三十万北击匈奴，夺取河南地。④ 次年，"斥逐匈奴"，"自榆中并河以东，属之阴山，以为十四县，城河上为塞"，进而"使蒙恬渡河取高阙、阳山、北假中，筑亭障以逐戎人"。⑤ 三十四年（前213年），又"适治狱不直者，筑长城"。⑥ 于是，在秦、赵、燕三国长城的基础上，"起临洮属之辽东，城堑万余里"，⑦ 在北边构筑了浩大的防御工事。秦末汉初，中原豪强并起，中央王朝无暇顾及北边戍防。而匈奴冒顿单于击败东胡王，乘胜"西击走月氏，南并楼烦、白羊河王，西复收秦所使蒙恬所夺匈奴地者，与汉关故河南塞，至朝那、服施，遂侵燕代"，号称拥有"控弦之士三十余万"。⑧ 至两汉，北边匈奴与随后兴起的乌桓、鲜卑对汉王朝的北边构成不同程度的边防困扰。为了应对北方防务的严峻形势，统治者出台了相应的对策，扩充了防御北边的途径。

秦汉时期，辽东郡是北方边郡之一，建置了与北边防御体系相配套的防务机制，奠定了其在北边的防务地位。具体而言，包括以下几个方面。

其一，设置郡县，强化中央对北方边郡的控制。设置郡县戍卫北边

---

① 《汉书》卷28《地理志下》，中华书局点校本，1996，第165页。
② 《史记》卷6《秦始皇本纪》，中华书局点校本（修订本），2014，第307页。
③ 《史记》卷6《秦始皇本纪》，中华书局点校本（修订本），2014，第323页。
④ 《史记》卷6《秦始皇本纪》，中华书局点校本（修订本），2014，第323页。
⑤ 《史记》卷6《秦始皇本纪》，中华书局点校本（修订本），2014，第323页。
⑥ 《史记》卷6《秦始皇本纪》，中华书局点校本（修订本），2014，第323页。
⑦ 《史记》卷88《蒙恬列传》，中华书局点校本（修订本），2014，第3118页。
⑧ 《汉书》卷94《匈奴传上》，中华书局点校本，1996，第3750页。

是秦王朝一贯的做法，正如《汉书·匈奴传》所述，"秦始皇使蒙恬将十万之众北击胡，悉收河南地，因河为塞，筑四十四县城临河，徙适戍以充之"。① 在辽东郡，秦王朝同样设置了郡县城池以御胡。

秦汉之际，燕王韩广、臧荼先后占领旧燕之地，辽东郡被地方割据势力控制。刘邦在剿灭臧荼后，封卢绾为燕王。高祖十二年（前 195 年）卢绾反叛，周勃击破叛军，"追至长城，定上谷十二县，右北平十六县，辽西、辽东二十九县，渔阳二十二县"。② 至晚在汉初，与秦代一样，在辽东郡下设有县级机构进行地方管理。荡平异性诸侯王之后，西汉初期到武帝时期，中央王朝又先后分封同姓诸侯为燕王，而景帝"七国之乱"后，收回王国兵权，则辽东郡的防务由中央王朝统一管理。西汉时，在秦代所置郡县的基础上，辽东郡属县一度增加到 18 个，分别是襄平、新昌、无虑、望平、房、候城、辽队、辽阳、险渎、居就、高显、安市、武次、平郭、西安平、文、番汗、沓氏，设有东部都尉、中部都尉和西部都尉，又有盐铁官设在平郭。③ 东汉减省郡县，和帝时重设辽东郡西部都尉，安帝即位后将高显、候城、辽阳分属内迁的玄菟郡，辽东属国设置后又将无虑、险渎、房三县划分出去，而西汉时期辽东郡东部都尉所在的武次则不再设县。这样，西汉时期辽东郡的三个边郡都尉至东汉时期有的划分出辽东郡，有的被裁撤，并且边地障塞被废置，检验郡国兵战斗力的都试被取消，辽东郡的防务重任转由郡守、长史承担。

辽东郡地方机构的建置是推行秦汉王朝各项政治制度的前提条件。除去割据时期，与边郡防务密切相关的军事征发、徭戍、转输、人口管理、关禁等制度，皆由中央王朝统一部署。其间，秦汉王朝对北边的几次重要的军事活动，如蒙恬出击河南地，汉高祖亲征匈奴，汉武帝时期出击匈奴，宣帝时遣赵充国将四万骑屯驻北边的九郡阻击匈奴，④ 光武帝时遣骠骑大将军杜茂将多郡的施刑屯驻北边，⑤ 安帝时遣度辽将军邓发将击射三千人⑥等，都是由中央王朝统一派兵遣将，而辽东郡与其他边郡则

① 《汉书》卷 94《匈奴传上》，中华书局点校本，1996，第 3748 页。
② 《史记》卷 57《绛侯周勃世家》，中华书局点校本（修订本），2014，第 2515 页。
③ 《汉书》卷 28《地理志下》，中华书局点校本，1996，第 1625~1626 页。
④ 《汉书》卷 69《赵充国传》，中华书局点校本，1996，第 2972 页。
⑤ 《后汉书》卷 1《光武帝纪下》，中华书局点校本，2001，第 60 页。
⑥ 《后汉书》卷 90《乌桓鲜卑列传》，中华书局点校本，2001，第 2987 页。

参与协防。

两汉时辽东郡的北边防务压力长期存在。为了应对各种防务形势，辽东郡的地方建制也具备一定的抵御北边塞外势力侵扰的能力。辽东郡守尉承担守卫地方与追击寇盗的职责，辽东郡的郡兵、步骑在其统率下，戍卫北边，拱卫中原王朝。

其二，修筑长城，巩固北方防务。战国时，秦、赵、燕开拓北边，分别筑长城加以戍卫，构建守护边地诸郡的一道重要防线。秦汉时期，辽东郡多次修筑长城，包括：秦并天下，蒙恬将三十万之众，北收河南，"筑长城，因地形，用制险塞，起临洮，至辽东，延袤万余里"；① 汉武帝时，败匈奴，"建塞徼，起亭隧，筑外城，设屯戍"②；光武帝建武十二年（36年），"遣骠骑大将军杜茂将众郡施刑屯北边，筑亭候，修烽燧"③，此举由于建武二十二年（46年）"乌桓击破匈奴，匈奴北徙，幕南地空"，而"诏罢诸边郡亭候吏卒"。④ 从考古研究的成果来看，辽东郡的古长城遗址大致分布在N42°~42°30′，以赤峰市为界，分为"赤南长城"与"赤北长城"。前者应为战国时期燕长城，秦代沿用；后者应是秦长城，汉因之。⑤ 辽东郡的烽燧、亭候遗址的发现，印证了史书中有关秦汉时期几次大规模修筑长城的记载。这些边塞作为北边防御体系的重要组成部分，在军事上可以拓展辽东郡县的北方防线，在经济上可以有效地保障边塞的屯戍，是秦汉时期中央王朝开拓北边的重要基石。而随着光武帝罢边郡亭候吏卒的政策出台，辽东郡的防线则必然向南回缩，与之相对应的是东汉政权北边防务的整体收缩。

其三，内属乌桓，北边防御形势有所缓解。据《后汉书·乌桓列传》记载，乌桓为东胡的一支，秦至西汉初年臣服匈奴，汉武帝时徙至上谷、渔阳、右北平、辽西、辽东五郡塞外"为汉侦察匈奴动静"。乌桓徙至辽东塞外，对辽东郡的北边防务发挥了一定的积极作用。尤其是宣帝至王莽之前，即匈奴式微、鲜卑未兴的时期，以及光武帝建武二十五年（49

---

① 《史记》卷88《蒙恬列传》，中华书局点校本（修订本），2014，第3113~3114页。

② 《汉书》卷94《匈奴传下》，中华书局点校本，1996，第3802页。

③ 《后汉书》卷1《光武帝纪下》，中华书局点校本，2001，第60页。

④ 《后汉书》卷1《光武帝纪下》，中华书局点校本，2001，第75页。

⑤ 项春松：《昭乌达盟燕秦长城遗址调查报告》，载文物编辑委员会编《中国长城遗迹调查报告集》，文物出版社，1981，第6~20页。

年）乌桓大人"率众内属"① 至明、章、和帝时期，乌桓在北边皆"保塞无事"。但是，在乌桓势力得到发展的历史阶段，包括西汉昭帝时期、王莽征发失当以及东汉安帝以后，乌桓还是不断侵扰北边诸郡，也造成辽东郡屡次遭受鲜卑寇袭。总体而言，乌桓的内属，对辽东郡的北方防务还是利大于弊。

上述三项防务建制保证秦汉时期辽东郡在中央王朝戍卫北边的历史进程中发挥了积极的作用。比较而言，匈奴左翼对辽东郡的军事压迫当弱于匈奴王庭与右翼对西北诸郡以及中央政权的威胁，辽东郡的防御力量也不及西北诸郡、都城、三辅、三河地区的军事部署。与此同时，辽东郡边地北与乌桓相接，特别是当鲜卑势力危及北边诸郡时，其防务形势时而是相当严峻的。在这样的防务形势下，在秦汉时期近四个半世纪的防务历史中，辽东郡尚可拱卫中原，足见中央王朝对边郡的戍守与建设的重视，基本发挥了其作为北方边郡的防务功能。秦汉时期，辽东郡是东北地区的军事重镇，辽东郡的防务建制在北边防御体系中，无疑是不可或缺的重要环节，其防务地位是值得肯定的。

二　东北防线

据《史记·货殖列传》，地处燕地的辽东郡，不仅自然资源丰富，而且边贸交往较为便利，不利之处在于地远民稀，胡寇数侵。② 有利可图是秦至两汉时期统治者在东北设置辽东郡的一个重要原因，而抵御胡寇则成为辽东郡的一项重要的防务内容。

史书记载了秦汉王朝经略东北的过程中，与辽东郡防务相关的问题，包括如下几个方面。

其一，辽东郡是支持秦汉王朝经略东北的重要边郡。秦汉之际，燕地先后为韩广、臧荼所据，至汉初，又先后置卢绾、同姓诸侯王刘建等为燕王，辽东郡是中央王朝通过地方政权控制东北的重镇之一。在这一时期分裂割据的局势下，出现燕人"东走出塞"的情况。此后，文景时期的关卡管理时禁时弛，辽东郡边务中对流人的管理也是时严时宽。尽管如此，对辖区关市的控制，是辽东郡边地长期的基本防务内容之一。

---

① 《后汉书》卷1《光武帝纪下》，中华书局点校本，2001，第77页。
② 《史记》卷129《货殖列传》，中华书局点校本（修订本），2014，第3962页。

至汉武帝时期，元封元年（前110年）"北至碣石"，"巡自辽西"，元封二年（前109年）至三年（前108年）对卫氏朝鲜发动攻势，灭朝鲜，置汉四郡，即真番、临屯、乐浪、玄菟。辽东郡无疑为征伐朝鲜提供了重要的军事支持与保障。东汉以来，鲜卑为患辽东。建武二十一年（45年）辽东太守祭肜击败鲜卑与匈奴联军，威震东胡，促使乌桓部众内属、朝贡。① 高句丽王自建武八年（32年）向东汉王朝遣使、朝贡，恢复封号。② 建武二十五年（49年）辽东太守祭肜招降辽东徼外的貊人，③ 夫余王同年"遣使贡献"，④ 东夷由此归附。和帝永元九年，辽东太守祭参因抵御鲜卑入界不力被治死罪。⑤ 和帝时期，元兴元年（105年）高句丽攻入辽东郡，辽东太守耿夔击败来自貊人的攻击。⑥ 安帝时期，建光元年（121年）辽东太守及其属吏百余人在与秽貊、鲜卑联军的交战中以身殉职。⑦ 至建安时期，公孙康割据政权与玄菟、辽东合兵一举击败高句丽。⑧ 终秦汉之世，作为东北重镇的辽东郡，一直服务于中央王朝对东北地区的统治，抵御边地部族的军事进攻，在东北边地的防务体系中占有重要的地位。

其二，辽东郡在秦汉时期承担了较为特殊的东北防务。秦代，箕子朝鲜与辽东比邻，为辽东外徼。这一时期，辽东郡修葺边塞曾一度引发朝鲜一方的高度关注。这也从一个侧面反映了辽东郡在中央王朝统治边地中不可或缺的边地防务地位。西汉初年，重修辽东边塞，以浿水为界，箕子朝鲜内附并且由燕王统领。卢绾叛汉后，辽东郡县被西汉王朝控制，分封同姓诸侯王。但是汉惠帝、高后时期，卫氏朝鲜与辽东太守订立约定，朝鲜为西汉王朝的藩属，"保塞外蛮夷，毋使盗边"，得到西汉王朝的承认。这一时期，辽东郡在处理东北边地问题上，同样具有特殊的权责。直到汉四郡设置后，才由玄菟太守负责夫余王的丧葬等事务。东汉初年，辽东太守祭肜多次击退鲜卑的进攻，特别需要指出的是当"辽东

① 《后汉书》卷90《鲜卑列传》，中华书局点校本，2001，第2985页。
② 《后汉书》卷85《东夷列传》，中华书局点校本，2001，第2814页。
③ 《后汉书》卷1《光武帝纪下》，中华书局点校本，2001，第76页。
④ 《后汉书》卷1《光武帝纪下》，中华书局点校本，2001，第77页。
⑤ 《后汉书》卷20《祭遵列传》，中华书局点校本，2001，第746页。
⑥ 《后汉书》卷4《孝和帝纪》，中华书局点校本，2001，第194页。
⑦ 《后汉书》卷85《东夷列传》，中华书局点校本，2001，第2814～2815页。
⑧ 《三国志》卷30《东夷传》，中华书局点校本，2000，第845页。

徼外貊人寇右北平、渔阳、上谷、太原"① 之时，他负责招降。这也是辽东太守在处理东北民族问题上负有特定职责的典型事例。因此，辽东郡太守在处理东北边地事务时，曾具有中央王朝特殊规定的权力和职责，其防务地位因而相对特殊。

其三，辽东郡作为秦汉王朝在东北最早设置的郡县之一，在东北地区主要的防御对象为辽东乌桓、东部鲜卑以及高句丽、秽貊等部族。辽东乌桓是汉武帝时保塞的五郡乌桓中的一支，由乌桓大人统领。史书记载，昭帝时，辽东乌桓反叛，以中郎将范明友为度辽将军，"将北边七郡郡二千骑击之"，② 其后"保塞降附"。据《后汉书·乌桓列传》记载，辽东乌桓"保塞"与为患并存。王莽时，乌桓不从东域将严尤征匈奴，依附于匈奴。光武帝建武二十五年（49 年），辽西乌桓大人郝旦率众九百二十二人诣阙朝贺，得以入居塞内，布于边郡。由此，乌桓从与中原对立，再度成为"保塞"的重要力量。安帝时，设辽东属国，置属国都尉，领昌辽、宾徒、徒河、无虑、险渎、房，③ 而渔阳、雁门乌桓先后叛乱，顺帝、桓帝时乌桓又寇盗边郡。建安十二年（207 年）曹操征乌桓，"大破蹋顿于柳城"。④ 从东汉中后期开始，东北地区的乌桓在保塞与侵盗辽东郡之间反复，至曹操平定乌桓，较为勉强地维持了对东北地区的统治。此外，灵帝时，上谷、辽西、辽东、右北平乌桓大人皆自称王，其中，上谷乌桓由难楼统领众九千余落，辽西由丘力居统领众五千余落，辽东由苏仆延统领众千余落，右北平由乌延统领众八百余落。张纯叛乱时，以辽西乌桓统帅诸郡乌桓，不仅祸乱波及青、徐、幽、冀四州，而且两年后才由幽州牧刘虞平定，辽东郡在其间也曾遭到重创。

在东北地区不时受到辽东乌桓侵扰的同时，辽东郡还要抵御来自鲜卑部族的攻袭。据《后汉书·鲜卑列传》，东部鲜卑于西汉初远徙辽东塞外，终西汉世，被乌桓隔绝，"未常通中国"。东汉初，鲜卑随匈奴、乌桓侵袭北边。建武二十一年（45 年），为辽东太守祭肜所败，三十年（54 年），鲜卑大人于仇贲、满头等率种人诣阙朝贺，受封赏。明章时"保塞无事"。和帝至安帝永初年间，鲜卑或降或叛，在北方边郡"攻城

① 《后汉书》卷 1《光武帝纪下》，中华书局点校本，2001，第 76 页。
② 《汉书》卷 7《昭帝纪》，中华书局点校本，1996，第 229 页。
③ 《后汉书志》卷 23《郡国志五》，中华书局点校本，2001，第 3530 页。
④ 《后汉书》卷 90《乌桓列传》，中华书局点校本，2001，第 2984 页。

邑，烧官寺，杀长吏"，东汉发屯驻营兵、边郡兵击破之。安帝永宁元年（120 年），辽西鲜卑大人乌伦、其至鞬率众降度辽将军邓遵，东汉封乌伦为率众王，其至鞬为率众侯。建光元年（121 年），其至鞬复叛，直至其至鞬死，边郡才"抄盗差稀"。

桓帝时，檀石槐威服部落，东西部大人亦归附，自南缘边诸郡至东扶余、西乌孙、北丁零皆袭略，占据匈奴故地。东汉遣使封檀石槐为王，但檀石槐不与汉和亲。分鲜卑为三部：右北平以东至辽东，接扶余、秽貊二十余邑为东部鲜卑；右北平以西至上谷十余邑为中部鲜卑；上谷以西至敦煌、乌孙二十余邑为西部鲜卑。三部分别置鲜卑大人，由檀石槐统领。灵帝时，每岁寇抄幽、并、凉三州边郡，东汉击之不胜。光和时檀石槐死，诸大人世袭统领。鲜卑进击辽东郡，都正当东部鲜卑兴盛之际，辽东郡的被害程度当不会太浅。

由此可见，辽东郡在东北地区的防务地位受到乌桓、鲜卑的影响颇深。从历史发展的进程来看，乌桓、鲜卑的先后内迁都直接受到匈奴势力扩张的影响。辽东郡作为北边与东北双边防御的交会点，实际承担了匈奴、乌桓、鲜卑处于对抗与联合两种不同态势下合成的防务压力，其防务地位的重要性也因此而更为凸显。更为重要的是，辽东郡吏民负责戍守东北边地的历史上，秦汉时期都曾长期修筑、驻防与朝鲜毗邻的边塞；汉武帝时，以辽东都尉涉何被卫氏朝鲜出兵杀害为导火索，中央王朝派兵东征朝鲜；光武帝时辽东太守祭肜负责招降辽东徼外的貊人；和帝时为了加强辽东郡的防务力量，"复置辽东西部都尉官"；和帝时辽东太守耿夔击退袭扰边地的高句丽貊人；安帝建光元年，辽东太守蔡讽与幽州刺史、玄菟太守出塞征讨高句丽与秽貊联军，在追击高句丽与辽东鲜卑联军时，太守蔡讽与功曹耿耗、兵曹掾龙端、兵马掾公孙酺一并战殁，有百余人在战斗中身亡；东汉末年公孙康击败高句丽，高句丽由此分崩离析，部分南迁，残余力量则被玄菟与辽东合兵击败。秦汉时期兴起的秽貊部族，同样是辽东郡长期防范的对手。此外，史书中还记载：汉昭帝时，诏令"郡国恶少年吏有告劾亡者"屯戍辽东，招募郡国徒修筑辽东城；安帝永初年间，海贼逃窜至辽东，被辽东人斩杀；灵帝时，辽东太守杨终被渔阳叛军攻杀。辽东郡的防务对象还包括郡县吏民，这与地方治安息息相关。辽东郡的防务机构和防务体系经历了战争的一次次的洗礼，其防务地位的重要性不言而喻。

　　秦汉时期，郡县制的地方管理体制、防御工事的修筑、屯戍制度与内属制度的推行，使辽东郡在北边防务中发挥了积极的作用。在东北地区，辽东郡防务地位的巩固意味着中原王朝对边郡的政治控制力的增强，由此带来周边在政治上的臣属与边贸交往的便利。

　　秦汉时期，辽东郡的防御实力不是一时的军事行动、几项制度的推行抑或利益的驱使就能够取得的。其中，辽东郡的建置是战国以来几代燕人、秦人、汉人努力的成果，北边城塞的修筑更是付出了巨大的代价，乌桓的内属则借鉴了对包括匈奴、西南夷等边郡势力的管理的经验与教训。同样，正如《史记·货殖列传》所言，东北的鱼盐之利、贸易关系的达成，也需要建立在解决东北边胡这一问题的基础上。因此，辽东郡的防务地位的确立，既是统一王朝政治统治的需要，也是经济利益的诉求。辽东郡的防务地位，受到政治、经济、军事以及民族关系等诸多因素的影响，还有许多值得总结和借鉴的经验教训，须要我们继续探讨和深入研究。

辽东郡防务大事年表

编号	公元纪年	年号	防务事件	出处
1	前 222 年	秦王政二十五年	秦灭燕，辽东郡属秦	《史记·秦始皇本纪》《史记·燕召公世家》
2	前 221 年	秦始皇二十六年	秦分置三十六郡，辽东郡设置守、丞、监	《史记·秦始皇本纪》
3	前 220 年	秦始皇二十七年	修筑驰道，东到辽东郡	《史记·秦始皇本纪》《汉书·贾山传》
4	前 215 年	秦始皇三十二年	修筑长城，修葺辽东郡边塞	《史记·蒙恬列传》
5	前 213 年	秦始皇三十四年	谪戍修筑长城	《史记·秦始皇本纪》
6	前 209 年	秦二世元年	二世东巡至辽东	《史记·秦始皇本纪》
7			"诸侯畔秦，中国扰乱，诸秦所徙适戍边者皆复去"	《史记·匈奴列传》
8			"（朝鲜王）否死，其子准立。二十余年而陈、项起，天下乱，燕、齐、赵民愁苦，稍稍亡往准，准乃置之于西方"	《三国志·东夷列传》注引《魏略》
9	前 209 年	秦二世元年	"韩广为赵略地至蓟，自立为燕王始"	《史记·秦楚之际月表》
10	前 206 年	汉王元年	"臧荼从入，分燕为二国。""徙燕王韩广为辽东王。燕将臧荼从楚救赵，因从入关，故立荼为燕王，都蓟"	《史记·秦楚之际月表》《史记·项羽本纪》
11	前 206 年	汉王元年	"臧荼击广无终，灭之"	《史记·秦楚之际月表》
12	前 203 年	汉王四年	"北貉、燕人来致枭骑助汉"	《汉书·高帝纪》
13	前 201 年	汉高祖六年	臧荼谋反，高祖亲征房获臧荼，改封卢绾为燕王	《汉书·高帝纪》

续表

编号	公元纪年	年号	防务事件	出处
14			卢绾为燕王，"复修辽东故塞，至浿水为界，属燕"	《史记·朝鲜列传》
15	前195年	汉高祖十二年	卢绾叛逃匈奴	《史记·卢绾列传》
16	前195年	汉高祖十二年	周勃收复辽东属县	《史记·绛侯周勃世家》
17	前195年	汉高祖十二年	汉高祖子刘建为燕王	《汉书·高武王传》
18			"会孝惠、高后天下初定，辽东太守即约满为外臣，保塞外蛮夷，毋使盗边；蛮夷君长欲入见天子，勿得禁止。以闻，上许之"	《史记·朝鲜列传》
19	前181年	高后七年	燕王建薨，国除	《汉书·高后纪》《史记·汉兴以来诸侯王年表》
20	前179年	文帝元年	刘泽为燕王	《汉书·荆燕吴传》
21			孝文帝十四年匈奴徙边，"匈奴日以骄，岁入边，杀略人民甚众，云中、辽东最甚，郡万余人"	《汉书·匈奴传》
22			晁错向文帝上书《言兵事疏》、《守边劝农疏》和《论贵粟疏》，"募民徙边"	《汉书·晁错传》《汉书·食货志》
23			"及武帝遣骠骑将军霍去病击破匈奴左地，因徙乌桓于上谷、渔阳、右北平、辽西、辽东五郡塞外，为汉侦查匈奴动静"	《后汉书·乌桓列传》
24	前109年	武帝元封二年	"朝鲜王攻杀辽东都尉，乃募天下死罪击朝鲜"	《汉书·武帝纪》
25			"左将军卒正多率辽东兵先纵，败散，多还走，坐法斩"	《史记·朝鲜列传》
26	前78年	昭帝元凤三年	"辽东乌丸反，以中郎将范明友为度辽将军，将北边七郡郡二千骑击之"	《汉书·昭帝纪》

编号	公元纪年	年号	防务事件	出处
27	前 76 年	元凤五年	"发三辅及郡国恶少年吏有告劾亡者,屯辽东"	《汉书·昭帝纪》
28	前 75 年	元凤六年	"六年春正月,募郡国徒筑辽东玄菟城""其六年正月,筑辽东、玄菟城"	《汉书·昭帝纪》《汉书·天文志》
29	前 33 年	元帝竟宁元年	呼韩邪单于"上书愿保塞上谷以西至敦煌,传之无穷,请罢边备塞吏卒",郎中侯应力谏,元帝拒绝单于之请	《汉书·匈奴传》
30	9 年	王莽始建国元年	"改四夷诸王为侯"	《汉书·王莽传》
31	14 年	王莽天凤元年	"置卒正、连率、大尹,职如太守;属令、属长,职如都尉……缘边又置竟尉,以男为之"	《汉书·王莽传》
32			襄平改称"昌平",望平改称"长说",辽队改称"顺睦",辽阳改称"辽阴",武次改称"桓次",西安平改称"北安平",文改称"文亭"	《汉书·地理志》
33	23 年	更始元年	王郎政权建立,赵国以北,辽东以西,"皆从风而靡"	《后汉书·王昌列传》
34	24 年	更始二年	更始"遣苗曾为幽州牧,韦顺为上谷太守,蔡充为渔阳太守,并北之部"	《后汉书·光武帝纪》《后汉书·耿弇列传》
35			"光武初,匈奴强盛,率鲜卑与乌桓寇抄北边,杀略吏人,无有宁岁"	《后汉书·鲜卑列传》
36	26 年	光武帝建武二年	朱浮为"大将军幽州牧"	《后汉书·朱浮列传》

续表

编号	公元纪年	年号	防务事件	出处
37	30 年	建武六年	"每郡置太守一人，二千石，丞一人。郡当边戍者，丞为长史。"《古今注》曰："建武六年三月，令郡太守、诸侯相病，丞、长史行事。十四年，罢边郡太守丞，长史领丞职"	《续汉书·百官志》
38			"中兴建武六年，省诸郡都尉，并职太守，无都试之役。省关都尉，唯边郡往往置都尉及属国都尉，稍有分县，治民比郡"	《续汉书·百官志》
39	33 年	建武九年	"省关都尉"	《后汉书·光武帝纪》
40	41 年	建武十七年	祭肜为辽东太守	《后汉书·光武帝纪》
41	44 年	建武二十年	"秋，鲜卑寇辽东，辽东太守祭肜大破之"	《后汉书·光武帝纪》
42	45 年	建武二十一年	"鲜卑与匈奴入辽东，辽东太守祭肜击破之，斩获殆尽"	《后汉书·鲜卑列传》
43	46 年	建武二十二年	"诏罢诸边郡亭候吏卒"	《后汉书·光武帝纪》
44	49 年	建武二十五年	"辽东徼外貊人寇右北平、渔阳、上谷、太原，辽东太守祭肜招降之。乌桓大人来朝"	《后汉书·光武帝纪》
45	97 年	和帝永元九年	"鲜卑寇肥如，辽东太守祭参下狱死"	《后汉书·孝和帝纪》
46	104 年	永元十六年	"复置辽东西部都尉官"	《后汉书·孝和帝纪》
47	105 年	元兴元年	"高句骊寇郡界"，"秋九月，辽东太守耿夔击貊人，破之"	《后汉书·孝和帝纪》

编号	公元纪年	年号	防务事件	出处
48	110 年	安帝永初四年	海贼张伯路"遁走辽东，止海岛上"，永初五年反东莱郡被击败，再度逃还辽东，"辽东人李久等共斩平之"	《后汉书·法雄列传》
49	115 年	元初二年	"辽东鲜卑围无虑县"	《后汉书·孝安帝纪》
50	121 年	建光元年	辽东太守蔡讽与幽州刺史、玄菟太守出塞征讨高句丽与秽貊联军，"捕斩秽貊渠帅，获兵马财物"	《后汉书·东夷列传》
51	121 年	建光元年	高句丽"与辽东鲜卑八千余人攻辽队，杀略吏人"，"蔡讽等追击于新昌，战殁，功曹耿耗、兵曹掾龙端、兵马掾公孙酺以身扞讽，俱没于阵，死者百余人"	《后汉书·东夷列传》
51			"会北匈奴入辽东，追拜禅辽东太守。胡惮其威强，退还数百里。禅不加兵，但使吏卒往晓慰之，单于随使还郡。禅于学行礼，为说道义以感化之。单于怀服，遗以胡中珍货而去"	《后汉书·陈禅列传》
52			庞参为辽东太守	《后汉书·庞参列传》
53	127 年	顺帝永建二年	"辽东鲜卑六千余骑亦寇辽东玄菟，乌桓校尉耿晔发缘边诸郡兵及乌桓率众王出塞击之，斩首数百级，大获其生口牛马什物，鲜卑乃率种众三万人诣辽东乞降"	《后汉书·鲜卑列传》
54	132 年	阳嘉元年	乌桓校尉耿晔出塞大胜鲜卑，"鲜卑后寇辽东属国，于是耿晔乃移屯辽东无虑城拒之"	《后汉书·鲜卑列传》

续表

编号	公元纪年	年号	防务事件	出处
55	158 年	桓帝延熹元年	"鲜卑寇边",以冯绲为辽东太守	《后汉书·冯绲列传》
56	161 年	延熹四年	崔寔被司空黄琼举荐,拜为辽东太守,"行道,母刘氏病卒,上疏求归葬行丧"	《后汉书·崔骃列传》
57	162 年	延熹五年	杨秉奏免辽东太守孙谊等五十余人	《后汉书·杨震列传》
58	166 年	延熹九年	度尚为辽东太守,"数月,鲜卑率兵攻尚,与战,破之,戎狄惮畏"	《后汉书·度尚列传》
59	166 年	延熹九年	檀石槐"遂分骑数万人缘边九郡",不与汉和亲,"乃自分其地为三部,从右北平以东至辽东,接夫余、秽貊二十余邑为东部,从右北平以西至上谷十余邑为中部,从上谷以西至敦煌、乌孙二十余邑为西部,各置大人主领之,皆属檀石槐"	《后汉书·鲜卑列传》
60			侯猛为辽东太守	《后汉书·梁统列传》
61			种暠任使匈奴中郎将,"时辽东乌桓反叛,复转辽东太守,乌桓望风率服,迎拜于界上"	《后汉书·种暠列传》
62	187 年	灵帝中平四年	"渔阳人张纯与同郡张举举兵叛,攻杀石北平太守刘政、辽东太守杨终、护乌桓校尉公綦稠等"	《后汉书·孝灵帝纪》
63			"乌桓大人上谷有难楼者,众九千余落,辽西有丘力居者,众五千余落,皆自称王;又辽东苏仆延,众千余落,自称峭王;右北平乌延,众八百余落,自称汗鲁王:并勇健而多计策"	《后汉书·乌桓列传》

编号	公元纪年	年号	防务事件	出处
64	189 年	献帝中平元年	公孙康为辽东人,父公孙度"中平元年,还为本郡守"	《后汉书·袁绍列传》
65	207 年	建安十二年	"曹操自征乌桓,大破蹋顿于柳城,斩之,首虏二十余万人。袁尚与楼班、乌延等皆走辽东,辽东太守公孙康并斩送之。其余众万余落,悉徙居中国云"	《后汉书·乌桓列传》
66			公孙康击灭高句丽,拔奇又进攻玄菟,"玄菟与辽东合击,大破之"	《三国志·东夷传》

参考文献

一　古代文献

司马迁:《史记》(修订本),中华书局,2014。

班固:《汉书》,中华书局,1996。

范晔:《后汉书》,中华书局,2001。

陈寿:《三国志》,中华书局,2000。

司马光编著《资治通鉴》,中华书局,2011。

马端临:《文献通考》卷265《封建六》,中华书局,1986。

严可均校辑《全上古三代六朝文》,中华书局,1995。

孙星衍等辑《汉官六种》,周天游点校,中华书局,2008。

刘安:《淮南子》,许慎注,陈广忠点校,上海古籍出版社,2016。

睡虎地秦墓竹简整理小组编《睡虎地秦墓竹简》,文物出版社,1978。

连云港市博物馆、东海县博物馆、中国社会科学院简帛研究中心、中国文物研究所编《尹湾汉墓简牍》,中华书局,1997。

张家山二四七号汉墓竹简整理小组编著《张家山汉墓竹简〔二四七号墓〕(释文修订本)》,文物出版社,2006。

陈伟主编《里耶秦简牍校释》(第1卷),武汉大学出版社,2012。

周晓陆、路东之编著《秦封泥集》,三秦出版社,2000。

曹锦炎:《古代玺印》,文物出版社,2002。

傅嘉仪编著《秦封泥汇考》,上海书店出版社,2007。

二　学术著作

金毓黻:《东北通史》,五十年代出版社,1942。

汪宇平:《东北边防形势论》,中外时事研究社,1946。

陈梦家：《汉简缀述》，中华书局，1980。

文物编辑委员会编《中国长城遗迹调查报告集》，文物出版社，1981。

张博泉、苏金源、董玉瑛编著《东北历代疆域史》，吉林人民出版社，1981。

傅朗云、杨旸：《东北民族史略》，吉林人民出版社，1983。

张博泉：《东北地方史稿》，吉林大学出版社，1985。

王绵厚、李健才：《东北古代交通》，沈阳出版社，1990。

朱大昀主编《中国农民战争史·秦汉卷》，人民出版社，1992。

王兴国：《贾谊评传》，南京大学出版社，1992。

黄今言：《秦汉军制史论》，江西人民出版社，1993。

马大正主编《中国古代边疆政策研究》，中国社会科学出版社，1993。

王绵厚：《秦汉东北史》，辽宁人民出版社，1994。

王子今：《秦汉交通史稿》，中共中央党校出版社，1994。

郑灿主编《中国边防史》，社会科学文献出版社，1995。

李大龙：《两汉时期的边政与边吏》，黑龙江教育出版社，1996。

冯季昌：《东北历史地理研究》，香港同泽出版社，1996。

孙进己：《东北民族史研究》，中州古籍出版社，1996。

马大正主编《中国边疆经略史》，中州古籍出版社，2000。

郭大顺、张星德：《东北文化与幽燕文明》，凤凰出版社，2004。

佟冬主编《中国东北史》第一卷，吉林文史出版社，2006。

刘德斌主编《东北亚史》，吉林人民出版社，2006。

张功：《秦汉逃亡犯罪》，湖北人民出版社，2006。

严耕望撰《两汉太守刺史表》，上海古籍出版社，2007。

安作璋、熊铁基：《秦汉官制史稿》，齐鲁书社，2007。

林幹：《匈奴史》，内蒙古人民出版社，2007。

严耕望撰《中国地方行政制度史·秦汉地方行政制度》，上海古籍出版社，2007。

周振鹤：《中国地方行政制度史》，上海人民出版社，2007。

刘信君主编《中国古代治理东北边疆思想研究》，吉林人民出版社，2008。

　　后晓荣：《秦代政区地理》，社会科学文献出版社，2009。

　　王子今：《秦汉边疆与民族问题》，中国人民大学出版社，2011。

　　程妮娜：《古代中国东北民族地区建置史》，中华书局，2011。

　　王云度：《秦汉史编年》，凤凰出版社，2011。

　　［日］白鸟库吉、箭内亘等：　《满洲历史地理》，丸善株式会社，1940。

　　［日］白鸟库吉：《东胡民族考》，方壮猷译，商务印书馆，1934。

　　［英］崔瑞德、鲁惟一编著《剑桥中国秦汉史》，杨品泉等译，中国社会科学出版社，1992。

　　汉语大词典编辑委员会、汉语大词典编纂处：《汉语大词典》第十一卷，汉语大词典出版社，1993。

　　中国历史地图集编辑组：《中国历史地图集》第一册（原始社会、商、西周、春秋、战国时期），中华地图学社，1975。

　　中国历史地图集编辑组：《中国历史地图集》第二册（秦、西汉、东汉时期），中华地图学社，1975。

三　学术论文

　　刘乃和：《帛书所记"张楚"国号与西汉法家政治》，《文物》1975年第5期。

　　王钟翰、陈连开：《战国秦汉辽东辽西郡县考略》，《社会科学辑刊》1979年第4期。

　　刘德增：《王莽官制述论》，《山东师大学报》1985年第4期。

　　林幹：《两汉时期"护乌桓校尉"略考》，《内蒙古社会科学》1987年第1期。

　　田余庆：《说"张楚"》，《历史研究》1989年第2期。

　　孙家洲：《楚汉"复封建"述论》，《贵州社会科学》1990年第6期。

　　胡宏起：《汉代兵力论考》，《历史研究》1996年第3期。

　　葛亮：《西汉前期北方边防对策举要》，《中国边疆史地研究》1996年第4期。

　　陈晓鸣：《两汉北部边防若干问题之比较》，《中国边疆史地研究》

2002 年第 3 期。

湖南省文物考古研究所等：《湖南龙山里耶战国——秦代古城一号井发掘简报》，《文物》2003 年第 1 期。

何如月：《汉车骑将军冯绲碑志考释》，《考古与文物》2006 年第 1 期。

张鹤泉：《东汉时期的屯驻营兵》，《史学集刊》2006 年第 3 期。

李殿福：《国内城始建于战国晚期燕国辽东郡塞外的一个据点之上》，《东北史地》2006 年第 3 期。

陈慧：《战国之燕对辽东的经营开发》，《辽宁大学学报》2007 年第 5 期。

江娜：《汉代边防体系研究》，华中师范大学博士学位论文，2013。

靳宝：《汉代辽东太守考略》，《北京史学论丛》2014。

程妮娜：《东部乌桓从朝贡成员到编户齐民的演变》，《民族研究》2015 年第 5 期。

图书在版编目（CIP）数据

秦汉辽东郡防务研究／于凌著．-- 北京：社会科
学文献出版社，2017.12
ISBN 978 - 7 - 5201 - 1711 - 1

Ⅰ.①秦⋯　Ⅱ.①于⋯　Ⅲ.①郡 - 研究 - 辽宁 - 秦汉
时代　Ⅳ.①D691.2

中国版本图书馆 CIP 数据核字（2017）第 267537 号

秦汉辽东郡防务研究

著　　者／于　凌

出 版 人／谢寿光
项目统筹／芮素平
责任编辑／李秉羲　郭瑞萍

出　　版／社会科学文献出版社·社会政法分社（010）59367156
　　　　　地址：北京市北三环中路甲 29 号院华龙大厦　邮编：100029
　　　　　网址：www. ssap. com. cn
发　　行／市场营销中心（010）59367081　59367018
印　　装／北京季蜂印刷有限公司

规　　格／开　本：787mm × 1092mm　1/16
　　　　　印　张：13.5　字　数：220 千字
版　　次／2017 年 12 月第 1 版　2017 年 12 月第 1 次印刷
书　　号／ISBN 978 - 7 - 5201 - 1711 - 1
定　　价／59.00 元

本书如有印装质量问题，请与读者服务中心（010 - 59367028）联系